中国博士后科学基金第57批面上资助、中国粮食安全与
水资源利用效率研究（项目编号：2015M572346）

基于粮食安全的中国水资源利用及其效率研究

Jiyu Liangshi Anquan De Zhongguo Shuiziyuan
Liyong Jiqi Xiaolü Yanjiu

张雄化　范厚权　著

图书在版编目(CIP)数据

基于粮食安全的中国水资源利用及其效率研究/张雄化,范厚权著.—成都:西南财经大学出版社,2016.6
ISBN 978-7-5504-2467-8

Ⅰ.①基… Ⅱ.①张…②范… Ⅲ.①粮食问题—研究—中国②水资源利用—利用率—研究—中国 Ⅳ.①F326.11②TV213.4

中国版本图书馆 CIP 数据核字(2016)第 137974 号

基于粮食安全的中国水资源利用及其效率研究
张雄化 范厚权 著

责任编辑:何春梅
助理编辑:涂洪波
封面设计:杨红鹰 张姗姗
责任印制:封俊川

出版发行	西南财经大学出版社(四川省成都市光华村街55号)
网　　址	http://www.bookcj.com
电子邮件	bookcj@foxmail.com
邮政编码	610074
电　　话	028-87353785 87352368
照　　排	四川胜翔数码印务设计有限公司
印　　刷	四川森林印务有限责任公司
成品尺寸	170mm×240mm
印　　张	13.5
字　　数	245千字
版　　次	2016年6月第1版
印　　次	2016年6月第1次印刷
书　　号	ISBN 978-7-5504-2467-8
定　　价	68.00元

前　言

过去较长一段时间，我国经济增长以粗放的资源要素投入为代价，反映在农业领域则是以土地、水、能源等自然资源的粗放利用来实现粮食安全。截至2015年年底，我国粮食产量实现“12年连增”的奇迹；而笔者对中国典型的农业自然资源水、土地、气候和能源的利用进行分析时发现其效率普遍偏低。因此，笔者认为中国存在“资源效率低——粮食产量高”的发展悖论。未来，中国的农业自然资源如能从粗放利用向集约高效利用转型，粮食产量仍有巨大的增长空间。

本书主要研究目的是以水资源为切入点探索中国自然资源的利用情况及效率特点，以期提出优化资源利用和改善效率的措施并最终达到中国粮食生产供给可持续安全。

本书最大的不同点在于较为全面地分析了水资源利用效率。其中，以土地为载体，重点分析了水资源及其效率对粮食生产供给的基础性影响。且全书区分了指标效率（资源生产率）和技术效率（DEA效率、SFF效率）。因而，本书测度的效率具有科学可信性。

本研究以效率评价为主线贯穿全书，具体的内容体例采用“总—分—总”的格局。首先，总体上分析各个资源特点、总体资源在粮食安全中的地位、总体资源的利用效率水平；其次，分别对水资源利用方面的效率进行具体分析；最后，总结国外水资源利用的管理经验和我国实情并提出资源改进的措施。主要研究方法包括：①运用可视的GIS（地理信息系统）方法，对自然资源利用特点及效率动态进行了展示；②采用MFA（物质流分析）、DEA（数据包络分析）和SFF（随机前沿方程）方法，对资源效率水平进行了对比测度。

本书研究发现，中国资源利用呈现出“效率贫困”。无论是整体自然资源效率还是单个自然资源效率均偏低，粮食主产区的资源效率较其他地区稍高，东部地区的资源效率略高于中西部地区。水资源的优化对未来粮食增产具有举足轻重的地位，但必须从其结构、效率、流转和风险角度对水资源利用进行综合考量，以期提振其整体效率，促成粮食单位产量及总产量供给的跃升。

在自然资源利用及其效率研究中，本书做出了如下贡献：第一，对农业自然资源利用及其效率进行基础性的实证分析，奠定了从水资源维度确保粮食安全的理论基础。第二，初步揭示了土地与粮食、水资源与粮食、气候与粮食几种重要战略资源间的内在联系，加深了我们对自然资源与粮食安全必须协调发展的理解。之所以遴选出水资源，是因为水资源效率的提高推动未来粮食增产的潜力最为强大。表现在：一是水资源利用动态中当期水资源利用对当期粮食产量影响显著，前期和后期的水资源利用对当期粮食产量影响不显著；二是灌溉水资源效率尚未形成全局性的空间外溢效应，各省效率值呈离散分布形态；三是省际的水资源效率与农业用水比率存在负向关系，与人均用水量存在正向关系；四是以水资源为例，借鉴国际资源管理经验，提出我国应采用综合性的、适应性的和整合性的资源管理及制度安排。

目　录

1 绪论

1.1 研究的意义

随着工业化和城镇化加速发展，粮食生产中的土地、水、能源等不仅变得日益稀缺，也受到内外部环境污染的影响。2005 年我国已有 20%的耕地遭到重金属污染（裴敏欣，2014）。2011 年我国生活废水排放量为 428 亿吨，工业废水排放量为 231 亿吨，灌溉流域受到较为严重污染（中商情报网，2014）。2000—2012 年我国粮食生产中化石能源消耗的年均碳排放总量约为 82.5 亿吨。这说明农业自然资源的利用处境堪忧，如何既维护粮食安全（数量安全和质量安全），又改善农业自然资源的利用处境是当前迫切需要解决的问题。本研究认为综合高效利用国内外农业自然资源是破解这一问题的有效办法。

（1）调整资源结构和利用技术提高资源利用效率是保证我国粮食安全的有效方案之一。相关研究表明，提高农产品数量和质量的有效途径之一就是最优化资源利用（Behrouzi et al.，2012）。目前，中国粮食产量主要依靠单位亩产量的提高，而非扩大种植面积，故粮食产量在面临气候改变，水、土地、能源稀缺以及农业面源污染、土壤质量下降加剧的情况下，提高粮食产量最快和最现实的路径是运用和推广现存的农业技术（FAN et al.，2013）。同时，调整粮食生产的资源结构和优化资源效率应该建立土地、水和气候一体化的地理信息监测系统（GIS），建立健全土地、水和气候资源流转市场及其衍生市场。就气候资源利用而言，中国粮食自给安全的潜在解决方案之一，就是育种更适宜气候变化的高产粮食品种（CHEN et al.，2013）。单就能源利用而言，粮食生产中应该重点使用清洁电力和优化区域农业能源结构，以此缩小区域内部的能源效率差距。所以，调整农业自然资源、提高自然资源利用效率是保证我国粮食安全的有效方案。

（2）粮食产品虚拟水国内外贸易可以同步缓解我国粮食紧平衡状态和水短缺状态。一方面，以土地为载体，真实水利用及其效率的提高，可以有效促成粮食单位产量及总产量供给的跃升；另一方面，虚拟水贸易可以作为粮食供给补充的另一条思路。虚拟水是指凝结在商品或服务中无差别的单元水，表示为生产给定商品或服务所需水的数量（Allan，1998；Wilchens，2001；Chapagain & Hoekstra，2004）。中国农产品贸易属于净虚拟水进口国（Biro，2012），我国粮食总体对外依存度已达28%，大豆对外依存度更是达到80%以上。据估算，我国粮食产品虚拟水年净进口量约为964.81亿立方米，大豆虚拟水进口占主导地位。我国属于贫水国（人均水资源量仅为世界平均水平的1/4），而农业用水却占全行业用水量的60%以上，粮食产品虚拟水贸易可以缓解我国粮食供需的紧张局面，也可以节约更多的实体水，用于生活、工业和生态用水。此外，我国粮食产品虚拟水贸易属于产业内贸易，但粮食虚拟水贸易不符合国际贸易的H-O理论。我国富水区不一定出口更多的虚拟水，我国贫水区也不一定进口更多的虚拟水，可能的原因是我国粮食产品及虚拟水贸易属于省际间贸易，这一发现可以作为我国粮食产品及虚拟水国内外贸易的理论基础。

（3）关注化石能源及其非期望碳排放能有效地评估粮食安全生产的能耗及其效率。改革开放以来，随着石油工业的高速发展，我国粮食供求的紧平衡状态得益于石油化学农业（倪国华，2012）。但长期来看，能源加速消耗将阻碍全国农业长期增长，过多的化石能源消耗也将造成更多的碳污染。我国粮食生产的能源消耗主要以农机及灌溉用能和煤电为主，两者产生的碳排放约占总能耗碳排量的94%。另外，我国粮食生产能源效率分布不均衡，如不同粮食产品的区域能源效率存在差异（陆文聪，2010），粮食生产能源效率较高的省份主要集中在东部工业区，而粮食生产效率较低的省份主要集中在西部农业区。笔者认为，应该考虑粮食生产中直接和间接的化石燃料消耗及碳排放，可以运用包含非期望碳排放的DEA模型评估粮食安全生产的能耗及其效率，据此可以深入探讨粮食安全生产范围内的节能空间和减排空间。

（4）规避和预防气候变化对粮食减产的影响是节约粮食的有效途径之一。气候本身是一种中性资源，适宜的气候对人类生产、生活产生有利影响，但随着工业和城镇化加速发展及我国采用以煤炭、煤电和石油等为主的化石能源消费结构，我国排放了大量的二氧化碳，严重破坏了原有的气候生态，使我国气候资源转变为一种灾害，气候灾害呈现出范围广、频次高、时间长、破坏强的特点。其中，农业领域及粮食生产是受气候灾害肆虐最为严重的领域，每年我国直接和间接受气候灾害减产的粮食，笔者估计至少可以额外养活1亿人口，因此规避和预防气候灾害对粮食生产的影响大有必要。据此，本研究统计历史相关气候数据与粮食产量，试图判断过去气候对我国粮食产量的影响如何，并通过建立适当的回归模型，预测未来2025年的气候对我国粮食产量的影响程度，借此提出有益的应对气候变化的政策。

1.2 理论基础与文献综述

1.2.1 本研究的理论基础

1.2.1.1 自然资源及效率理论

自然资源一般是可耗竭资源，人类发展离不开资源的利用，如何用有限的自然资源实现人类的持续发展是当今世界面临的难题。大量的事实表明，一个国家经济发展水平与资源利用是一种倒U形曲线关系，即在经济早期阶段，伴随经济的增长资源消耗量快速增长，随着经济进一步的发展，资源利用达到一定平台后出现回落的趋势。促成这一趋势的原因包括技术进步带来资源效率的提高、对原有资源的替代、循环经济发展、经济高端化后远离物耗要素等。我国经济发展处于工业化中后期阶段，资源依然需要较长时期的大量消耗，资源效率的提高将成为经济发展的有效选择手段。

近年来，在资源与经济相互关系日益受到政府、企业和学界深刻认知背景下，国内关于资源及其效率的研究兴起。重点表现为：整体资源效率国家和区域层面的研究（吴狄、武春友，2012；程晓娟，2012）；水资源区域、行业和全国层面的研究（马海良、黄德春等，2012；陈观聚、白永秀，2013；魏楚、沈满洪，2014）和关于国际资源效率研究演化的研究（王晓玲，2013；郭玲玲等，2012）。农业资源研究方面，有单个省份农业资源情况的研究，如刘军等（2012）利用农业资源可持续模型和资源丰度模型评价了湖南农业资源利用水平；张燕、张洪等（2012）分析了安徽种植业资源利用情况，得出不再追加人工资源的方法提高产出最符合资源节约型农业的要求。有利用境外农业资源的研究，如周文涛等（2012）和马晓河等（2012）分析了中国利用境外农业资源的情况，均认为利用比较优势原则，我国应该进口土地密集型农业产品，出口劳动力密集型农业产品。以上几个方面，国内对农业资源研究定性方法居多，依然缺乏关于全国及区域层面的农业资源及其效率的定量研究。

1.2.1.2　土地资源、气候资源和水资源效率理论

土地是财富之母，土地资源是农业及其他生产活动的核心载体资源。农地利用及效率方面，罗必良（2000）分析了土地规模效率决定的理论基础。刘云生（2006）认为，农村土地地方公有制应该向农村土地国有制转变，以此较为缓和的方式可以提高土地效率和土地价值。方文（2011）研究了我国不同时期土地规模经营与土地效率二者的关系，研究发现二者的相关性在不同时期有着方向上的变异。马世发等（2014）对土地利用规划模型进行文献综述，指出土地利用规划的核心是数量结构和空间布局的调整。崔许峰（2014）对我国建设用地利用效率、农地利用效率和综合效率进行分析，研究结果显示三者皆呈现空间集聚特征。土地利用与水文相关方面，张翔等（2014）研究汉江流域土地利用/覆盖变化的动态关系，预测结果表明汉江流域上游的水田、旱地、灌木林和建设用地面积均有不同程度的增加，且建设用地增幅最大。水文模型预测显示该区域的流域年径流量和蒸发量均将增加。另外，城镇土地利用及效率方面，孙平军等（2012）对我国城镇用地效率的空间分异进行研究，结果显示我国城镇土地的投入水平特征是粗放、低效，空间特征是效率分异明显。张志军（2014）对我国城市土地利用效率进行了测算，结果显示城市土地利用效率整体偏低，土地利用率从高到低排列依次是东部、西部和中部。

水资源和气候等资源对农业和粮食生产的影响日益增加。气候变化及气候变量影响农业及粮食生产。例如，IPCC（2013，2012）研究表明，农业对气候改变的长期趋势与短期的降雨和温度及发生的干旱、洪涝、热浪、霜冻等均特别敏感。IPCC（2012）指出气候改变尤其挑战粮食生产系统和自然资源的持续性。Grafton & Keenan（2014），Chartres & Noble（2015）指出，未来气候变化最主要的是气候变量影响下增加的极端天气事件对粮食产量供给的影响。以上说明，气候变化很多因素是关联水资源的，气候变化带动水资源影响粮食生产及安全。极端天气影响粮食安全。例如，MacMahon et al.（2015）研究澳大利亚的粮食后认为是安全的，但2010—2011年的洪涝灾害使粮食安全受到重要影响。Doward et al.（2014）研究英国后指出，2014年洪涝增加了主要农场的脆弱性。Cai et al.（2015）认为未来较为严重的洪涝风险将增加。Wei et al.（2015）就中国假设两种极端情景，降雨量最小和降雨量最大，并研究农民通过市场的同步应对措施，采用可计算的一般均衡模型进行粮食安全预测。结果显示：极端降雨情景就国际层面来说对中国收获影响不是特别严重。以上说明，极端降雨量、洪涝灾害是影响粮食增产的重要因素，需要重点关注。气候变化下的水资源风险管理研究总体上主张采用全盘管理和整合管理。例如，

Lal（2015）基于气候改变和自然资源需求增长，主张采用整合和全盘的联系方法管理水、土壤和污染物等以保证全球粮食安全。Parvin et al.（2015）认为，气候改变、洪涝灾害、粮食安全和人类健康等是相互联系的议题，需要合并应对处理。Keppen et al.（2015）基于美国加利福尼亚州 2014—2015 年的大旱对西部农业生产的重要影响，推荐了两个增加水供应弹性和可靠性的工具：调解和整合的解决方案由各利益相关者产生；增加水储存基础设施。笔者针对中国以水旱为主的自然灾害提出为保障粮食可持续安全需要进行整合水资源管理、开发应对气候变化工具和补充基础水利设施缺口投资及建设。

在所有资源研究中，水资源效率研究较为全面。其原因在于水资源问题日益影响到全球粮食的安全。中国严重缺水，淡水资源人均拥有量为 2 200 立方米，仅占世界平均水平的 1/4，属于人均水资源最贫乏国家之一。与此同时，中国农业用水总量却占绝对优势地位，约占全国用水总量的 60%以上。如何科学利用水资源服务农业及粮食生产是我国面临的主要矛盾之一。

我国地处亚洲季风区，水资源影响农田灌溉和粮食生产。有研究表明，水稻是亚洲季风区理想的粮食作物，随着灌溉率的增大，单位稻谷亩产量最终也将增加。同时，小麦、玉米等口粮也属于高耗水作物，提高其产量也不容忽视灌溉效应。粮食生产用水划分为绿水（Green Water）和蓝水（Blue Water）。绿水主要是指雨水，包括渗透到作物或土壤中用于植物生长的部分，和重新蒸发回归到大气层的部分；蓝水主要指雨水最终变为江河湖泊和地下水。蓝水是农业用水管理的主要部分，故提高灌溉用水效率，本质应提高蓝水利用效率。

农业及粮食生产水资源利用有其自身特色。Chartres et al.（2015）明确各国农业是水资源利用的主要行业。Rosegrant et al.（2009），Noorka et al.（2013）指出，农业水资源普遍稀缺并受到人口、经济、食物偏好、天气等多重因素的影响。FAO（2009），Huang et al.（2015），Marsily et al.（2015）and Singh（2015）强调农业及粮食生产中的水资源主要依靠降雨和地下及地表水。

水资源利用及测量体现出全面精准的特点。第一，水利用指数方面，Rosegrant，Cai and Cline（2002）对灌溉水供给可靠性指数下降进行了研究。Forouzani and Karami（2010）开发了农业水贫困指数（Agriculture Water Poverty Index，AWPI），用来衡量农业用水的安全水平。第二，水消耗量方面，Zimmer（2013）研究了不同粮食产品生产的耗水量。Marsily et al.（2015）测算表明全球粮食单位产量和总产量消耗水量会越来越多。第三，食物水耗量方面，WEF（2011）研究表明，生产 1 卡路里食物需要消耗 1 升水。Allon（2015）研究表明国家及个人经济 90%的水内嵌在食物供应消费链中，全球绿水的 80%主要用于作物和家禽生产，超过20%的蓝水主要用于灌溉。第四，水评估方面，García-Tejero et al.（2011）在研究中利用了国际水管理机构（International Water Management Institute）的不同土地覆盖面的蒸发评估研究水耗情况。Crafton et al.（2015）利用全球粮食和水系统（Global Food Water System，GF-WS）平台模拟不同国家生产规划量的粮食及水资源在灌溉农业上的需求量。以上水资源测量及评估等方面的研究，为农业水资源结构和粮食产品水耗结构的分析提供了较好的借鉴。

水资源利用类型影响农业及粮食生产。Spring et al.（2009）指出，谷物生产中依靠雨养和灌溉的比率为：发展中国家灌溉农业占39%，雨养农业占30%；发达国家雨养农业占20%，灌溉农业占11%。Smilovic et al.（2015）以印度为例计算了地表水和地下水灌溉情景下的潜在谷物产量变化，得出地下水灌溉相比地表水灌溉将产生较高的粮食产出。笔者具体研究了三种情景：第一，非灌溉的田地按照灌溉水资源的特别分布状态按比例进行灌溉的产量（大米、小麦）增加情况；第二，非灌溉田地用地下水进行灌溉的产量（大米、小麦）增加情况。第三，不进行灌溉的粮食（大米、小麦）潜在损失。以上研究表明，农业及粮食生产用水是依靠降雨还是依靠灌溉？不同地区或省份的农业依靠雨育和灌溉的比例也是值得研究的。

水资源利用时间影响农业及粮食生产。Gao et al.（2011）指出，中国每年的降雨量从东南的1 600毫米递减到西北的200毫米，并且每年80%的降雨量集中在6～9月，对中国农业产生了深远影响。Dharmarathna et al.（2014），Amarasingha et al.（2014）研究表明，改变水稻种植日期根据降雨开始时间，可以减少灌溉水需求和水稻的种植风险。

水资源利用空间转移影响农业及粮食生产。Gasteyer（2008），Li（2012），Clark et al.（2014）研究证实水资源地域转移工程的实现利于国家农业及粮食安全。

水资源利用管理体现出重要性和多样性的特点。第一，管理作用。IFAD（2012），Rahman et al.（2015），Zaman et al.（2015）的研究表明，水资源管理可以维持农业可持续性，增加粮食产量和维护国家粮食安全。第二，适应性管理。Rosegrant et al.（2002）认为，全球化和贸易自由化将增加粮食生产及水利用的影响，解决这一发展趋势的办法是进行适应性管理，包括实施农业研究、经济刺激和投资水利基础设施、制定适当管理程序等。第三，弹性管理。Maleksaeidi et al.（2015）基于弹性将家庭农场进行高、中、低分类，分析水稀缺条件下家庭农场的弹性特征，研究发现高弹性家庭农场特性是高风险管理、拥有更高的农业水安全、更积极的心理特征、更多的知识管理；且他们拥有较好质量的水和使用现代灌溉系统；最后笔者提出弹性管理水资源是一种有效的供给。第四，技术性管理。Mahendra M. Shah 认为，遥感的应用、地理信息系统和精确的农场技术在农业资源管理中迅速增加：空间估计作物生产的区域和产量；预测极端天气如干旱、洪涝，提高早期的预警和反应系统；地下水质量评估。Singh（2015）指出，使用各种模拟最优模型适合地下水资源问题达到最优的解决。此外，Kurian et al.（2013）提出农业污水管理的理念。以上说明，农业及粮食生产用水管理是必要的，并且不同情况下的水资源均有对应的管理经验可以借鉴。

同时，虚拟水是指凝结在商品或服务中无差别的单元水，表示生产给定商品或服务所需水的数量。按此定义，粮食生产虚拟水是指生产粮食产品所需要投入水的数量，粮食贸易虚拟水是指凝结在贸易粮食中虚拟水的数量。我国水资源短缺和利用效率低下，虚拟水能成为解决农业用水问题的有效途径。简易的虚拟水测量可用不同粮食产品的虚拟水转化系数得到。国外按生产粮食 1 千克需要 1 000 公升水。国内学者如马静等指出了南北方和全国的粮食作物虚拟水含量参数：粮食=1 立方米/千克；谷物=0.9 立方米/千克；豆类=3 立方米/千克；薯类=0.9 立方米/千克。柯兵等结合国外最佳田间试验指出，1 千克干小麦=1 立方米水；1 千克水稻=2 立方米水；1 千克玉米=1 立方米水。相关虚拟水内含量的研究表明，中国农产品贸易整体上属于净虚拟水进口国，与我国加入世界贸易组织后已成为农产品净进口国的现实相一致。其他国家和地区虚拟水研究中，富水区域不一定有经济上的激励来生产粮食进行出口。如亚马逊有丰富的水，但土地较贫弱，因而不可能成为粮食出口地区。另外，足够的土地和较长的生产季节地区，即使水资源贫乏，该区域也可成为农产品较低生产成本的出口者。但以上研究尚存在不足之处，如不同国家及地区的虚拟水计量方法不一致，只能得到欠佳答案；基于粮食角度的国家间的虚拟水贸易研究居多，较缺乏省际虚拟水国际贸易研究；较为缺乏粮食虚拟水国际贸易与生态环境间关系的研究；较缺乏蓝水利用效率对虚拟水国际贸易的影响研究等。

目前，国际资源效率研究进展及其演化趋势表明，水资源等战略稀缺度资源日益受到关注（武春友等，2013）。国内方面对水资源效率的研究也兴起，如魏楚、沈满红（2014）对我国供水部门效率进行研究；陈观聚、白永秀（2013）对我国工业进行全要素水资源效率研究等。农业及粮食生产的水资源效率研究方向表现为：MFA 的水资源生产率研究、SFA 方法的灌溉用水效率研究和 DEA 方法的全要素水资源效率研究。

MFA 的水资源生产率研究。物质流分析（MFA）是定量测度经济系统运行中物质使用量的基本工具。Fischer（1969）首次基于经济学观点尝试国家层次的物质流分析。欧盟统计局（2007）开始发布主要成员国的国家层次物质流分析数据。国内学者借鉴国外的国家物质流分析框架，并把物质流分析推演到区域物质流分析和省市物质流分析。陈效逑等（2003）、张天柱等（2004）、武春友等（2012）分别对社会经济系统的物质、化石燃料和煤炭进行了物质流分析及效率测算。黄和平（2006，2009）、鞠美庭等（2010）、钟若愚（2010，2014）等基于物质流分析评价区域经济循环及可持续发展。据此，Huang et al.（2008）分析中国常州地区物质投入产出时，用 MFA 方法分析水资源投入趋势及在农业中的利用情况。MFA 的水资源生产率属于单要素生产率，相对简单与直观。

SFA 方法的灌溉用水效率研究。农业用水效率等于技术上可行的最小水资源使用量与实际使用量的比值（Kopp，1981）。Kaneko 等（2004）基于分省数据和 C-D 函数建立农业用水效率的随机前沿生产函数，并据此测定农业用水效率。王学渊（2008）依据 Battese & Coelli（1992，1995）的 SFA 方法，研究中国农业生产技术效率和灌溉用水效率。粮食生产蓝水利用效率的新近研究表明，我国蓝水利用效率普遍较低，不同省份动态效率出现“高者愈高、低者欲低”的局面（笔者，2015）。SFA 的用水效率测算需建立合适的生产函数模型得到，计算相对复杂。

DEA 方法的全要素水资源利用效率研究。Charnes and Cooper 提出传统的评价决策单元相对效率的数据包络分析方法（Data Envelopment Analysis，DEA）。Tone（2003）提出基于非径向 DEA 的包含非期望产出的 SBM 模型。国内外学者利用 DEA 及其扩展方法对水资源效率进行研究。例如，Ali et al.（2014）基于 DEA 及 Malquist 全要素生产率指数，估计加拿大南部灌溉区域的水资源利用效率和生产率。Sun et al.（2014）基于水足迹和灰水足迹的省际面板数据，结合期望产出和非期望产出的 DEA 模型与空间杜宾计量模型分析区域水资源利用效率及空间溢出效应。DEA 的全要素水资源效率考虑到其他要素及负产出，计算较为复杂。

农业及粮食生产的水资源利用、效率及其管理的具体研究。第一，水资源利用现状研究。姚顺波等（2012）运用面板 VAR 模型实证分析了有效灌溉对中国粮食单位产量的正向影响。王西琴等（2014）、何杰等（2014）和韩成福（2012）分别分析了水资源约束对河南省、松花江地区和内蒙古自治区粮食增产的影响。张培丽（2014）对国外粮食安全研究的最新进展进行梳理，指出水资源短缺对中国粮食安全构成重大威胁。总体研究显示：灌溉水消耗量大和利用效率低、使用农业地少、生产粮食多的特点（Abdullah，2006；MWR，2011；Agha et al.，2011；Gleeson et al.，2012；Cao et al.，2014；Starr & Levison，2014）。第二，水资源利用效率实证研究。刘小刚等（2013）运用投影寻踪模型评价了云南省农业水资源效率；张俊飚等（2007）、王学渊等（2008）、刘渝等（2012）、陆迁等（2014）基于 DEA 方法或 SFA 方法对地区或全国的农业水资源利用效率进行了研究。Ali et al.（2014）基于 DEA 及 MALQUIST 全要素生产率指数，估计了加拿大南部灌溉区域的水资源利用效率和生产率。其他关于水资源利用效率及风险的研究方法包括 SFA 分析、SWOT 分析、敏感性分析、最优化模型的区域层面分析等（Phillips，2013；Nagara et al.，2014；Qian et al.，2014；Lany et al.，2014）。总体来看，DEA 方法和 SFA 方法是评价水资源利用效率的基础方法。第三，水资源利用政策研究。刘海林（2012）在对黑龙江粮食主产区地下水资源调查基础上，指出落实最严格水资源管理制度的重要性。刘鹏（2014）对河北省农业水资源管理发展对策进行了研究等。科学水管理措施包括：提高农用水生产力、废水的循环利用、海水的淡化、洪水的利用、虚拟水的进口（Demin，2014）；发展节水农业，减少粮食生产的蓝水足迹（Fang et al.，2010；Hu et al.，2010）；减少灌溉排水浪费（Azim & Allam，2005；Khater et al.，2014）；回收利用雨水（Wallacel，2002）；以水电项目为导向的水资源开发战略需要再评估和重新调整（Ran et al.，2013）；重新设计水的管理制度（Biermann et al.，2012；Galaz et al.，2012；Wiek et al.，2014）；整合协调水政策与农业政策（Villarejo et al.，2014）。以上关于区域和县市层面的粮食生产的水资源生产率的研究比较少见；相对缺乏水资源利用与粮食生产动态效率的实证分析；水管理方案尚缺乏整合的统一框架。

1.2.1.3 粮食安全理论

美国学者布朗率先研究中国水资源与粮食安全，并认为中国水短缺会动摇世界粮食安全（Brown，1994，1998）。国际粮食政策研究所与国际水资源研究所（2002）联合发布的《2025 年全球水资源展望报告》指出，日益严重的全球水危机将威胁世界粮食安全，各国政府需加大对农业科技和水利设施的投入。麦肯锡（2009）的一份评估中国华北、东北地区的抗旱措施的报告显示，到 2030 年，华北和东北因干旱灾害损失的粮食将达到 720 万吨和 1 380 万吨。第六届世界水论坛（2012）的主题是“水与粮食安全”，联合国秘书长潘基文在致辞中表示，若要生产足够的粮食来养活迅速增长的世界人口，国际社会就必须确保以可持续的方式利用世界上“最重要且有限的资源”——水。据此，水资源与粮食安全休戚相关得到世界公认。

粮食安全按照传统的划分包括生产安全、分配安全、交换安全、贮藏安全和消费安全。按照联合国粮农组织（FAO）最新一次即1996年的定义：只有当所有人在任何时候都能在物质上和经济上获得足够、安全、富有营养的食物来满足其积极健康的膳食需要及食物喜好时，才实现了粮食安全。该定义至少强调了粮食安全的四个方面，即粮食生产安全、粮食购买力安全、粮食贸易安全和粮食质量安全（张晓京，2012；吕新业等，2013）。中国当前的粮食安全形势，更应该是粮食供给满足粮食需求，才能算真正意义上的粮食安全。粮食获得的途径无非是自给和对外贸易，因此粮食生产安全和贸易安全至关重要。粮食生产安全需要在一定的水土条件下，生产出保质保量的粮食产品来维持持续增长的口粮消费；口粮不足的部分，需要利用国际贸易的方式来进行补充，国际贸易的安全重在进口国家的多元化、渠道的畅通和粮食价格的合理。

粮食安全问题历久弥新，国内学者在研究粮食安全时，关注到国内粮食生产安全与贸易安全的相对重要性。陈锡文（2014）指出，中国粮食安全面临三大挑战：第一大挑战是质疑中国农业资源及农业技术在多大程度上能保持中国的粮食增长态势，粮食增长必定有极限；第二大挑战是中国快速的社会经济结构的变化影响粮食生产供给与粮食消费结构，将影响到粮食供需的不对称；第三大挑战是中国为保障粮食自给花费了较大的资源和环境代价，努力表现出了负效应。湖州师范学院农村发展研究院（2014）认为，中国粮食安全更应关注世界粮食，尤其是市场份额较小的国际大米市场。为保证粮食安全，我国提出“以我为主，立足国内，确保产能，适度进口，科技支撑”的国家粮食安全新战略和“谷物基本自给，口粮绝对安全”的粮食安全战略目标。至今为止，虽然我国粮食安全面临的挑战较为严峻，但口粮基本能自给，粮食处于绝对安全区间。除大豆外，我国的其他口粮对外依存度均较低，离国际公认的安全红线有一定的距离。

1.2.1.4 可持续发展理论

最早定义可持续发展是世界环境和发展委员会在《我们共有的将来》报告中提出来的，该委员会定义可持续发展为一种能力，“既满足当代人的需要又不牺牲后代人的需要”（WCED，1987；Thomas et al.，1998）。可持续的争论集中于长期的发展，该发展特点是不降低生活水平、严格的自然资源保护、较低的经济风险和生态危机（Lucas et al.，2010）。联合国食品和农业组织设定可持续的农业包括5个主要的属性：资源保护（土地、水、植物和遗传资源）；环境非退化；技术适宜；经济合意；社会可忍受（David，2005）。有的学者强调可持续的农业包括三个基本功能：生产产品和服务、主导乡村风景和在农村中发挥重要作用（Landais，1998；Zahm et al.，2008）。有的则强调可持续性农业或许应看成农业资源的成功管理，来满足改变的人类需要，同时保持或提高环境质量和保护自然资源（FAO，1991；Hatai et al.，2008）。Spiertz（2010）基于可持续性的准则：既能满足当代的需要且不牺牲将来的需要。认为可持续性农业包括三个主要目标：经济利润、环境健康、道德健康。通常被表示为一个3P框架概念：人—星球—利润（people-planet-profit）。欧盟委员会认为，可持续性应用到农业涉及农业系统的能力，它必须是经济上可行、提高农民及农村人的生活质量和改善环境质量（European Commission，1997；Salazar et al.，2013）。Goswami & Nishad（2014）指出，农业可持续性的基本指标变量有可利用的可耕土地和水；依靠别的部门的竞争需求和自然要素如气候变化。另外，决定可持续性的关键要素是需求，它随着人口和饮食习惯改变而改变；而供给需要依靠外部资源（如进口）。

粮食安全生产的水资源可持续利用表现在水资源的经济价值、社会价值和环境价值三个方面。其中：经济价值表现为清洁、高效利用水资源，保证粮食的产量和质量；社会价值表现为各个粮食生产区域能平等利用水资源，水资源贫困地区也能从区域外调水或者通过进口虚拟水来补缺本地水资源的不足；环境价值体现在水资源在粮食生产过程中、在不影响粮食产量及质量的情况下，污染排放量最小。

农业及粮食安全的资源可持续发展体现为一种能力。随着时间推移，农业及粮食的产量、质量和产值注重稳步提高，资源外部使用量和使用总成本注重稳步下降，环境污染量和污染成本也需同步降低。

1.2.2 国外研究现状综述

目前，农业生产的资源利用效率问题日益成为国际研究热点。第一，资源利用效率的研究方法和手段。国际主流的研究方法包括：①运用边际产品价值（MVP）与边际要素成本（MFC）的比率来反映资源利用效率（Mbanasor & Obioha，2003；Karthick et al.，2013）；②运用数据包络分析（DEA）方法计算不同作物类型的农场或农户的技术效率水平（Shavkat，2011）；③运用生产函数—柯布道格拉斯生产函数（C-D）、随机前沿生产函数（SFA）和超越对数生产函数（Translog）反映要素资源投入量（或单位成本）与产品产量（或单位产值）之间的函数关系，通过普通最小二乘（OLS）回归或极大似然估计（ML）方法来判断各种资源的效率利用水平（Dung et al.，2011；Sanzidur，

2011；Ayinde et al.，2011；Wongnaa et al.，2012；Balaji et al.，2013；Lawal et al.，2013；Karthick et al.，2013）。以上三大类研究方法的基础数据的获得主要来源于田野实验，样本选用主要采用二阶段或三阶段随机抽样调查确定（Singh et al.，2012；Lawal et al.，2013）。第二，哪些农业资源对效率产生影响。一方面，确定影响农业资源效率的要素时采用关乎农户的经济社会特征数据或田野调查的数据，并对其进行统计分析来确定出可能的影响要素（Wongnaa et al.，2012）。另一方面，直接把相关要素代入生产函数进行参数估计来判断相关要素对产出的影响方向及程度。典型的相关要素包括：土地播种面积或农场规模（Shavkat et al.，2011；Wongnaa et al.，2012；Lawal et al.，2013）、灌溉设施或水资源相关费用（Hasanov et al.，2011；Rahman，2011；Balaji et al.，2013）、劳动力或劳动力工资（Hasanov et al.，2011；Rahman，2011；Wongnaa et al.，2012；Lawal et al.，2013）、农药化肥或农药肥料成本（Shavkat et al.，2011；Wongnaa et al.，2012；Karthick et al.，2013）、机械工作量或机械成本（Hasanov et al.，2011；Karthick et al.，2013）、播种量或种子成本（Ayinde et al，2011；Karthick et al，2013）、气候资源（FAN et al.，2012；CHEN et al.，2013）。第三，资源效率研究的政策启示。①增加对作物产出具有显著正向影响要素的投入量（Ayinde et al.，2011；Rahman，2011；Wongnaa et al.，2012；Lawal et al.，2013）；②修复对作物产出具有显著负向影响的要素的缺陷（Karthick et al.，2013；Balaji et al.，2013）；③通过技术途径来提高作物生产率，如农业资源保存系统在农户中的推广（Dung，2011），提高农业土壤—谷物管理系统，并对现有农业技术进行全国应用和扩散等（FAN，2013）。以上研究均是基于微观农户或农场样本来研究农作物资源利用效率，且涉及的为整体的农业资源（自然资源包含其内），缺乏从全国宏观或中观省际的角度来研究整体农作物生产的资源利用效率及优化，尤其忽视粮食生产中自然资源利用及其效率的相对重要性。

1.2.3 国内研究现状综述

国内农业资源合理利用的重要性日益明显。第一，整体农业资源利用的研究。相关研究包括：①国内资源单个省份和全国层面的研究，如刘军等（2012）利用农业资源可持续模型和资源丰度模型评价了湖南农业资源利用水平；张燕、张洪等（2012）分析了安徽种植业资源利用情况，得出不再追加人工资源的方法提高产出最符合资源节约型农业的要求。全国和省际农业资源利用方面，笔者等人（2015）分析了全国和省际的粮食生产中土地、水和气候资源的综合技术效率，得出我国大多数省份整体农业自然资源效率属于中效区和低效区俱乐部。②境外资源利用的研究，如周文涛等（2012）和马晓河等（2012）分析了中国利用境外农业资源的情况，均认为利用比较优势原则，我国应该进口土地密集型农业产品，出口劳动力密集型农业产品。以上关于整体农业资源利用的研究，与国外研究相同的是，均忽视农业自然资源对粮食安全的特殊影响。另外，不论涉及国内资源利用还是境外资源利用，现有关于农业生产及粮食安全的文献，均只从一个方面考虑资源利用（国内或国外），没有将国内外两种资源纳入一个分析框架中，缺乏综合高效利用国内外两种资源保障粮食安全的思想。第二，单独农业自然资源利用的研究。相关研究包括：①全国农业水资源的研究，如刘文（2012）指出水资源是农业生产的命脉，多种原因综合导致我国农业水资源缺口增大，威胁到农业生产安全；张俊飚等（2007）分析了全国农业水资源利用效率的影响因素，并就湖北省17个州市进行农业水资源利用效率的DEA评价。王学渊等（2008）采用农业产值作为产出变量，用SFA方法测算了中国农业用水效率。张同乐等（2012）年就20世纪50~80年代河北省污水灌溉与农业生态环境进行研究，肯定了城市污水进行资源化和无害化处理后灌溉农田的作用，但污水灌溉技术不成熟，理论落后于实践。总的来看，农业水资源利用及效率的研究居多，但较缺乏粮食安全生产水资源利用及效率的研究。②全国和特定省份农业土地资源利用的研究。如粮食安全与耕地关系研究，耕地的数量保持和质量提高可以缓解粮食安全压力（蔡运龙，2001；龙花楼，2009）。在耕地利用效果上，谢俊奇等（2011）认为小波神经网络方法能有效地评价土地利用效益；在制度与土地利用关系方面，王忠林等（2011）认为依靠市场的土地流转制度不仅降低了交易费用，同时还具有保护国家粮食安全和增加农民收入等方面的意义；等等。农业用地作为“三农”问题之一，国内方面的研究已经比较深透。③农业能源利用的研究。如研究能源利用与产出关系，岑丽娟（2013）就农业能源和能源结构的双向作用预测了农业产出效益；笔者认为长期来看，农业能源加速消耗阻碍农业增长（包括粮食产出）。在能源效率与粮食生产方面，如陆文聪等（2010）认为不同粮食产品存在区域能源效率差异，笔者认为粮食生产能源效率高的省份集中在东部工业区，而粮食生产能源效率低的省份却集中在西部农业区。尽管现有文献注意到农业能源利用的重要性，但对其深入研究的较少，尤其现有关于农业能源效率的文献中，没有考虑粮食生产的非期望碳排放，得出的能效可能存在高估风险，同时缺少粮食安全生产节能空间和减排空间的研究。

国内外研究现状评述：综合国内外研究发现，第一，较为缺乏农业自然资源利用及其效率对粮食安全影响的研究。现有研究农业资源效率的文献，均把部分农业自然资源纳入农业资源效率分析模型中，没有对整体农业自然资源效率进行单独分析；并且仅分析农业资源对农业产出的影响，而不是对粮食安全（产出安全和贸易安全）的影响，较缺乏整体农业自然资源对粮食安全的影响研究，但这正是本书研究之所在。第二，较缺乏保障粮食安全的综合利用国内外两种农业自然资源的资源观。尤其国内研究农业自然资源利用时，要么强调国内某种资源的重要性，要么强调利用境外资源的重要性，没有认识到粮食安全应该兼顾两种自然资源和两种市场的重要性。本研究采用两种资源观，如粮食产品虚拟水国内外贸易的数据实证分析，可以支撑我国粮食安全的虚拟水战略。第三，自然资源利用效率的研究视角和方法方面尚存在一些缺陷。如现有研究多关注整体农业的水资源利用效率，较少注重粮食生产灌溉用水效率的研究，更缺乏纳入污水排放的粮食生产用水生态环境效率的研究。

1.3 粮食安全与自然资源的界定

1.3.1 粮食安全的界定

最为典型的粮食安全的概念是联合国粮农组织（FAO）的定义：只有当所有人在任何时候都能在物质上和经济上获得足够、安全、富有营养的食物来满足其积极健康的膳食需要及食物喜好时，才实现了粮食安全。从中我们可以看到该定义更注重从微观层面满足个人需求来界定粮食安全。这里需注意几点：第一，该定义没有忽视国家或地区的战略安全——粮食作为一种战略物资的国家或地区的需求，因为只有国家或地区的粮食战略安全后，国家或地区内部的个人才能进一步满足自己足够的需求。第二，近年来国内学者的研究（吕新业等，2013）指出，FAO 的定义至少强调了粮食安全的四个方面：粮食生产安全、粮食购买力安全、粮食贸易安全和粮食质量安全。第三，按照粮食安全的研究进展，现有研究主要从供需方面探讨全球粮食安全、国家粮食安全、区域粮食安全和个人粮食安全；且在这些研究中，涉及资源利用与粮食安全时，主要注重土地、水、气候、能源、作物技术等对粮食生产供给的保障程度，主要注重人口增长、生物能消费、禽肉消费等对粮食需求的旺盛程度，以期达到供需均衡，从而实现粮食安全。综合以上研究，粮食作为一种战略资源，只有当国家粮食生产供给能满足国家内部增长的需求时，才实现了国家粮食安全，也才可能实现真正意义上的个人粮食安全；而国家粮食安全的获得，只有通过内部生产和外部贸易进口两个途径，才能实现供给充足。因此，本书定义的粮食安全，是将粮食作为一种战略资源的战略物资安全，是国家层面的粮食安全，是粮食生产和粮食贸易的安全。

1.3.2 自然资源的界定

自然资源相对于人工或人造资源而言，它是先天赋存的资源，如空气、阳光、土地、水、化石能源等方面；而人工或人造资源主要是劳动力、资本、技术、制度等方面。农业领域的资源与其他生产领域所需要的资源近似，如他们生产均需要劳动力、资本等传统的生产要素；同时，农业生产主要依靠水土等天赋自然资源；随着我国能源时代的更替，从薪柴时代、煤炭时代转变为石油时代以及可能转型的页岩气时代，我国农业从薪柴农业、煤炭农业转变为石油农业、未来可能转型为页岩气农业，因此农业生产也依靠化石能源等天赋资源。另外，随着全球气候变暖，气候议题受到联合国诸多国家的关注。如果气候资源使用和引导不当，未来气候变化可能造成人类普遍的灾害，如水灾、旱灾、粮食歉收、疾病等，因此农业生产也依靠气候资源等天赋资源，并且人类活动应该保护好适宜人类生产、生活的气候资源，防止其演化为气候灾难，尤其应该防范过量的化石能源及其碳排放引发的气候变化并最终形成的气候灾难。综上所述，本书界定的农业自然资源，是指天然赋存在农业领域中的资源，典型的农业自然资源包括土地、水、能源和气候。

1.4 主要内容

本书研究内容布局大体可概括为“总—分—总”。首先是总体资源特征、地位及效率研究，其次是单个资源效率的具体研究，第三则是总结国外经验和全书研究提出应对措施。具体内容如下：

（1）中国农业自然资源利用现状和特点研究。将农业资源进行划分，传统农业资源包括资本和劳动力；现代农业资源主要是化石能源及化石能源形式存在的机械、电力、农药和化肥；典型的农业自然资源包括土地、水和气候等。按此划分后，本研究认为农业自然资源包括现代农业资源和典型的农业自然资源。在此基础上，基于1978—2012年的全国和省际层面的自然资源利用的统计数据，分析改革开放以来，全国和各省的土地、水、能源和气候资源利用的特点与发展趋势，并就当前全国和各典型区域的粮食生产中自然资源利用存在的问题进行分析和说明。

（2）中国粮食生产的自然资源综合利用效率及影响因素研究。基于1978—2012年的全国和各省统计数据，全国和省际的粮食产出均按谷物、小麦、玉米、大豆和薯类产量加总，全国和省际的农业自然资源投入部分包括耕地、农业用水、气候资源和能源，运用DEA-MALQUIST-TOBIT三步法，首先测算全国和省际的粮食生产自然资源利用效率；接下来，运用MALQUIST指数分解法对全国和省际的自然资源的技术效率进行分解分析；最后，运用省际面板数据TOBIT模型解析影响自然资源利用效率的因素，检验的因素包括农业比重、经济发展水平、市场化程度和区位。

（3）中国粮食安全视角下的水资源利用及其效率评价。选用2003—2012年的省际统计数据，各省粮食产出依然是谷物、小麦、玉米、大豆和薯类的产量加总，省际的农业资源投入包括劳动、资本、农药投入、化肥投入和生产用水，运用基于C-D生产函数的随机前沿分析法（SFA），估计粮食生产用水效率和粮食生产技术效率。比较不同省份粮食生产用水效率与技术效率，检验技术效率高的地区是否用水效率亦高。接下来分析各省粮食生产水资源生态环境效率，投入部分保持不变，产出部分变为各省的非期望农业污水排放量，运用包含非期望产出的DEA模型估计得到各省粮食生产用水生态效率。接下来分析全国和省际粮食贸易虚拟水利用，按照谷物、小麦、玉米、大豆和薯类的虚拟水含量系数计算出全国粮食生产总的虚拟水含量，并依据各省粮食自给率估算各省的虚拟水缺口量；根据各省的粮食消费量，分析计算各省的谷物、小麦、玉米、大豆和薯类的虚拟水消耗结构；按大米、小麦、玉米和大豆的进出口量及相应的虚拟水系数，计算全国和各省的粮食产品虚拟水贸易量；将不同省份将水资源进行贫富划分（按省际人均水资源量），检验我国富水省份与贫水省份的虚拟水进出口贸易是否符合资源要素禀赋理论（H-O）；运用粮食供需中的二次移动平均模型对我国粮食产品虚拟水供需利用进行未来十年期的预测。

（4）粮食生产的气候利用及其效率影响。选用2000—2013年的省级面板数据，首先，研究主要气候变量对粮食产量的影响。历年各省气候变量中的温度、湿度、降雨与粮食产量进行匹配，找出适宜粮食高产的温度、湿度和降雨量大小的匹配规律。其次，研究极端天气对粮食产量的影响。尝试一次、二次和三次回归模型拟合降雨量与粮食产量的关系，找出最佳降雨量与粮食产量的模型。假设未来是极端降雨天气，则各省未来极端降雨量采用该省历史极端降雨量进行替代，并将未来极端降雨量代入拟合模型进行粮食产量的预测。最后，研究洪涝干旱对粮食产量的影响。利用省级数据，尝试一次、二次和三次回归曲线模拟洪涝干旱面积对粮食产量的影响，并在考察中纳入水利基础设施投资及建设，判断其对粮食增产和对灾害减缓程度的影响。

（5）国外自然资源利用管理的经验借鉴。收集相关的研究文献，以考察美国、欧盟、澳大利亚和印度的水资源利用及管理情况为例，归纳总结各国的自然资源利用经验，据此对比发现我国水资源利用及管理的不足，提出我国水资源优化利用的建议及制度安排。相关文献表明，美国水资源利用及管理有较为成熟的市场化运作模式；欧盟的水资源管理有统一的法案及条文来指导成员国的行为，现阶段农业水资源利用注重效率和生产率目标；澳大利亚更强调水资源的研发和技术应用，相对于传统的水资源管理更倾向于自身管理方式的转变和革新；印度的水资源管理有较为明显的社区主体参与管理的特点，这与印度的政治行政体制和流域分布有较为密切的渊源；我国实行最严格的水资源管理制度，但仍需借鉴西方国家的有益经验，任何制度安排并非完美。随着水资源问题的凸显，我国仍需要在水资源管理制度中打若干补丁，以克服我国水短缺、污染、效率低和时空分布差异化的缺点，保障未来农业及粮食安全和水资源利用安全。

（6）粮食安全与国内外两种资源利用的政策建议。国内方面，从全局农业自然资源的角度分析提高整体自然资源利用效率的途径，并重点分析粮食生产中提高水资源利用效率、水资源生态环境效率、能源利用效率的途径。国外方面，分析如何利用粮食及虚拟水国际贸易来优化我国粮食短缺和水资源分布不均的措施。并对利用境外虚拟土地、虚拟能源等进行适当探讨。并通过相应的文献分析，借鉴欧盟和美国等的农业自然资源利用经验，进一步完善我国农业自然资源利用的举措。

1.5 研究目标

本研究总的目标是达到农业自然资源利用的整体效率提高，并在耕地扩张较难情境下具体达到水资源利用效率的协同提高最终实现粮食单位产量及总产量供给的跃升。具体包括如下几个方面：第一，通过中国农业自然资源利用效率及影响因素的专题研究，提出优化农业自然资源效率的措施。不论全国还是省际，利用 DEA 方法分析得出总体农业自然资源效率的特点，利用

MALQUIST 指数分解法得出农业自然资源效率的动态分解及相应特点，利用TOBIT 面板回归分析得出影响整体自然资源效率的因素及其影响程度。综合以上分析，采用相应的措施来规划整体农业自然资源的合理利用。第二，提高粮食生产中的灌溉用水效率和水资源生态环境效率，通过中国粮食安全视角下的水资源利用及其效率的专题研究，提出优化灌溉用水效率和优化水资源生态环境效率的措施。省际层面，利用 SFA 方法测度并分析粮食生产用水灌溉效率和农业技术效率的特点，利用包含非期望产出的 DEA 方法测度并分析出农业水资源的生态环境效率特点，综合以上水资源利用的特点，并结合全国水资源利用的现状和特征，提出优化省际和区域水资源利用的举措。第三，提高粮食贸易中虚拟水利用的效率，通过粮食贸易虚拟水利用和预测的相关专题研究，提出优化全国和省际粮食虚拟水合理利用的措施。利用全国和省际的粮食产品生产数据，结合相应的粮食产品虚拟水折算系数，测算并分析出我国粮食生产虚拟水的特点；利用全国和省际的粮食贸易量数据，配合相应的粮食产品虚拟水折算系数，测算并分析我国粮食贸易虚拟水的特点；利用全国粮食供需预测模型，并结合相应的产品虚拟水系数，预测我国未来十年虚拟水贸易量及特点。综合以上虚拟水利用的特点，提出全国、省际和区域的虚拟水优化利用战略。第四，提高气候资源利用效率并规避粮食生产中的气候关联水资源灾害，通过气候资源利用及其效率的专题研究，提出预防和规避气候变化对粮食产出负向影响的具体措施。利用省际面板数据，通过统计分析、普通回归模型分析和 PANAL DATA 模型分析，模拟气候变化三个主要方面对粮食产量的影响，具体为拟合气候变量、极端天气和洪涝干旱对粮食产量的影响。进一步，利用满足计量和统计检验均较好的回归模型，预测 2025 年我国粮食生产情况。

1.6 拟解决的关键问题

本书研究遇到的主要问题是相应指标及数据的科学合理度量及操作，具体解决过程如下：

（1）粮食生产中气候资源利用和能源利用的合理度量。考虑粮食生产中整体自然资源利用效率，需要对土地、水、能源和气候利用进行量化，前两者较容易通过数据收集得到，后两者需要进行技术转化。全国和省际的气候与能源数据计算如下：

$$W_{it} = \frac{1}{D_{it} + V_{it}} \tag{1-1}$$

$$E_{it} = F_{it} + G_{it} + M_{it} + P_{it} + C_{it} \tag{1-2}$$

其中，式（1-1）中的 W 表示气候资源利用水平，D 表示成灾面积，V 表示受灾面积，i 和 t 分别代表省份和年度。该式的含义是，气候造成成灾和受灾影响，成灾和受灾面积之和越大说明气候破坏越严重，相应的气候资源利用的就越少。用成灾和受灾面积之和的倒数，可以反映气候利用的正向影响。式（1-2）中的 E 表示能源消耗量，F、G、M、P 和 C 分别代表矿物能源（石油、煤炭和天然气）、煤电、农机与灌溉用能、农药和化肥，按热值单位统一换算为吨标准煤，则各种直接和间接的化石能源消耗的加总，得到总的农业能源消耗，并根据 IPCC 准则中相应能源的碳排放系数计算出总碳排放量。

（2）粮食生产和贸易中虚拟水利用的准确值。国际上研究认为，1 千克粮食需要 1 000 公升水（Allan，1998），国内方面也有转化系数的研究，认为粮食虚拟水=1 立方米/千克；谷物=0.9 立方米/千克；豆类=3 立方米/千克；薯类=0.9 立方米/千克（马静，2006）；1 千克干小麦=1 立方米水；1 千克水稻=2 千克水；1 千克玉米=1 千克水（柯兵等，2004）。据此，为研究方便对各粮食品种采用如下转化系数：

表 1-1　　1 千克粮食产品的虚拟水含量

品种	粮食	稻谷(大米)	小麦	玉米	大豆	薯类
虚拟水系数(立方米/千克)	1	2	3	1	3	0.9

根据表 1-1 中的虚拟水转化系数，可以较简单地度量全国和省际的粮食生产与贸易的虚拟水量，并可以运用粮食供需预测模型得到的粮食产量来预测未来的虚拟水供需量。此外，核算 2003—2012 年省际粮食产品需求虚拟水缺口，需运用省际粮食自给率进行转换。其中，根据《中国经济周刊》核算中国粮食自给率公式：省际粮食自给率=省际粮食产量/（省际常住人口×400 斤），则，省际总粮食虚拟水缺口量=省际粮食产量×(省际粮食自给率-1)×1 立方米。

（3）量化定义粮食生产水资源的生态环境效率。运用 DEA 方法测度效率时，定义水资源生态效率测度变量包括：投入变量——水投入，产出变量——粮食产量+环境正影响。定义水资源环境效率测度变量包括：投入变量——常规投入变量+水投入，产出变量——环境正影响。其中，常规变量为省际的劳动、资本、农机动力、农药和化肥的投入，环境正影响用省际农业用水污染量的倒数表示。则基于相应投入和产出的 DEA 效率测算，分别得到省际粮食生产用水的生态效率和环境效率。

1.7 研究方法及关键技术

本书在地理信息系统技术的基础上采用了若干定量研究方法，具体如下：

（1）可视的 GIS 方法。运用地理信息系统（Geographic Information Systems，GIS）研究方法贯穿全书，它具有空间数据可视和操作等基本功能。①空间数据可视。我国自然资源的特点，如耕地面积、降雨、地下水、地表水、干旱洪涝区、化肥农药集中区等区域分布均可制图表达。②空间数据可操作。灌溉水资源效率的空间溢出效应可用 GIS 操作判断。③数据再加工。例如，国内外的虚拟水在我国省际间的流动大小及方向借助 GIS 处理。

（2）DEA-MALQUIST-TOBIT 分析方法。本书采用 Banker et al.（1984）提出的基于投入方向的规模报酬可变的 BCC-DEA 模型。其数学公式如下：

$$MaxZ_p = \sum_{j=1}^{s} U_j Y_{jp} - \alpha$$

$$s.t.\begin{cases} \sum_{i=1}^{m} V_i X_{jp} = 1 \\ \sum_{j=1}^{s} U_j Y_{jk} - \sum_{i=1}^{m} V_i X_{ik} \leqslant \alpha; k = 1, \cdots, n \\ U_j > 0; j = 1, \cdots, s \\ V_i > 0; i = 1, \cdots, m \end{cases} \tag{1-3}$$

式（1-3）中，X_{ik} 代表第 k 个 DMU 的第 i 项投入；Y_{jk} 代表第 k 个 DMU 的第 j 项产出；V_i 代表第 i 项投入权重；U_j 代表第 j 项产出权重；Z_p 代表第 p 个 DMU 的效率值。

利用线性规划对偶理论进行转化，并加入约束条件，获得对偶方程式：

$$MinH_p = \theta_p - \varepsilon\left[\sum_{i=1}^{m} S_i^- + \sum_{j=1}^{s} S_j^+\right]$$

$$s.t.\begin{cases} \theta_p X_{ip} - \sum_{k=1}^{n} \lambda_k X_{ik} = S_i^-;\ S_i^- \geqslant 0 \\ \sum_{k=1}^{n} \lambda_k Y_{jk} - Y_{jp} = S_j^+;\ S_j^+ \geqslant 0 \\ \sum_{k=1}^{n} \lambda_k = 1;\ \lambda_k \geqslant 0 \end{cases} \tag{1-4}$$

其中，式（1-4）中的 X_{ik}、Y_{jk}、U_j 和 V_i 定义与（1-3）式一致；α 代表截距；H_p 即代表第 p 个 DMU 的效率值。

依据上述模型式，粮食安全生产的水资源效率均可测算得到。具体运用 MAXDEA 软件进行效率值的测算时，可以采用如下简化式计算任意投入要素的效率值：

$$要素效率 = 1 - \frac{\Delta}{实际投入量} \tag{1-5}$$

其中，式（1-5）中的△代表软件测得的要素投入冗余量，则相应投入要素的效率等于 1 减去冗余量与实际投入量的比值。此时要素的效率值为介于 0 和 1 之间的值。

因为粮食生产的水资源利用效率是指单位水资源带来的经济、环境和生态效益，所以粮食生产的全要素水资源利用效率可用经济效率、环境效率和生态效率表示。基于非期望产出并运用投入导向的规模报酬可变的 BCC-DEA 模型，经济效率投入指标是真实水吸收量、水资源生态包袱、人力资源、资本资源、农用物质，经济效率产出指标是粮食产量；生态效率投入指标是生态包袱，生态效率产出指标是粮食产量和污染排放；环境效率投入指标是真实水吸收量、水资源生态包袱、人力资源、资本资源、农用物质，环境效率产出指标是污染排放。

MALQUIST 技术效率指数分解法主要测算整体农业自然资源的效率贡献，分解形式如下：

$$M_0(x_{t,}\ y_t,\ x_{t+1},\ y_{t+1}) = \frac{s_0^t(x_t,\ y_t)}{s_0^t(x_{t+1},\ y_{t+1})} \times \frac{D_0^t(x_{t+1},\ y_{t+1}/VRS)}{D_0^t(x_t,\ y_t/VRS)} \times \left[\frac{D_0^t(x_{t+1},\ y_{t+1})}{D_0^{t+1}(x_{t+1},\ y_{t+1})} \times \frac{D_0^t(x_t,\ y_t)}{D_0^{t+1}(x_t,\ y_t)}\right]^{1/2} \tag{1-6}$$

其中，右式第一项表示规模效率，若值大于 1，意味着改变了要素投入，提高了规模效率；第二项表示纯技术效率，若值大于 1，意味着管理改善使效率提高；第三项表示技术变化，若值大于 1，意味着技术在考察年份实现了跨越，即实现了技术创新。TOBIT 方法用来得到影响粮食生产的资源利用效率的因素，主要运用省际的技术效率值作为因变量，运用需要检验的要素作为自变量，进行面板数据回归分析，确定相应的影响因素及其影响程度。

（3）基于 C-D 生产函数的 SFA 方法。本研究采用常规的 C-D 函数形式构造省际粮食生产的随机生产前沿函数，取对数形式如下：

$$\ln Y_{it} = \beta_0 + \beta_1 \ln K_{it} + \beta_2 \ln L_{it} + \beta_3 \ln P_{it} + \beta_4 \ln F_{it} + \beta_5 \ln W_{it} + V_{it} - U_{it} \tag{1-7}$$

$$WE_{it} = \exp(-U_{it}/\beta_w) \tag{1-8}$$

式(1 - 7) 中：Y 表示粮食产量，K 表示农业机械总动力，L 表示劳动力投入量，P 表示农药投入量，F 表示化肥施用量，W 表示实际农业用水量，β 为待估系数，V 表示随机误差项，U 表示技术无效率项。据此推断出式(1 - 8)，WE 即为粮食生产灌溉用水效率。

(4) 普通 PANAL DATA 模型与动态面板数据模型。运用该方法包括两步：首先收集需要研究的面板数据，然后将面板数据代入相应的回归模型，进行因变量和自变量间相互关系的检验。

假设两变量存在线性关系，建立回归模型式：

$$\ln Y_t = \alpha + \beta \ln X_t + \varepsilon \tag{1-9}$$

$$\ln Y_{it} = \beta_1 + \beta_2 \ln X_{it} + \varepsilon_{it}$$

$$\varepsilon_{it} = \mu_i + \lambda_t + \mu_{it} \tag{1-10}$$

$$i = 1, 2\cdots, N; \ t = 1, 2\cdots, T$$

$$food_{i,t} = \alpha food_{i,t-1} + \sum_{j=0}^{m} \beta_j water_{i,t-j} + \gamma land_{i,t} + \varphi material_{i,t} + \delta labor_{i,t} + \eta capital_{i,t} + \mu_i + \nu_{i,t} \tag{1-11}$$

式(1 - 9) 为典型的时间序列模型，Y，X 分别代表被解释变量和解释变量，α，β 代表估计参数，t 为时间期数。当考虑面板数据时，该模型受到不能准确考虑变量个体差异的影响，因而需要建立面板数据模型。

式(1 - 10) 中：i 为样本个数、t 为时间期数；μ_i 为不随时间变化的个体上的差异，称为个体效应；λ_t 为不随个体变化的时间上的差异，称为时间效应。运用模型（1-10）配合面板数据可以对因变量和自变量进行相互关系的检验。如本书针对水旱灾害、水利基础设施和粮食安全三组面板数据，两两之间建立关系模型式，即可实现它们相互关系的验证。

式（1-11）中：i 和 t 分别代表省份和年份，μ_i 为不可观察的地区特征差异，ν_{it} 为随机误差项，$\mu_i \sim IID(0, \delta_\mu^2)$，$\nu_{it} \sim IID(0, \delta_\nu^2)$，且 μ_i 和 ν_{it} 相互独立。在估计此模型时，采用 GMM 估计方法。

(5) 采用粮食供需模型中的二次移动平均法预测虚拟水供需。本书借鉴预测粮食产品生产和需求的二次移动平均法（吕新业等，2012）估算我国的粮食产品产量和需求量，则未来各年的粮食产品虚拟水供需量=预测的粮食产品供需量×产品虚拟水折算系数。

1.8 技术路线

本研究采用基础的现状、问题和对策分析。首先，针对农业自然资源（包括土地、水、气候和能源）利用的特点，进行数据统计分析和定性分析，并用 GIS 进行图层展示。接着，主要是粮食安全视角下自然资源利用效率的问题，并对自然资源效率进行总分形式的研究。总的方面是研究总体自然资源效率及其影响因素，采用的方法是 DEA-MALQUIST-TOBIT 三步法。包括：农业粮食生产的灌溉用水动态效率测度研究，采用 GMM 估计方法；农业粮食生产用水的生态环境效率的测度研究，采用 DEA、SFA 和 MFA 对比测度方法；粮食产品生产和贸易虚拟水的利用情况及未来利用预测，主要采用粮食产品虚拟水转化系数和运用粮食供需预测模型中的二次移动平均法来研究；粮食生产气候关联水资源利用效率的研究，主要采用面板数据收集检验气候各方面对粮食生产的影响。最后，对总体自然资源利用效率和水资源等单独资源提出优化利用对策等。本研究的具体技术路线图见图 1-1。

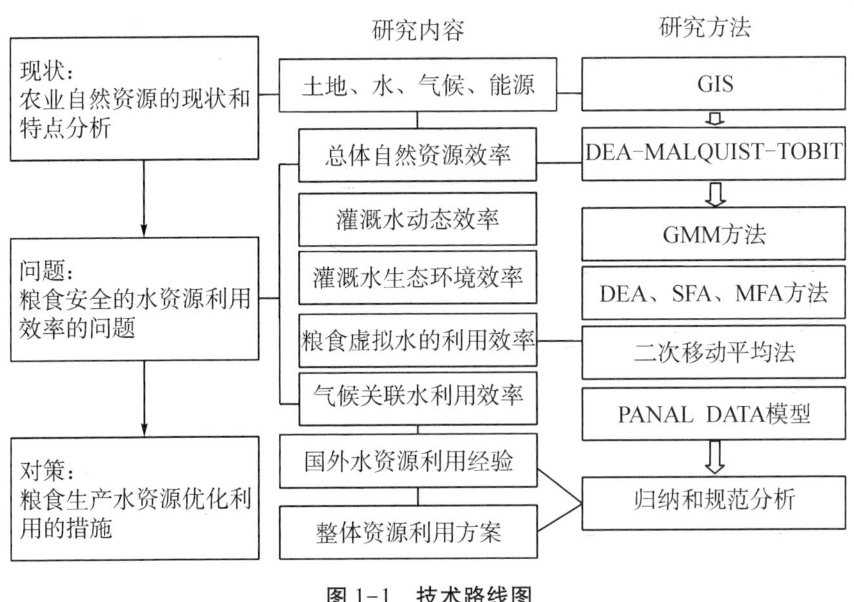

图 1-1 技术路线图

1.9 研究创新之处

本研究的创新之处主要在于研究内容及研究方法的创新。采用 DEA-MALQUIST-TOBIT 综合考察了自然资源及其效率对粮食安全的影响，并就全国和省际层面的水资源利用中的虚拟水与粮食贸易进行数据实证分析，采用多种定量方法比较分析水资源效率，综合考察了气候核心因素对粮食生产及安全的影响。具体如下：

（1）单独考察粮食生产中总体农业自然资源利用的综合效率，且初次引入 DEA-MALQUIST-TOBIT 三步法来分析粮食生产中的自然资源利用效率。以往研究把传统农业资源、农业自然资源归为农业资源进行研究，忽视了自然资源对农业和粮食生产的单独影响。相应的研究方法多采用相对单一的 DEA 方法或 SFA 方法。本研究为了解粮食生产中自然资源效率的特点、动态和影响因素，采用 DEA-MALQUIST-TOBIT 三步法进行综合分析。

（2）对全国和省际的粮食生产虚拟水与粮食贸易虚拟水进行数据实证分析。国内关于粮食和虚拟水的研究以定性为主，大多停留在对虚拟水观念的阐释上。本研究不同于以往的是，采用数据实证分析方法分析粮食产品虚拟水。首先分别核算出全国和省际的粮食生产的虚拟水含量及缺口，然后核算出全国和省际的粮食进出口贸易的虚拟水含量，接下来检验了 H-O 国际贸易理论对我国虚拟水贸易的适用性，最后通过粮食供需预测模型预测了我国的虚拟水供需情况。

（3）对灌溉水资源的动态利用效率进行 GMM 分析，对灌溉水资源各种技术效率进行 MFA、SFA 和 DEA 对比分析。以往关于粮食生产水资源效率的研究，较少考虑水资源利用对粮食生产的动态影响。本研究不同于以往的是，就当期水资源利用、前期水资源利用和滞后一期的水资源利用对粮食生产的影响进行了研究，以期判断粮食生产的水资源动态效率。本书将水资源效率划分为水资源生产率、灌溉用水技术效率和全要素水资源效率，对各个效率分别采用 MFA、SFA、DEA 方法测度，以期对水资源效率有较为全面的理解。同时，在效率对比测度分析的基础上，本书运用 GIS 进行效率外溢分析、运用 PANAL DATA 模型进行各种效率共同影响因素的筛选。

（4）对气候各种关联水资源的因素对粮食生产的影响进行综合分析，并判断应控制气候变量、预防极端降雨和干旱对粮食生产的核心影响。以往气候框架下对粮食生产及安全的研究，大多只关注某一方面对粮食生产的影响，如气候变量、极端降雨、干旱洪涝等对粮食生产及安全的单独影响。较少综合性考虑这些气候因素最终对粮食生产及安全的总体影响。本书利用省级面板数据，主要运用回归模型实证降雨量对粮食产量的影响、干旱洪涝灾害对粮食产量的影响等，并对气候变量进行分类、统计其与粮食产量的关系。

2 粮食生产中自然资源的利用特征与地位

2.1 引言

因为粮食生产主要是依靠水土，总的自然资源利用中，水土不可或缺。同时，农业领域的自然资源具有特殊性，农业生产受到光热变化的影响，本书把这部分影响归为气候资源（尤其是气候变化）对农业的影响。另外，我国存在较为严重的化石农业发展倾向，因而能源也是农业及粮食生产需考虑的一部分。因此，假设在现有作物技术水平下，作物及粮食的产量主要取决于培育其生产的自然因素，本书将总体自然资源的考察范围界定在土地、水、气候和能源四个主要方面。在我国工业化和城镇化发展过程中，大量的农地转为非农地，退耕还林还草的生态用地需求增加，外加严格耕地红线制度的限制，因此我国依靠耕地扩张拉升粮食产量的做法难以为继，只能依靠单位亩产量的提高，此时其他资源如水、气候和能源将发挥出奇特的功效，促成这一目标实现。

本书将重点分析农业自然资源利用及其效率对粮食生产的影响。首先，总体上分析各个资源特点、总体资源对粮食安全的重要作用、总体资源的利用效率水平。其次，分别对单个资源利用效率进行具体分析。其中，对单个资源水、气候和能源效率的分析，以便更好理解总体资源效率的缺陷。最后，总结国外资源利用管理经验和我国实情并提出资源改进路径措施。

本书首先考虑总体自然资源的综合效率（土地、水、气候），接下来在以土地为载体的背景下分析水资源利用及其效率（并且展开真实水和虚拟水效率两方面的研究），接着分析气候资源利用及其效率（因气候资源与水资源关联最为密切，气候变化主要是通过湿度、蒸发、降雨、温度、水旱灾害等水媒介因素作用于农业及粮食生产，所以把气候资源紧挨着水资源展开行文），接着分析余下的资源如能源利用及其效率就顺其自然了，然后在以上效率分析的基础上进行国外资源利用管理经验的借鉴（由于资源类型多样，水资源日渐成为国际研究热点，故选用各国水资源管理经验作为借鉴），最终提出资源利用与粮食安全协调可持续发展的举措。

2.2 几种常见自然资源利用特征分析

2.2.1 土地资源

土地资源是指已经被人类所利用和可预见的未来能被人类利用的土地。土地资源既包括自然范畴（即土地的自然属性），也包括经济范畴（即土地的社会属性），是人类的生产资料和劳动对象。农业生产用地主要指粮食作物生产使用的耕地。现阶段，耕地的主要特征是数量和质量同步下滑。我国面临的工业化、城镇化需要占用一部分耕地，生态的恢复和环境的安全也需要一部分耕地退出生产（陈锡文，2014），土地流转必将影响到粮食安全（刘琴，2014）；2005 年我国已有 20%的耕地遭到重金属污染（裴敏欣，2014）。因此，只有耕地数量的保持和质量的提高才可以缓解粮食安全压力（蔡运龙，2001；龙花楼，2009）。

然而，我国粮食安全生产将进一步面临耕地资源稀缺、土地人口负担过重和土壤品质下降的多重约束，给粮食安全生产造成潜在巨大压力。

中国土地绝对数量大、人均占有量少。中国国土地面积 9.6 亿公顷，其中，耕地约 1.334 亿公顷，约占全国总面积的 13.9%。耕地面积居世界第 4 位，但人均占有量很低。世界人均耕地 0.37 公顷，中国人均仅 0.1 公顷。发达国家 1 公顷耕地负担 1.8 人，发展中国家 1 公顷耕地负担 4 人，中国 1 公顷耕地则需负担 8 人。尽管中国已解决世界 1/5 人口的温饱问题，但随着工业化和城镇化加速发展，中国非农用地逐年增加，人均耕地将逐年减少，土地的人口压力将愈来愈大。

我国土地类型多样、区域差异显著。中国从东到西又可分为湿润地区（占土地面积的 32.2%）、半湿润地区（占土地面积的 17.8%）、半干旱地区（占土地面积的 19.2%）、干旱地区（占土地面积的 30.8%）。由于地形条件复杂，山地、高原、丘陵、盆地、平原等各类地形交错分布，形成了复杂多样的土地资源类型，区域差异明显，适宜粮食作物生长的品种及地区受到自然条件的限制。

我国难开发利用和质量不高的土地比例较大。在全国国土总面积中，沙漠占7.4%，戈壁占5.9%，石质裸岩占4.8%，冰川与永久积雪占0.5%，加上居民点、道路占用占了8.3%，全国不能供农业利用的土地占全国土地面积的26.9%。此外，还有一部分土地质量较差。在现有耕地中，涝洼地占4%，盐碱地占6.7%，水土流失地占6.7%，红壤低产地占12%，次生潜育性水稻土为6.7%，各类低产地合计3 601.8万公顷。这进一步制约了提高粮食生产依靠扩大耕地面积的做法。

统计近5年我国粮食产品土地利用情况，可以掌握我国粮食生产用地的基本规律：

（1）我国粮食播种面积与粮食产量之间不存在必然关联性。图2-1显示，2010—2014年我国绝大多数省份均有一定面积的粮食耕地（如浅色和深色区域），其中，年均粮食播种面积介于3 000千~6 000千公顷的地区为浅色区，包括12个省市区：广西、贵州、陕西、辽宁、山西、江西、湖北、云南、吉林、湖南、江苏和内蒙古；年均粮食播种面积高于6 000千公顷的地区为深色区，包括6个省市区：河北、四川、安徽、山东、河南和黑龙江。以上着色区

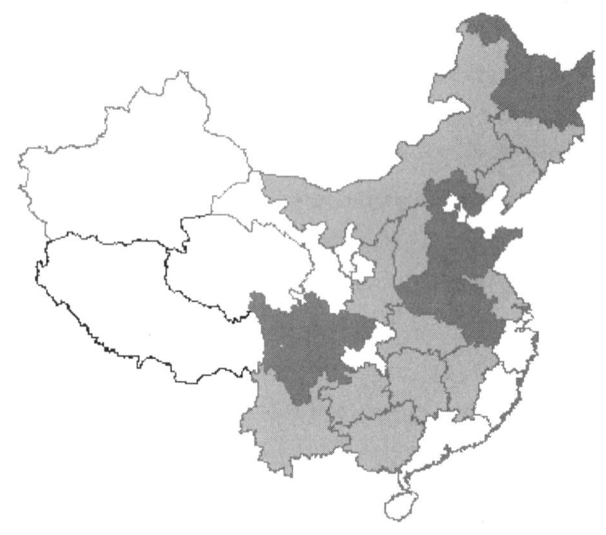

图2-1　粮食作物播种面积①

① 本书所作的地图省略掉中国台湾省、香港和澳门特别行政区，原因在于这三大区域的农业及各资源方面的数据缺失，难以与中国大陆省份作比较。下同。

说明，农业大省基本为粮食生产强省，粮食主产区均投入了较一般省份更多的耕地用于粮食生产，且这种做法得到了较高的粮食产量，如黑龙江、河南、河北等省份；但有些省份投入的耕地较多，但粮食产量平平，如湖北、安徽、四川、山东等省。今后，解决我国粮食内生的生产供给相对不足，可以提高耕地利用效率，用更少的土地生产出更多的粮食。

（2）我国稻谷生产集中在长江中下游地区、黄河入海口和东北一带。图2-2显示，2010—2014年年均稻谷产量最高的区域为深色区，年均产量均高于6 000千公顷，包括黄河下游省份的河南和山东两省；年均稻谷产量相对较高的区域为浅色区，年均产量介于3 000千~6 000千公顷，包括东北的黑龙江、吉林和内蒙古一带的省份，包括长江中下游的湖北、湖南、安徽、江西和江苏。因我国口粮主要以大米为主，所以稻谷是口粮供应的主要品种。我国稻谷生产分布呈现出较强的自然条件特性，东北肥沃的黑土地、长江和黄河中下游肥沃的冲积平原，为我国的稻谷生产创造了天然优势。

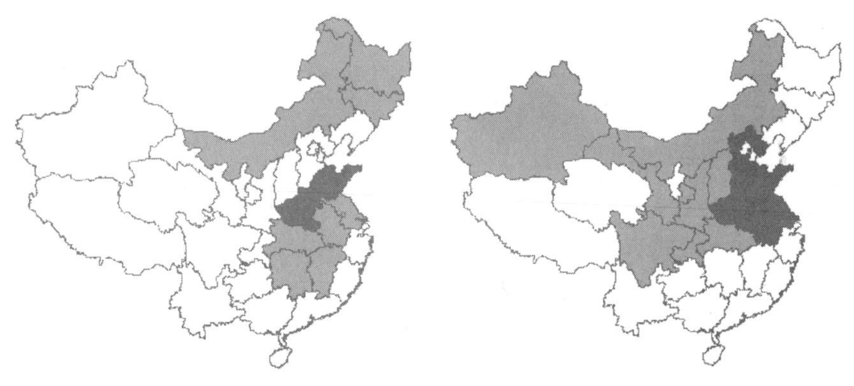

图2-2　稻谷播种面积　　**图2-3　小麦播种面积**

（3）我国小麦生产主要集中在长江和黄河以北区域。其中，山东半岛、长江和黄河下游为小麦生产优势区域（见图2-3，深色区域），2010—2014年年均小麦播种面积高于2 000千公顷，包括河南、山东、河北、安徽、江苏；年均小麦播种面积介于500千~2 000千公顷的为浅色区域，包括内蒙古、山西、甘肃、湖北、新疆、陕西和四川；其他空白色区域的年均小麦播种面积小于500千公顷。因小麦是旱田作物，其生产分布主要是在降雨相对较少的北方区域。理论上，北方应该生产较多的小麦，但实际上我国小麦生产能力（包括大豆生产量）与国际相比依然有差距，尤其是优质小麦生产更是匮乏，我国每年都需向国外进口一定数量的小麦，小麦尤其是优质小麦（包括小麦淀粉）对外依存度相对较高。今后，伴随人口增加及生活水准提高，小麦的潜在需求量会更多，提高北方水土配比，育种适合我国的高产优质小麦品种，改变过去忽视粮食产品结构难匹配膳食营养结构变迁的粮食生产供给观念，可以有效提高小麦生产供给能力。

（4）我国玉米生产主要分布在东北地区、辽东半岛和山东半岛一带。图2-4 显示，2010—2014 年年均玉米播种面积高于 2 000 千公顷的地区为深色区域，包括东北三省、内蒙古、河北、河南和山东；年均玉米播种面积介于 500 千~2 000 千公顷的地区为浅色区域，包括广西、湖北、贵州、新疆、安徽、甘肃、陕西、四川、云南和山西。我国粮食主产区也是玉米的高产区，因玉米属于糙粮，其生产对水土的要求相对较低，且在家庭消费观念中玉米属于替代消费品，随着家庭收入的提高对其的消费会大幅降低，因此玉米只能作为国家粮食安全的有效补充。建议在粮食主产区降低其生产，节约更多的土地发展稻谷、小麦和大豆生产，在其他非粮食主产区，利用结余的土地大力发展玉米生产。这样既能保证我国粮食安全水平，也能优化我国粮食生产结构。

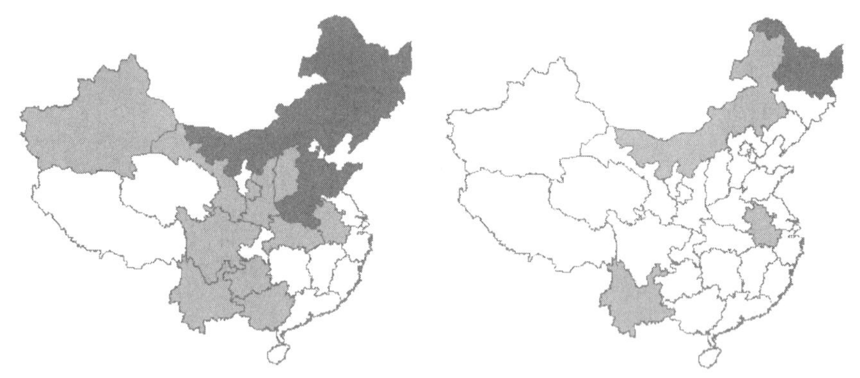

图 2-4　玉米播种面积　　　　图 2-5　豆类播种面积

（5）我国大豆生产主要零星分布于黑龙江、内蒙古、云南和安徽等省份。图 2-5 显示，2010—2014 年年均大豆播种面积高于 500 千公顷的省份为浅色区域，包括云南、内蒙古和安徽；黑龙江大豆生产最多（深色区域），年均播种面积 3 000 千公顷左右。我国是较严重的大豆生产匮乏国，每年从巴西、美国、阿根廷等国家进口大量大豆，我国大豆进口依存度甚至高达 80%以上。因大豆是食用油料作物和富含高端蛋白质，大豆及其加工产品是普通家庭餐桌消费中必不可少的部分。针对我国大豆生产供给的不安全、我国对基础口粮稻米生产的过度重视、我国进口国际大豆的价格小于国内生产成本等诸多约束因素，大豆内生供给战略应该受到高度重视。规划一定数量的大豆播种面积、提高大豆种植补贴和大豆深加工附加价值、本土农业企业实行“走出去”战略发展回流性大豆生产供应等举措，我国大豆产业及其安全发展指日可待。

2.2.2 水资源

包括粮食生产在内的农业生产用水，一般分为绿水（Green Water）和蓝水（Blue Water）。其中，绿水主要是指雨水，包括渗透到作物或土壤中用于植物的生长的部分和重新蒸发回归到大气层的部分。蓝水主要指雨水最终变成的江河湖泊和地下水，蓝水是农业用水管理的主要部分（Rockström，2003；Rockström & Gordon，2000；SCHENDEL et al.，2007）。农业用水名副其实成为我国水资源利用大户。2004—2013 年，我国农业历年用水量均值为 3 702.93 亿立方米，农业历年用水量约占全行业（农业、工业、服务业和生态用水）用水总量的 62.66%。我国虽然是农业用水大户，但是农业用水依然处于相对低效状态（王学渊等，2008；张俊飚，2007）。

目前来看，水资源短缺和水环境恶化，日益制约着我国粮食生产安全。

中国是一个缺水严重的国家。据联合国粮农组织、中国国家水利局等的相关研究，我国淡水资源总量为 28 000 亿立方米，占全球水资源的 6%，仅次于巴西、俄罗斯和加拿大，居世界第四位，但人均只有 2 200 立方米，仅为世界平均水平的 1/4、美国的 1/5，是全球 13 个人均水资源最贫乏的国家之一。扣除难以利用的洪水径流和散布在偏远地区的地下水资源后，我国现实可利用的淡水资源量则更少，仅为 11 000 亿立方米左右，人均可利用水资源量约为 900 立方米，并且其分布极不均衡。南方水多，北方水少，西部水少，沿海水多。水资源少、分布不均与我国粮食主产区的水需求渴望形成对立的情势，必然形成粮食生产用水的紧张局面。有研究显示，我国年缺水总量估计为 400 亿立方米，每年受旱面积 200 万~260 万平方千米，影响粮食产量 150 亿~200 亿千克。

水环境恶化的趋势没有得到有效的遏制。全国水土流失面积 367 万平方千米，占国土面积的 38%。全国近一半河段和九成的城市水域受到不同程度的污染。据中商情报网 2014 年的统计，2011 年我国生活废水排放量 428 亿吨，工业废水排放量 231 亿吨，灌溉流域受到较为严重污染。其中，生活污水日益成为水污染的主要来源。如用污水灌溉农田，粮食生产的数量将减少，生产的质量将会下降，严重影响人类的食物营养及生命健康。

统计近 5 年各省水资源分布及利用情况，可以得到我国水资源的如下基本规律：

（1）我国水资源丰富地区集中在西南和华南。如图 2-6 所示，其中，深色区域代表中国水资源分布集中区，2010—2014 年该地区年均水资源存量高于1 000亿立方米，包括云南、广东、广西、四川、西藏、湖南、福建和浙江；浅色区域代表水资源分布相对富余区，2010—2014年该地区年均水资源存量介于500亿~1 000亿立方米，包括重庆、内蒙古、安徽、青海、贵州、湖北、新疆和黑龙江；空白色区域代表中国水资源分布贫乏区，该区域年均水资源存量低于500亿立方米，包括我国另外14个省市区，约占我国省份总数的45%。我国相当一部分省份是水资源贫困省份，西南和华南地区各省份的水资源存量相对富裕。

（2）我国地表水的分布区域形态与水资源总量及地下水的区域分布形态一致。比较图2-7与图2-6发现，地表水分布形态与水资源总量分布形态基本一致，不同点在于：我国内蒙古地区水资源总存量较为丰富（介于500亿~1 000亿立方米），但地表水存量相对贫困（低于500亿立方米），结合图2-8发现，该地区主要是地下水存量较为丰富（高于400亿立方米）。

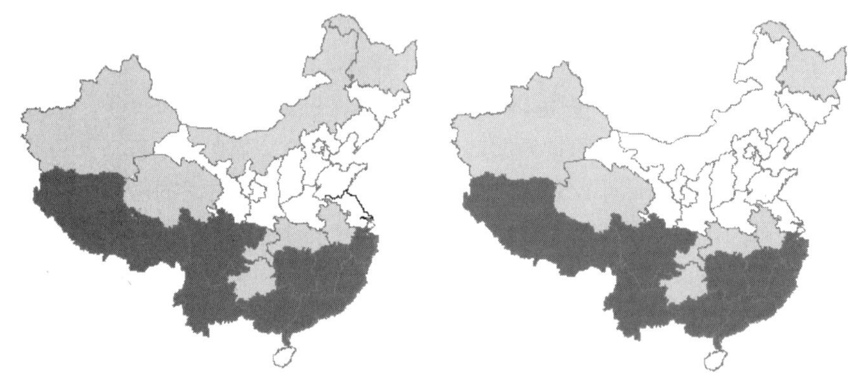

图2-6　水资源总量分布　　图2-7　地表水分布情况

（3）我国地下水资源相比地表水资源来说存量较小，无论水资源总量、地表水、地下水分布较丰富的区域均不是粮食主产区域。图2-8显示，2010—2014年，年均地下水资源存量相对丰富的地区为深色区域，年均水资源存量介于400亿~1 000亿立方米；其次是浅色区域，年均水资源存量介于200亿~400亿立方米。其中，地下水资源最为丰富的区域包括新疆、西藏、四川、云南、广西、广东和安徽。而这些区域恰好不是我国核心的粮食主产区域。比对图2-6、图2-7和图2-8，我国水资源相对富裕的区域基本上不是我国核心的粮食主产区域。

（4）我国属于典型的人均水资源匮乏国，省际人均水资源量仅西藏和青海高于国际水平。图2-9显示，人均水资源拥有量高于8 000立方米的省份主要是青海和西藏，原因是这两个省份的水资源存量较多、人口数量较少。我国

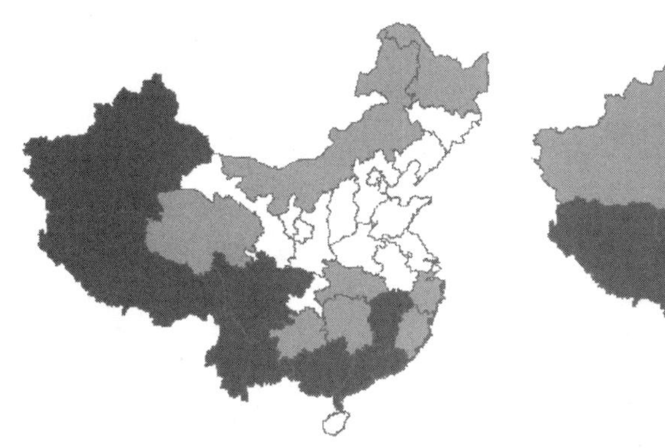

图 2-8　地下水分布情况

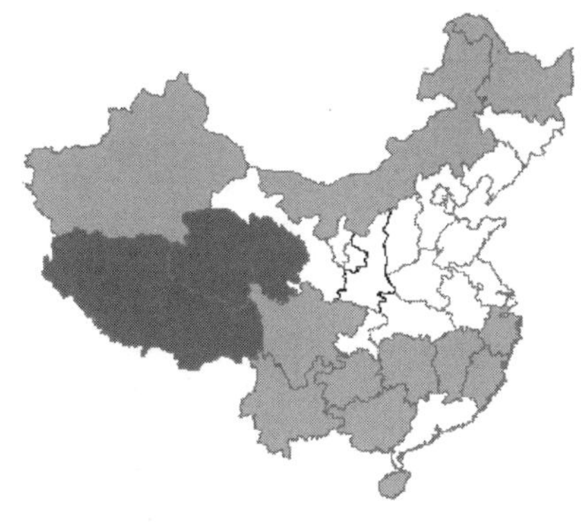

图 2-9　人均水资源分布情况

绝大部分省份人均水资源量约为世界人均水资源量的 1/4，人均水资源量低于 2 000 立方米的省份（见空白色区域）包括 17 个省市区：天津、北京、上海、宁夏、河北、山东、山西、河南、江苏、甘肃、宁夏、陕西、安徽、湖北、吉林、重庆和广东。由此可见，空白色区域或是经济发达区域或是粮食主产大省，而空白色区域恰是人均水资源贫乏区。今后，如何利用有限的水资源维持经济发展和粮食生产是一大难题，这需要在节约水资源行动上，探索水资源的高效合理利用。

（5）我国是典型的灌溉农业国家，降雨对农业的保育起到一定保障作用。图 2-10 显示，2010—2014 年年均降雨量高于 600 毫米的区域为浅色和深色区域，该区域中，有年均降雨量高于 1 200 毫米的湖广三省，有年均降雨介于 600~1 200 毫米的东三省、江浙地区，且降雨量集中在每年的 6~9 月份，与部分粮食产品的生长日期相合，这些区域均是我国粮食生产供给的重要区域，相对充足的降雨量加上有效灌溉对农业及粮食生产起到较好的保育作用。另外，河北、河南的降雨量相对较少（空白色区域），年均降雨量小于 600 毫米，该区域虽然是粮食主产区，但粮食生产主要依靠灌溉用水，是典型的灌溉农业区。

（6）我国农业面源污染分布呈连片发散的趋势，灰水农业形态日益显现。图 2-11 显示，2010—2014 年年均农业污染排放（主要是化学需氧量 COD、氨氮、总氮和总磷排放量之和）最高的地区为深黑色区域，该地区排放量高于 200 万吨，包括山东和广东两省；年均农业污染排放量介于 100 万 ~200 万吨的区域为图中的浅灰色区域，该地区包括内蒙古、安徽、湖北、江苏、辽宁、四川、湖南、黑龙江、河北、河南。以上灰色和黑色区域中的省份基本上是相邻省份，且这些区域中包括我国粮食主产的大多数区域，说明我国农业面源污染相对较为严重、区域发散、灰水农业形态日趋成形。今后，灰水农业的整治才能维护健康的粮食生产及营养安全。

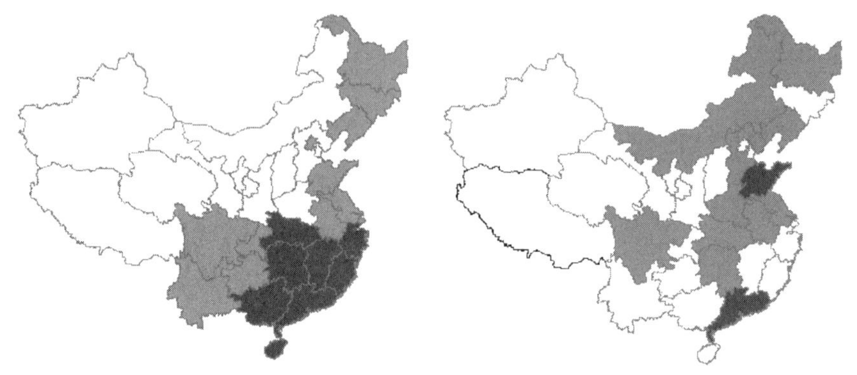

图 2-10　降雨分布情况　　　图 2-11　面源污染分布情况

2.2.3　气候资源

气候资源是指能为人类经济活动所利用的光能、热量、水分与风能等，是一种可利用的可再生资源，包括太阳辐射、热量、水分、空气、风能等。我国幅员辽阔、经纬度跨度大和地形复杂等特点，决定了我国农业气候资源具有空间变化大、季节变化大、组合类型多样等特点（侯光良，1989）。农业气候资源的利用包含两个方面：一是直接利用，即作为能源和物质的直接利用，如利用太阳能、风能发电、利用空气制氧、制氮等；二是间接利用，即利用绿色植物同化二氧化碳和水、固定太阳能、生产有机物质。其中，间接利用即绿色植物的利用，是农业气候资源最广泛、最大量的利用（李继由，1995）。我国粮食生产对气候资源响应的敏感地区主要分布在某些气候边缘区，如水热年际变率较大地区，气候对粮食生产影响程度北方强于南方，且随着技术水平的提高，影响程度逐渐减弱（谢云，1999）。全球因 CO_2 排放过度，造成气候变暖，对农业产生如下几个方面的危害：一是洪涝和干旱气象灾害发生频繁；二是沿海地区的风暴潮加剧；三是农业病虫害增加（杨德宝、王式功等，2003）。

诚然，气候资源是农业粮食生产不可或缺的要素，但气候资源受到人为影响和破坏后，容易突破自身的极限值，造成气候灾害。

近年来，我国区域性旱情持续发生，对包括农业生产在内的经济活动造成较大损失。2009—2012 年，云南四年连旱，全省因旱直接经济损失已达 100 亿元左右。2013 年南方干旱，截至 2013 年 8 月上旬统计，湖南、贵州、重庆等南方 13 省（市）耕地受旱面积为 649.458 万公顷，其中作物受旱面积为

593.830 万公顷，待播耕地缺水面积为 55.628 万公顷。2014 年“夏旱”，河南省秋粮受旱面积达 172.286 万公顷，其中严重干旱为 49.291 万公顷；辽宁省大旱，预计粮食减产 500 亿千克；湖北多个县市出现中旱到特旱的灾情等。

与此同时，全国范围内的洪涝灾害对农业在内的生产生活造成较严重影响。2013 年以来全国累计有 30 个省、区、市遭受洪涝灾害，农作物受灾 4 004 千公顷，受灾人口 4 770 万人，因灾死亡 337 人，失踪 213 人，倒塌房屋 15 万间。

另外，沿海地区的风暴潮对农业造成“短、平、快”的损害。以 2013 年为例，9 月 22 日台风“天兔”在广东沿海登陆，影响广东、广西、福建、湖南等省（区）；10 月 6~8 日台风“菲特”在福建登陆，影响浙江、福建和上海部分地区；10 月 13~15 日台风“百合”影响海南；11 月 10~12 日台风“海燕”影响广西、广东、海南等省（区）。台风带来的狂风暴雨导致部分地区农田被淹、作物倒伏、果树折枝落果、水产养殖池塘被冲毁。

统计近 5 年各省受气候变化影响的程度，可以得到以下基本规律：

（1）干旱现象集中连片发生较为明显，主要分布在北方、中部偏西区域。图 2-12 显示，2010—2014 年年均干旱受灾区域面积小于 400 千公顷的地区为空白色区域，包括 18 个省市区域，定义这些区域为轻度干旱区域；年均干旱受灾区域面积介于 400 千~800 千公顷的地区为浅色区域，包括 8 个省市区，分别为四川、安徽、黑龙江、河北、山西、山东、甘肃和湖南，定义这 8 个区域为较严重干旱区域，其中黑龙江、河北为典型粮食主产区，干旱现象对该区域粮食生产构成比较严重约束；年均干旱受灾区域面积大于 800 千公顷的地区为深色区域，包括 5 个省市区，分别为贵州、河南、湖北、内蒙古和云南，定义此 5 个区域为干旱严重区域，其中河南、湖北为粮食主要生产区域，干旱现象对该区粮食生产构成严重约束。以上说明，我国粮食主产区基本上也是干旱易发区和重发区。今后，粮食主产区应采取积极、主动的措施应对干旱气候对粮食生产造成的减产影响。

（2）洪涝、山体滑坡、泥石流和台风发生区域分布稀松，主要在松辽平原流域、长江中上游流域和珠江流域带。图 2-13 显示，2010—2014 年年均受灾面积小于 400 千公顷的地区为空白色区域，包括 21 个省市，定义这些区域为轻度洪涝等灾害区域；年均受灾面积介于 400 千~800 千公顷的地区为浅色区域，包括 6 个省、市、区，分别为内蒙古、安徽、广东、广西、江西和四川，定义这 6 个区域为较严重洪涝等灾害区域；年均受灾面积大于 800 千公顷的地区为深色区域，包括 4 个省市区，分别为山东、湖北、黑龙江和湖南，定义这 4 个区域为严重洪涝等灾害区域。从以上灾害分布情况可以发现，我国粮食主产区恰是洪涝等灾害易发的三大流域区域。今后，粮食主产区以流域为基点对洪涝等灾害整治是应对粮食减产的另一有益思路。

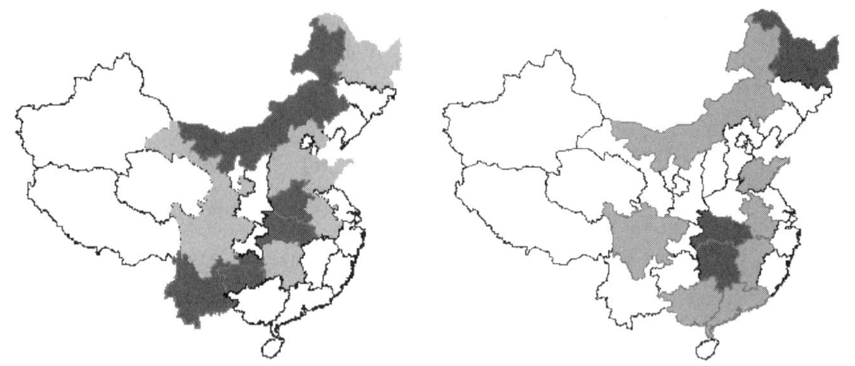

图 2-12　旱灾受灾分布　　　　图 2-13　洪涝、山体滑坡、泥石流和台风受灾分布

（3）风雹极端气象集中发生在北方区域、部分发生在云南、贵州和湖南山区。图 2-14 显示，2010—2014 年年均风雹灾害面积小于 100 千公顷的地域为空白色区域，包括 18 个省市区，定义这些区域为轻度风雹灾害区；年均风雹灾害面积介于 100 千~200 千公顷的区域为浅色区域，包括 9 个省市区，分别为河南、陕西、贵州、吉林、山东、云南、湖南、山西和甘肃，定义这 9 个区域为风雹灾害较严重区；年均风雹灾害面积大于 200 千公顷的区域为深色区域，包括 4 个区域，分别为黑龙江、河北、内蒙古和新疆，定义这 4 个区域为风雹灾害严重区。以上风雹重灾区包括粮食主产区的黑龙江、河北、河南等省份，说明我国粮食主产区也面临着极端气象的突击性破坏影响。今后，季节性的预防极端气象的措施也应该重视。

（4）低温冷冻和雪灾的分布面较为广泛，集中在西北和中西部地区。图 2-15 显示，2010—2014 年年均低冷雪灾害面积小于 100 千公顷的区域为空白色区域，包括 17 个省市区，定义这些区域为轻度低冷雪灾害区；年均低冷雪灾害面积介于 100 千~200 千公顷的区域为浅色区域，包括 10 个省市区，分别为广西、江西、四川、山东、贵州、云南、湖北、安徽、内蒙古和河北，定义这 10 个区域为低冷雪灾害较严重区域；年均低冷雪灾害面积大于 200 千公顷的区域为深色区域，包括 4 个省市区，分别为新疆、山西、湖南和甘肃，定义这 4 个区域为低冷雪灾害严重区。以上低冷雪重灾区包括河北、“两湖”等粮食主要生产区，对粮食生产构成一定影响。今后，粮食主产区预防低温和雪灾等农业灾害的压力相对较小，但主要省份应依据历史气象做好其发生的防范措施。

图 2-14　风雹灾害分布

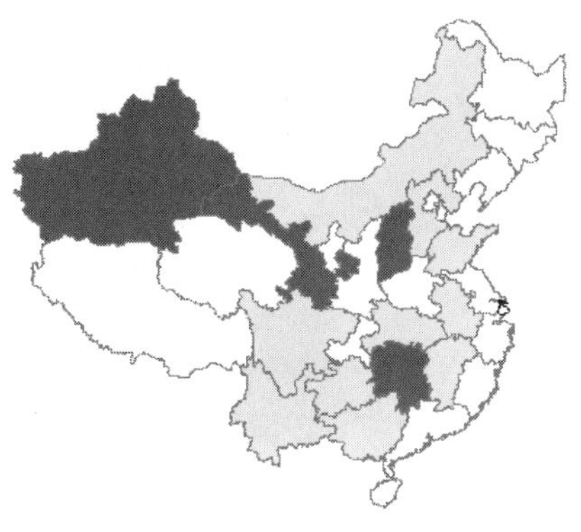

图 2-15　低温冷冻和雪灾分布

（5）自然灾害的主要人口分布区与我国人口分布的腾冲—瑷珲线以南区域相符合。图 2-16 显示，2000—2014 年年均自然灾害受灾人口低于 1 000 万人次的区域为空白色区域，包括 14 个省市区，定义这些区域为自然灾害人口分布偏少区；年均自然灾害受灾人口介于 1 000 万~2 000 万人次的区域为浅色区域，包括 9 个省市区，分别为山西、重庆、广东、江苏、陕西、江西、广西、甘肃和山东，定义这 9 个区域为自然灾害人口分布偏多区；年均自然灾害受灾人口高于 2 000 万人次的区域为深色区域，包括 8 个省市区，分别为河北、湖北、云南、河南、安徽、贵州、湖南和四川，定义这 8 个区域为自然灾害人口分布热点区。以上分析表明，自然灾害人口热点区域包括除东北的其他三个中国粮仓区域，反映我国灾害、人口和粮食三者之间的矛盾急需协调解决。

（6）自然灾害对我国中东部主要经济发展区域构成较为明显的经济损失。图 2-17 显示，2000—2014 年年均自然灾害直接经济损失低于 100 亿元的区域为空白色区域，仅有 13 个省、市、区，定义这些区域为轻度自然灾害损失区；年均自然灾害直接经济损失介于 100 亿~200 亿元的区域为浅色区域，包括 12 个省、市、区，分别为河南、安徽、黑龙江、内蒙古、辽宁、山东、湖北、河北、贵州、陕西、吉林和江西，定义这 12 个区域为中度自然灾害损失区；年均自然灾害直接经济损失高于 200 亿元的区域为深色区域，包括 6 个省、市、区，分别为甘肃、广东、湖南、云南、浙江和四川，定义这 6 个区域为重度自然灾害损失区。自然灾害的核心区域既囊括我国经济相对发达区域，也包括我国粮食主产区域。值得注意是，自然灾害重灾区为非粮食主产区，这对缓解我国粮食主产区的经济压力能起到利好作用。今后，对粮食主产区的灾害经济损失进行适当补贴，可以降低粮食减产、谷贱伤农、农民种粮积极性弱等风险。

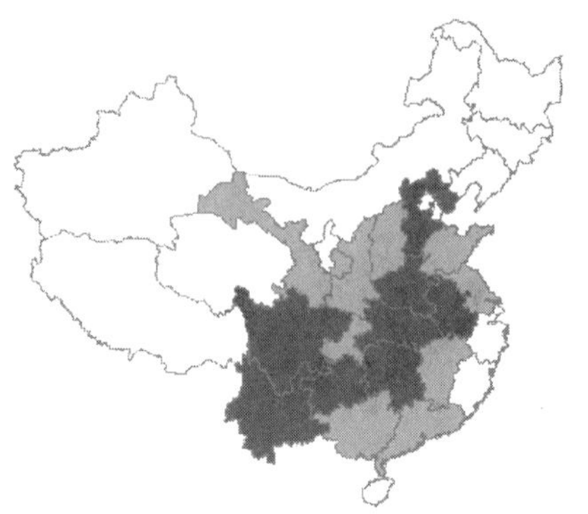
图 2-16 自然灾害受灾人口分布

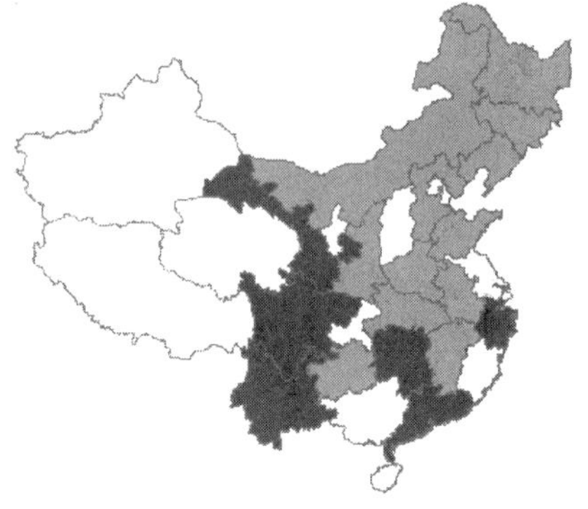
图 2-17 自然灾害直接经济损失分布

2.2.4 农业能源

农业能源按能量法划分主要包括矿物燃料、农药、化肥、农机和灌溉用能等（Wendell，2000；Paul，2003）。这些能源均是直接或间接由化石能源转化而来，因而本质上农业能源是化石能源。我国农业中的粮食紧平衡状态是通过石油化学农业实现的，但以牺牲农业生态和食品安全为代价（倪国华，2012）。我国劳动力密集型农产品具有比较优势，土地密集型农产品具有比较劣势（庄佩芬，2011），而一个国家的土地禀赋的相对比较优势越差，化石能源需求越强劲（Piero & Mario，1997）。这也正好解释为什么我国人口老龄化加剧，粮食增产依然持续，原因在于对不可再生的化石能源的过度替代使用（纪志耿，2013）。

化石能源为粮食安全提供可靠动力，但过度使用，排放的二氧化碳、氮氧化物等，给环境造成较大负外部性影响。

农用电力主要来源于以火电为主的外购电力。2000—2012 年，电力碳年均排放量为 295 046.5 万吨，年排放量约占总排放量的 19.53%。农业电力是农业能源的主体，其间接的碳排量仅次于机械能。

机械与灌溉设施用能包括生产和使用农用机械与灌溉设施间接和直接消耗的化石能源。2000—2012 年，机械和灌溉碳排放量较大，历年均值为 513 296.4 万吨，年均排放量约占总排放量的 76.40%。农机灌溉能基数较大仅次于电力能耗，其碳排放量占主导地位。

统计近 5 年我国农药、化肥利用状况，可以掌握我国农业与能源的一些基本规律：

（1）山东和河南有过量施用化肥拉动农业及粮食增长之嫌。图 2-18 显示，2010—2014 年年均化肥施用量最高的地区为深色区域，年均化肥施用量高于 400 万吨，主要是山东和河南两省；年均化肥施用量稍高的地区为浅色区域，施用量介于 200 万～400 万吨，包括黑龙江、河北、陕西、四川、湖北、湖南、安徽、江苏、广西和广东。以上说明，粮食增长与化肥使用量呈现出较强的相关性。但过量的化肥使用会使土壤板结、盐碱化、酸化等，最终使土壤肥力下降，不利于粮食可持续增产。今后，发展绿色和有机农业，使用更多的有机肥料，实行土壤轮作和套种，实施土壤精准营养配餐，实现较严格的耕地保护制度，我国土地及其肥力将得到较好的永续利用。

（2）东中部地区农药施用量过于频繁。图 2-19 显示，2010—2014 年，年均农药使用量最多的地区主要为中东部省份，年均农药施用量均大于 100 000 吨，包括山东、河南、湖北、安徽、湖南、江西和广东；其余东部地区包括黑龙江、辽东半岛、江浙和福建的农药使用量稍微偏高，年均施用量介于 50 000 吨和 100 000 吨之间。以上着色区域反映出中东部地区的虫害相对较多，对粮食健康生长构成一定影响。但过量使用农药，其毒性会残留在粮食作物中，对人类健康造成危害；同时，农药包括化肥如经过雨水冲刷，容易造成河流及地下水质富营养化，破坏水生态、造成水污染；污染的水无论人畜饮用或是回灌农作物，对人类和动植物的健康都会构成隐患；长期使用农药会使病虫造成抗药性，农药本身将失去作用。今后，使用替代性杀虫技术，利用生物、物理技术取代农药，培育广谱抗病抗伏倒性粮食品种，我国的绿色生态农业将向前迈进一大步。

图 2-18　化肥施用分布

图 2-19　农药使用分布

2.3 新常态下粮食安全中的资源利用地位分析

2.3.1 引言

目前我国处于经济增速换挡期、结构调整阵痛期、前期刺激政策消化期“三期叠加”的新阶段，是谓新常态。经济新常态下的粮食安全问题呈现如下特点：①经济下行将拉低普通居民收入，降低居民粮食购买能力；同时，经济下滑将导致货币贬值，降低国家粮食购买能力。②结构调整中我国城镇化、工业化和第三产业将加速发展，粮食消费及工业用途均将显著增加，但我国农业及粮食生产面临水土资源紧张和生态环境压力，粮食需求增长旺盛与粮食生产的资源有效供给及利用不足的矛盾同时存在。③前期海量资金刺激政策导致国内产能过剩现象严重。国内消化过剩产能过程中，较难有充裕的资金投资和补贴农业，农业现代化及粮食产业可持续发展存在一定的资金缺口。这是否意味着经济新常态动摇了粮食安全？新常态下的粮食安全与否大有必要进行重新检视。这对保障我国今后较长一段时期的粮食安全具有重要指导意义。

粮食安全的前期研究成果丰厚。我国人口多、淡水与耕地稀缺、经济高速增长（贺菊煌，1997；陈锡文，2011）使中国粮食安全问题突出。卢峰（2004）、李晓钟等（2004）、章元等（2013）的研究均表明国际贸易是利于粮食安全的。朱晶（2003）、王雅鹏（2005）、蔡昉（2008）、娄峰等（2012）、倪国华和李文明等（2015）从科技研发、市场价格机制、政府补贴、适度规模经营等方面提出保障粮食产量的可行对策。黄季焜（2004）、陈锡文（2014）均认为中国粮食安全处在合理区间，口粮绝对安全。以上大体为新常态阶段前的粮食安全研究，但是新常态下的粮食安全研究需要结合粮食安全表现出的新特点进行分析。

本书研究的侧重点是测度和预测新常态下的中国粮食安全。FAO（2003）主要采用营养不良人口比重衡量国家粮食安全；美国农业部（2003）采用针对住户、成人及儿童的问卷调查来计算粮食安全。朱泽（1998）和徐逢贤（1999）主要采用简单指标平均法、马九杰等（2001）和刘晓梅（2004）主要采用加权指标平均法来衡量国家粮食安全。陆文聪等（2004）、樊太明等（2005）运用市场均衡模型计算和预测中国粮食供需情况、贸易自由化对粮食安全冲击等。现有文献中尚未发现利用主成分分析方法对国家及省份粮食安全进行评价及预测的研究。本书将结合新常态粮食安全的特点，利用主成分分析法建立中国粮食安全综合评价指标体系并对粮食安全进行预测。

2.3.2 理论基础及文献综述

新常态下的粮食安全思维应该是兼顾社会、经济和生态发展的粮食安全。已有学者尝试运用社会、经济和生态的框架分析食品系统安全和家庭粮食安全（Harris et al.，2015；Hodbod et al.，2015）。国内外研究表明，粮食安全与经济系统中的经济水平、物价水平、对外贸易程度、居民收入等高度关联；与社会系统中的人口、健康、公共政策等高度关联；与生态系统中的水土资源利用、环境污染、气候灾害等高度关联。以下三个方面的研究可以作为展开本书研究的理论基础：

（1）经济社会基础与粮食安全研究。现有研究中社会和经济环境是粮食安全的经典常规考查项目。社会环境方面，Wahlqvist et al.（2012）提及粮食安全中应考虑人口规模及分布和开明的移民政策，主张建立考虑健康、环境和粮食的弹性区域粮食系统。Qureshi et al.（2015），Friel et al.（2015）认为公共政策系统应该发挥有效作用，以应对粮食不安全引致的饥饿、营养不良、疾病等问题。经济环境方面，Mahadevan et al.（2015）检验了贫困与粮食安全存在一定关系；Matz et al.（2015）实证了价格冲击对粮食安全的短期影响；Farsund et al.（2015），Baldos et al.（2015）均论证了国际贸易及自由化对粮食安全具有重要意义。

（2）资源生态情境与粮食安全研究。现有研究中较多关注资源、环境、生态下的粮食安全问题研究。资源方面，Grafton et al.（2015）预测了2050年的粮食安全缺口及对应的水资源利用缺口；Tao et al.（2009），Ye et al.（2013），Wei et al.（2015）分析了气候、极端天气、土地、耕地面积等资源要素对粮食安全的未来影响，均认为自然资源要素方面的变化对粮食安全不构成严重威胁。环境方面，Hossain et al.（2000），Grafton et al.（2015）研究表明粮食高产伴随高化学肥料的投入，暗示粮食安全可能以牺牲水土环境遭到破坏为代价。生态方面，Chappell et al.（2011），Habel et al.（2015）分析了粮食安全与生物多样性的关系，并指出可替代的农业实践能同时实现粮食安全和生物多样性。

（3）区域粮食安全风险评估。现有研究有从关注整体国家粮食安全转向关注区域粮食安全的趋势。Cheng et al.（2015）指出农业水利用对确保粮食安全意义重大，选用FAO衡量过粮食安全的直接指标——人均粮食拥有量和衡量粮食安全的间接指标——人均年收入和水资源安全比率来评价粮食安全。并在此基础上评估了中国黑龙江省的粮食安全风险。Qi et al.（2013）基于指标体系和动态分析对中国洞庭湖流域可持续的粮食安全进行风险评估；同时，Qi et al.（2015）认为自然灾害、资源约束、投入约束及增长的粮食需求，将导致粮食安全风险。笔者基于本地粮食供给与需求趋势，对中国省份粮食安全进行数量风险评估，并得出自然灾害不超过历史平均水平的前提下，中国及多数省份在未来几年能保证较高水平的粮食自给。

2.3.3 粮食安全现状及国际比较

在新常态下中国经济依然与世界发达经济体存在较大的粮食安全差距。这种差距表现在产品及生产安全方面、贸易安全方面、购买力安全方面和资源生态安全方面。依据联合国粮农组织网站的数据，比较中国与美国和欧盟（以德法为代表）这几个方面的差距，既能展现中国的粮食安全现状，也可以向国外借鉴学习粮食安全经验。

2.3.3.1 产品及生产安全

中国粮食产量及生产率较为可观。以2012年为参照系（下同），世界谷物、小麦、玉米的总产量分别为71 974万吨、67 088万吨、87 207万吨；单位土地产量分别为4 410千克/千公顷、3 113千克/千公顷、4 916千克/千公顷。与世界总产量比较，中国生产的稻谷、小麦和玉米数量并不低，分别占世界产量的28.38%、18.04%、23.58%。与世界单位产量相比，中国稻谷、小麦、玉米的生产率分别是6 776.9千克/千公顷、4 986.9千克/千公顷和5 869.7千克/千公顷，均高于同期世界平均水平。

中国粮食产量高于欧美国家、粮食生产率低于欧美国家。与欧美国家相比，中国粮食产量相对较高（见图2-20）。其中，稻谷产量高于美国两个量级、高于欧洲三个量级，中、美、德、法产量分别为20 423万吨、905万吨、0和12万吨；小麦产量均高于欧美国家一个量级，中、美、德、法产量分别为12 102.3万吨、6 176万吨、2 243万吨和4 043万吨；中国玉米产量低于美国水平，但也高于欧洲一个量级水平，中、美、德、法产量分别为20 561.4万吨、27 383万吨、499万吨和1 561万吨。中国粮食生产率落后欧美国家（见图2-20）。其中，中国的稻谷生产率落后美国，中国为6 776.9千克/千公顷，美国为8 349千克/千公顷；中国小麦生产率略高于美国但远低于德国和法国，中国为 4 986.9 千克/公顷，美国、德国和法国分别为 3 115 千克/千公顷、7 328 千克/千公顷、7 599 千克/千公顷；中国玉米生产率均低于欧美国家，中国为 5 869.7 千克/公顷，美国、德国和法国分别为 7 744 千克/千公顷、9 786 千克/千公顷、9 085 千克/千公顷。整体来看，中国粮食生产率虽然高于世界平均水平但仍然落后于欧美国家，中国粮食生产率有待综合提高。

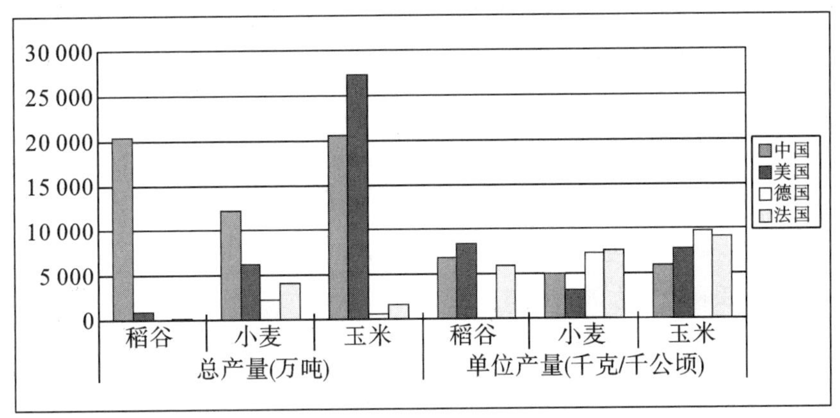

图 2-20 粮食总产量和单位产量的国际比较

中国粮食安全面临的环境较为复杂。图 2-21 显示，与欧美国家相比，中国面临较严峻的人口问题。其中，中国人口基数大，人口自然增长率相对较高（2014 年），分别为 13 亿多人口、0.503%的自然增长率。欧美国家人口基数相对较小，人口自然增长率相对较低（2010 年），美国、德国和法国人口数量大概分别为 3 亿、8 500 万和 6 400 万，自然增长率分别为 0.97%、-0.07%和 0.4%。与欧美国家相比，中国城镇化水平较低。按人口城市化水平计算（2014 年），中国城市化水平不到 55%，发达国家的城市化水平一般在 70%以上，美国、德国和法国的城市化水平分别高于 83%、74%、88%。与欧美国家相比，中国产业结构处于低端。按第三产业占国内生产总值的比重衡量，中国第三产业产值约占 48.2%（2014 年），美国、德国和法国分别约占 76%（2011 年）、70%（2010 年）和 72.4%（2010 年）。以上说明，中国粮食安全处在一个敏感时期，中国面临人口加速增长、城镇化工业化加速发展、产业结构加速转型升级的新阶段。如何应对日益增长的口粮需求、平衡工业化城镇化过程中争水争地矛盾、战略性设计粮食产业的发展路径是中国当前亟待解决的问题。

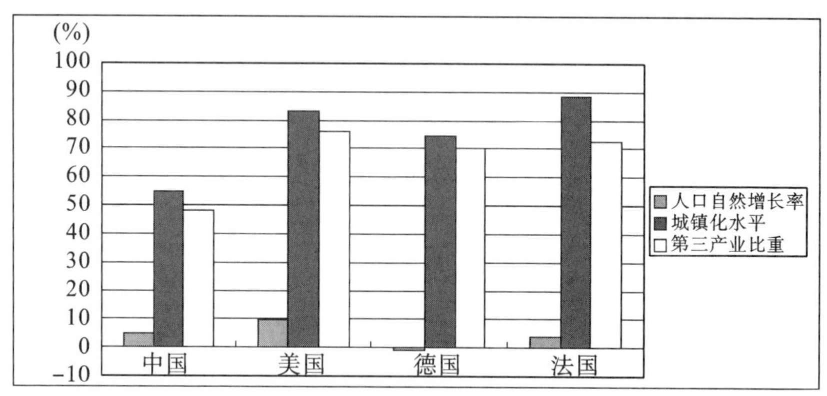

图 2-21　粮食安全环境的国际比较

2.3.3.2　贸易安全

中国是粮食进口大国、出口小国。以 2011 年为参照系（图 2-22），谷物按大米、小麦和玉米总和衡量，中、美、德、法进口谷物量分别为 11 909.1 千吨、454 千吨、9 008.7 千吨、2 013.9 千吨，中国进口谷物量排名第一；与此同时，中国出口谷物量则较小，谷物出口量排名依次是法国、德国、中国和美国，它们的出口量分别为 32 860.3 千吨、10 574.8 千吨、1 304.4 千吨和 0.1 千吨。中国和美国是净进口国，法国和德国是净出口国。其中，中国净进口量居首位（为 10 604.7 千吨），法国净出口量居首位（为 30 756.4 千吨）。

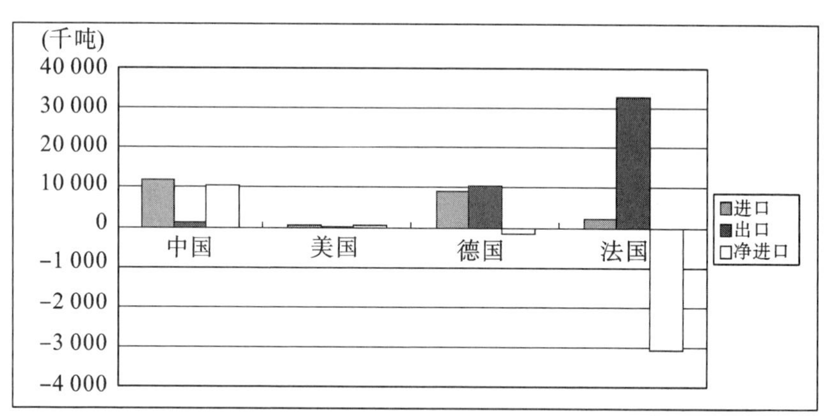

图 2-22　谷物进出口的国际比较

中国粮食消费量大、对外依存度偏高。按谷物消费量=总产量+净进口量衡量，中国谷物消费量遥遥领先（见图 2-23），中、美、德、法消费量分别为 63 691 千吨、34 917.9 千吨、1 175.9 千吨和 25 153.4 千吨。按谷物对外依存度=进口量/总消费量衡量，中国谷物对外依存度居于较高水平（见图 2-23），中、美、德、法的谷物对外依存度分别为 18.70%、1.30%、766%和-0.08%。以上说明，中国粮食对外依存度虽然处在安全区间，但除德国外相比其他发达国家是偏高的。

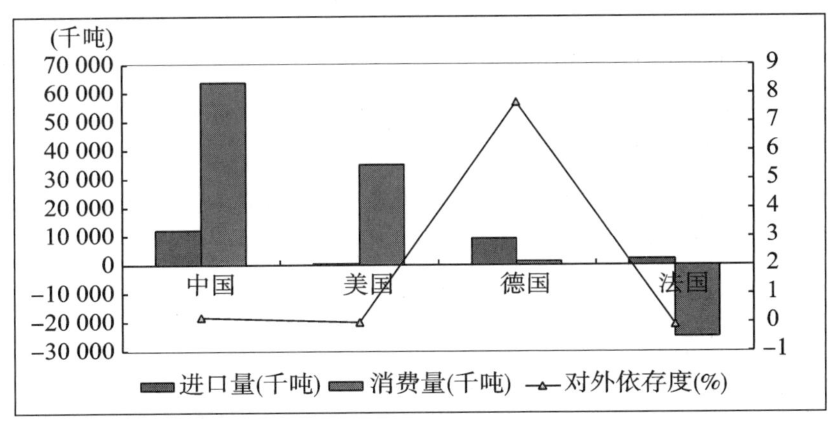

图 2-23　谷物对外依存度估算的国际比较

2.3.3.3　购买力安全

中国居民粮食购买能力相比发达国家较弱（图 2-24）。中国人均收入水平较低，以 2010 年为参照系，中国居民人均收入在 4 000 美元和 5 000 美元之间，而美国、德国和法国居民的人均收入均处在 40 000 美元和 50 000 美元之间。中国居民人均收入大概为发达国家居民人均收入水平的 1/10，因而中国居民用于购买粮食的能力也为发达国家的 1/10。

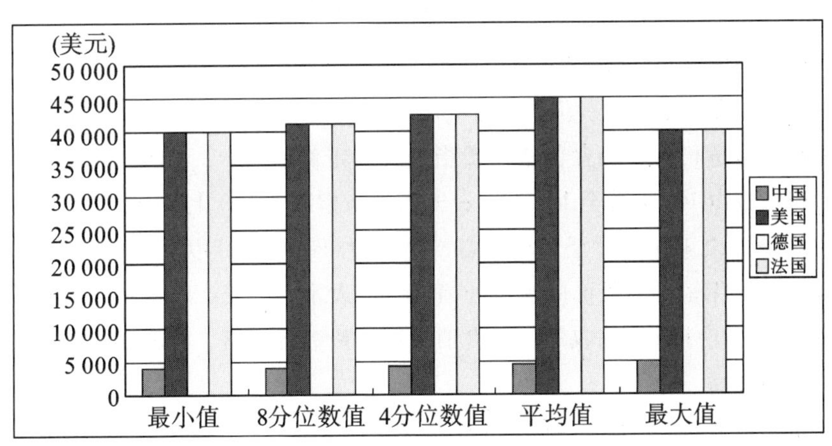

图 2-24　人均可支配收入的国际比较

人民币升值利于中国国际粮食市场购买力地位的提高。参考 2010—2014 年汇率均价和 2015 年 4 月的汇率中间价，人民币兑美元和欧元均处于持续升值态势（见图 2-25）。其中，人民币兑美元处于平稳升值阶段。以 1 美元兑换人民币核算，2010 年外汇均价为 6. 769 5 元，2015 年 4 月外汇中间价约为 6. 143 4 元，6 年左右时间，人民币升值约 9. 25%。人民币兑欧元处于快速升值阶段。以 1 欧元兑换人民币核算，2010 年外汇均价为 8. 972 5 元，2015 年 4 月外汇中间价约为 6. 614 7 元，6 年左右时间，人民币升值约 26. 28%。人民币升值有利于中国进口美国的大豆、谷物饲料，有利于进口欧盟的禽肉、蔬菜、食用油等粮食替代品；但人民币升值也不利于我国粮食产品生产成本的降低，我国粮食产品价格相比国际市场价格依然处于较高水平，不利于粮食出口。目前人民币升值有利于中国进口粮食话语权的提高。

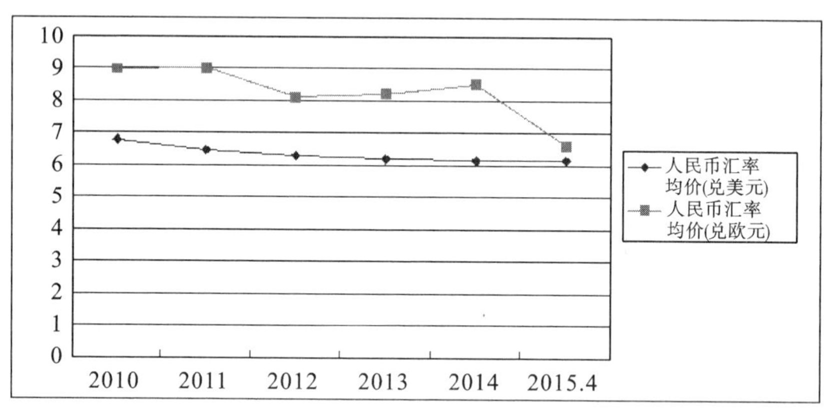

图 2-25　国际主要货币汇率比较

中国粮食消费价格指数相对平稳利于普通居民。以 2009 年为基期，大米、小麦、玉米和大豆的消费价格处于先扬后抑的态势（见图 2-26）。2008 年发生全球金融危机后，粮食价格消费指数持续走高。其中，2009—2011 年，大米价格指数由 100 上升至 140 左右；玉米价格指数由 100 上升至 125 左右；大豆价格指数由 100 上升至 120 左右；小麦价格指数由 100 上升至 110 左右。2012—2014 年粮食消费价格指数冲高回落，大米、小麦、玉米和大豆的价格指数均向 100~110 区间收敛。粮食消费价格指数的回落，有利于居民粮食消费水平的提高。

中国存贷利率均高于国际水平不利于粮食等弱势产业发展。中国存款利率与欧美的差距不大（见图 2-27）。2008—2014 年，中国年存款利率处于 2. 25%

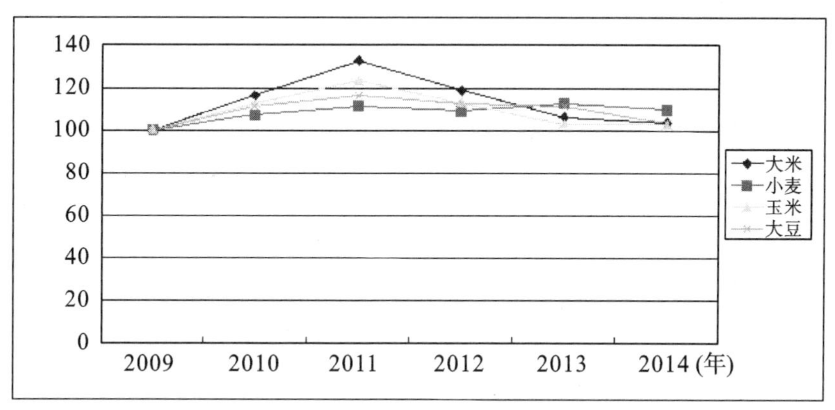

图 2-26　国内联动国际的粮食价格指数走势

和 3%之间，美国年存款利率处于 1. 51%和 3. 25%之间，欧盟年存款利率处于 -0. 2 和 2 之间。中国贷款利率明显高于欧美水平（见图 2-28）。2008—2014 年，中国年贷款利率处于 5. 31%和 6. 56%之间，美国年贷款利率处于 3. 25%和 5. 09%之间，欧盟年贷款利率处于 0. 3%和 3%之间。中国利率存贷基差明显高于欧美国家（见图 2-29）。2008—2014 年，中国利率基差在 3%以上，美国利率基差在 3%以下，欧盟利率基差在 1. 5%以下。以上说明，中国存款利率低而贷款利率高，银行业占有大量利润，产业向银行贷款融资成本较高，不利于产业转型升级和激发产业创新活力。针对弱势的粮食产业而言，贷款利率及基差高企，种粮主体将受到资金约束，不利于粮食产业技术升级和可持续发展。

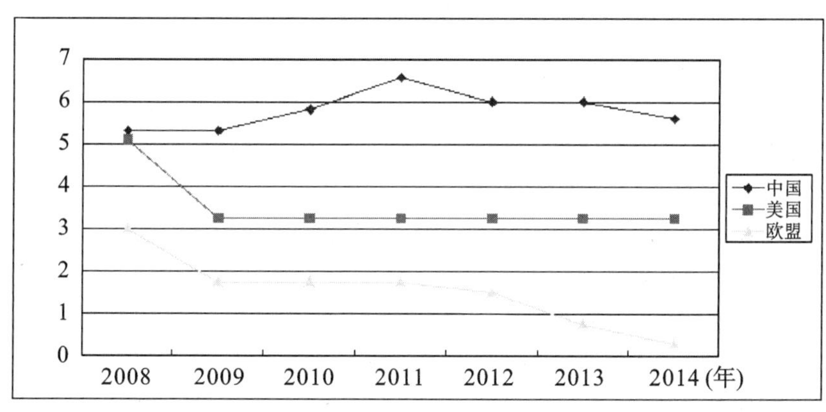

图 2-27　存款利率国际比较

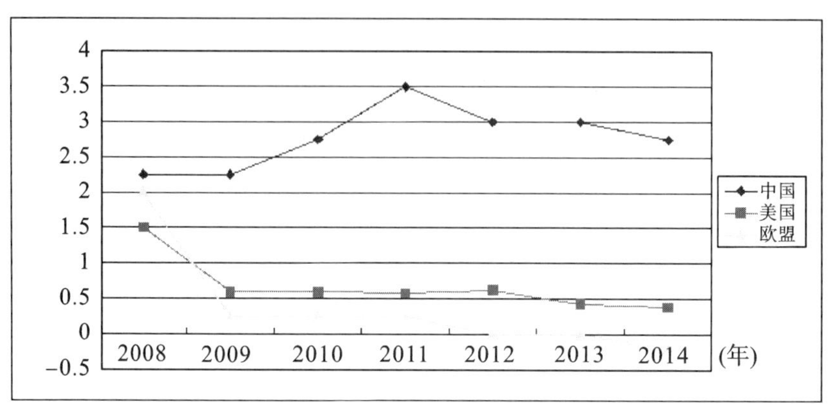

图 2-28　贷款利率的国际比较

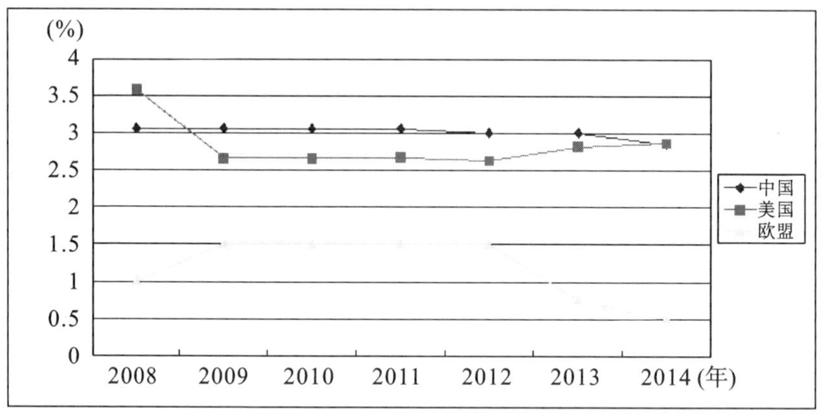

图 2-29　存贷基差的国际比较

2.3.3.4　资源生态安全

中国粮食生产的资源投入粗放、资源效率偏低。以 2011 年为参照系，中国资源粗放投入过多而效率较低（见图 2-30）。中国耕地面积仅次于美国，远高于欧盟国家，中、美、德、法耕地面积依次为 121 716 千公顷、160 163 千公顷、18 370 千公顷和 11 875 千公顷。中国农业用水量远高于欧美国家，中、美、德、法农用水量分别为 358 千立方米、192. 4 千立方米、3. 143 千立方米和 0. 211 千立方米。中国灌溉面积也远高于欧美国家，中、美、德、法灌溉面积分别为 61 899 940 公顷、22 905 426 公顷、2 906 081 公顷和 515 731 公顷。中国化肥施用总量明显高于欧美国家，中、美、德、法化肥施用量分别为 5 704. 2 万吨、1 999. 2 万吨、257. 6 万吨和 227. 4 万吨。中国农用拖拉机与收割机投入总量也明显高于欧美国家，中、美、德、法农业机械投入量分别为

2 363. 28 万台、473. 67 万台、121. 15 万台和 76. 67 万台。总之，中国粮食生产中，投入的农业资源量均高于欧美水平，考虑到农业资源效率，中国农业资源利用的效率相对较低。

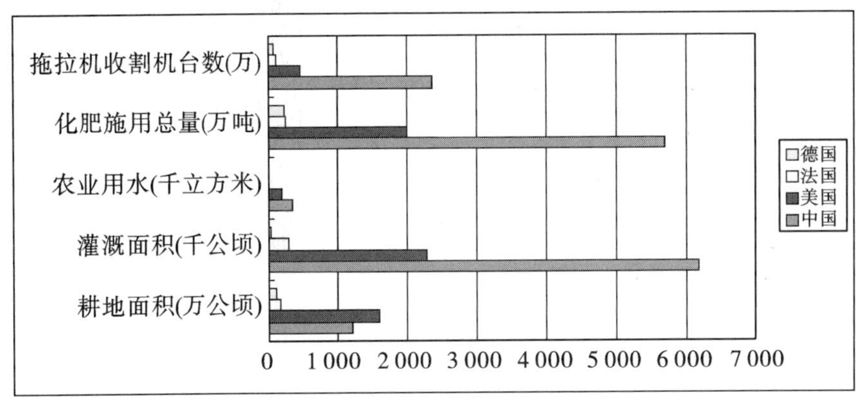

图 2-30　农业资源投入的比较

中国粮食生产面临生态保护的硬约束。杀虫剂和化肥的国内使用破坏农业生态，以杀虫剂贸易间接衡量生态创汇价值（见图 2-31）。1997—2012 年，中国杀虫剂创汇由 2 232 万美元上升到 216 817 万美元，创汇价值增长 96. 14 倍；与此同时，美国、德国和法国杀虫剂创汇分别增长 1. 22 倍、0. 76 倍和 1. 98 倍。创汇价值高点反应，杀虫剂创汇从高到低依次为美、中、德、法，它们创汇额分别为 242 147 万美元、216 817 万美元、189 299 万美元和 129 364 万美元。以上说明，各国节约生态价值是逐年增加的，美国生态价值节约总量最大，中国生态价值节约速度最快。

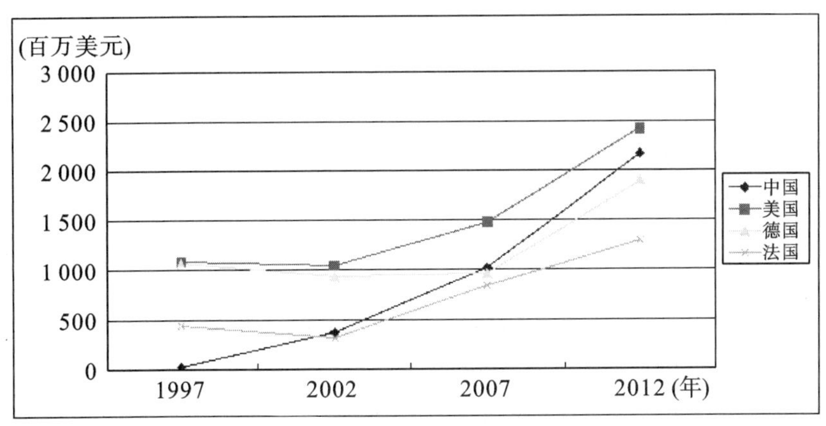

图 2-31　杀虫剂创汇的国际比较

中国粮食生产的生态效率依然较低。以每千公顷的永久性耕地化肥消费量衡量生态效率（见图 2-32），2003—2012 年，中国单位耕地消耗的化肥量逐年增加，欧美则稳中趋降。其中，中国 2003 年的单位耕地化肥消耗量为 350 千克，美、德、法依次为 120 千克、220 千克和 210 千克；中国 2012 年的单位耕地化肥消耗量为 590 千克，而美、德、法依次为 130 千克、200 千克和 125 千克。2003—2012 年，中美单位耕地化肥消耗量年均增长分别为 6.87% 和 0.83%；德、法单位耕地化肥消耗量年均下降分别为 0.91% 和 4.05%。以上说明，相比欧美国家，中国粮食生产化肥投入效率偏低且效率没有改善迹象，尽管农业生态价值节约量在增加，但农业生态改善依然面临严峻挑战。

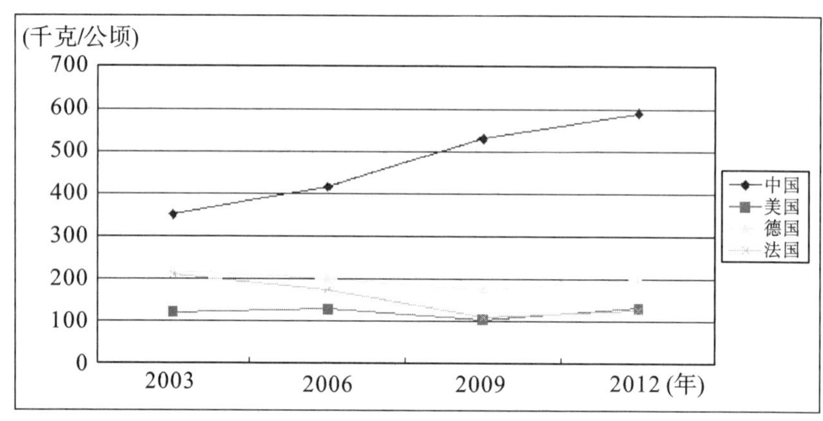

图 2-32　单位耕地化肥消耗量的国际比较

2.3.4　粮食安全的评价及预测实证分析

2.3.4.1　*研究方法与理论模型*

联合国粮农组织认为，只有当所有人在任何时候都能在物质上和经济上获得足够、安全、富有营养的食物来满足其积极健康的膳食需要及食物喜好时，才实现了粮食安全。该定义强调了粮食安全的四个方面：粮食生产安全、粮食购买力安全、粮食贸易安全和粮食质量安全（吕新业等，2013）。参照联合国粮农组织及国内学者对粮食安全的理解，本书在经济新常态背景下构建中国粮食安全综合评价指标体系，见表 2-1。

采用主成分分析降维思想，通过指标层的指标主成分分析确定准则层中的主成分，最终准则层的主成分及其贡献权重乘积加总反应目标层中的粮食安全水平。粮食安全综合竞争力的模型表达式如下：

表 2-1　　粮食安全综合评价指标体系

目标层	准则层	指标层	
粮食安全综合评价（F）	生产安全（F1）	自给率	生产量/消费量
		生产率	粮食单位产量/农作物单位产量
	贸易安全（F2）	对外依存度	进口量/消费量
		进出口水平	出口量/进口量
	购买力安全（F3）	收入水平	人均可支配收入/人均 GDP
		物价水平	居民消费价格指数
		生产资料成本	农作物生产资料价格指数
	资源生态安全（F4）	水资源利用	农业用水/总供水量
		成灾受灾水平	成灾面积占受灾面积比例
		污染水平	（$COD+N+P+NH_3N$）/农用水量

$$F = \sum \alpha_i F_i (i = 1, 2, 3, 4) \tag{2-1}$$

其中，F 表示目标层的粮食安全综合竞争力，$F_1 \sim F_4$ 分别表示准则层的生产安全、贸易安全、购买力安全和资源生态安全，$\alpha_1 \sim \alpha_4$ 分别表示相应准则的对应系数。

2.3.4.2　数据来源及处理

初始数据均来自国泰安数据库、国家统计局网站、《中国农村统计年鉴（2014）》。数据变量的处理过程如下：

X_1：代表粮食单位亩产量与农作物单位亩产量的比值，用来反映粮食生产率水平。

X_2：代表粮食生产量与消费量的比重，用来反映粮食自给率水平。

X_3：代表粮食出口量（小麦、玉米、大豆、大米）与进口量的比值，用来反映贸易水平。

X_4：代表人均可支配收入占人均 GDP 的比值，用来反映居民实际购买力水平。

X_5：代表粮食进口量与粮食消费量的比值，用来反映对外依存度。

X_6：代表居民消费价格指数，用来反映居民消费水平。

X_7：代表农业用水量占总供水量的比值，用来反映水资源利用状况。

X_8：代表成灾面积占受灾面积的比重，用来反映粮食生产面临自然灾害的水平。

X_9：代表化学需氧量、氨氮量、总氮和总磷排放的总和与农业用水量之比，为污染水平。

X_{10}：代表农业生产资料价格指数，用来反映粮食生产的生产要素成本。

2.3.4.3 实证分析及预测

表 2-2 显示，10 个指标变量进行两两相关性检验，变量之间存在相关性。其中，x_1x_2 相关系数为 0.622，x_1x_5 相关系数为-0.62，x_7x_9 相关系数为-0.699。KMO 和 Bartlett 检验表明，KMO>0.6，Bartlett 球形度检验通过 1%的显著水平，说明变量间适合进行因子分析。

表 2-2 变量间的相关性矩阵

	X_1	X_2	X_3	X_4	X_5	X_6	X_7	X_8	X_9	X_{10}
X_1	1	0.622	0.393	−0.069	−0.62	0.222	0.356	−0.241	−0.424	0.587
X_2	0.622	1	0.198	0.189	−1	0.248	0.575	−0.317	−0.539	0.514
X_3	0.393	0.198	1	−0.194	−0.194	−0.092	0.248	−0.018	−0.154	0.448
X_4	−0.069	0.189	−0.194	1	−0.189	−0.271	−0.197	−0.182	−0.167	−0.223
X_5	−0.62	−1	−0.194	−0.189	1	−0.25	−0.575	0.317	0.54	−0.514
X_6	0.222	0.248	−0.092	−0.271	−0.25	1	0.454	0.1	−0.177	0.293
X_7	0.356	0.575	0.248	−0.197	−0.575	0.454	1	−0.185	−0.699	0.438
X_8	−0.241	−0.317	−0.018	−0.182	0.317	0.1	−0.185	1	0.225	−0.117
X_9	−0.424	−0.539	−0.154	−0.167	0.54	−0.177	−0.699	0.225	1	−0.387
X_{10}	0.587	0.514	0.448	−0.223	−0.514	0.293	0.438	−0.117	−0.387	1

图 2-33 显示，碎石图能较直观地判断主成分数的选取。主成分数选取的原则要求成分的特征值大于 1，同时成分总体贡献最好大于 85%。综合碎石图（见图 2-33）和成分的累积贡献率（见表 2-3），粮食安全的主成分最终确定为 3 个，3 个成分对应的特征值均大于 1，3 个成分的累积贡献为 70.368%，已能较大程度地解释粮食安全综合评价。

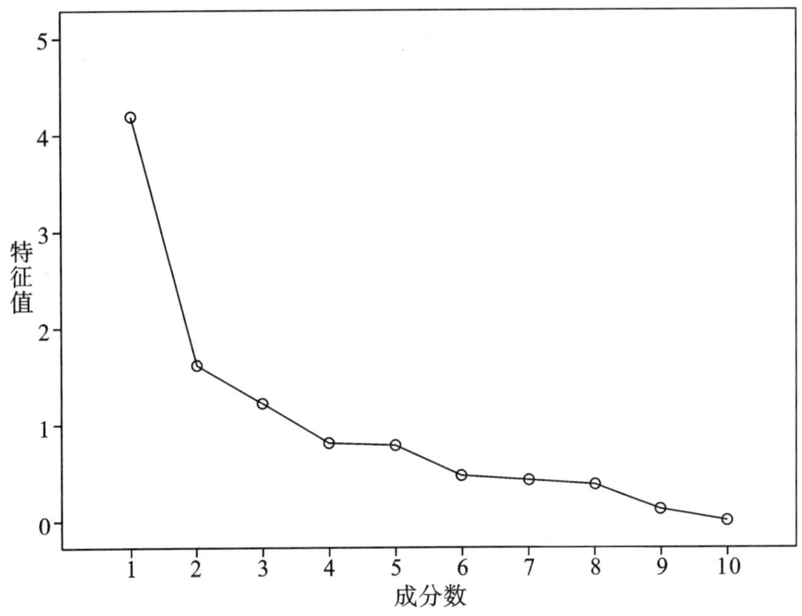

图 2-33　主成分个数的碎石图

表 2-3 显示，3 个主成分的具体信息能得到较好反映。其中，第一主成分特征值为 4.195，贡献度为 41.951%；第二主成分特征值为 1.621，贡献度为 16.212%；第三主成分特征值为 1.221，贡献度为 12.206%。依据各主成分变量系数值，各指标对成分贡献度从大到小依次为：X2>X5>X4>X7>X1>X10>X9>X3>X6。说明粮食生产率 X2、进出口水平 X5 和居民实际购买力水平 X4 是新常态下决定粮食安全的核心因素。另外，第一主成分中 X1，X2，X5，X7，X9，X10 为主要影响因子，定义第一主成分为安全供需因子；第二主成分中 X4，X8 为主要影响因子，定义第二主成分为安全经济环境因子；第三主成分中 X3，X6 为主要影响因子，定义第三主成分为安全市场因子。依据重新定义的主成分与变量系数关系得到如下方程式：

$$
\begin{aligned}
F_1 &= 0.759x_1 + 0.889x_2 + 0.389x_3 - 0.008x_4 - 0.888x_5 + 0.385x_6 + \\
&\quad 0.766x_7 - 0.345x_8 - 0.719x_9 + 0.720x_{10} \\
F_2 &= 0.069x_1 - 0.262x_2 + 0.337x_3 - 0.850x_4 + 0.263x_5 + 0.466x_6 + \\
&\quad 0.194x_7 + 0.496x_8 + 0.172x_9 + 0.336x_{10} \\
F_3 &= 0.279x_1 - 0.057x_2 + 0.718x_3 - 0.027x_4 + 0.061x_5 - 0.639x_6 - \\
&\quad 0.309x_7 - 0.146x_8 + 0.183x_9 + 0.246x_{10}
\end{aligned}
\tag{2-2}
$$

表 2-3 一致指标组的主成分分析结果

		第 1 主成分	第 2 主成分	第 3 主成分
特征向量	X_1	0.759	0.069	0.279
	X_2	0.889	-0.262	-0.057
	X_3	0.389	0.337	0.718
	X_4	-0.008	-0.85	-0.027
	X_5	-0.888	0.263	0.061
	X_6	0.385	0.466	-0.639
	X_7	0.766	0.194	-0.309
	X_8	-0.345	0.496	-0.146
	X_9	-0.719	0.172	0.183
	X_{10}	0.72	0.336	0.246
特征值		4.195	1.621	1.221
贡献率（%）		41.951	16.212	12.206
累积贡献率（%）		41.951	58.162	70.368

依据各主成分贡献度权重，最终得到粮食安全的综合评价式：

$$F = 0.41591F_1 + 0.16212F_2 + 0.12206F_3 \tag{2-3}$$

表 2-4 显示，因子得分系数矩阵和综合得分最终能实现。其中，31 个省、市、区的因子得分系数见 F1，F2 和 F3 对应值，并依据式（2-3）能较方便地算出综合得分。依据综合得分的大小排序，粮食安全综合竞争力前五名分别为新疆、青海、内蒙古、宁夏和黑龙江，它们的综合得分分别为 0.863 2、0.757 4、0.720 0、0.696 3 和 0.499 2；粮食安全综合竞争力后五名为福建、广东、天津、北京和上海，它们的综合得分分别为-0.489 5、-0.606 0、-0.622 8、-0.769 0 和-1.059 0。以上说明，新常态下的粮食安全区多在经济落后的中西部地区，而欠粮食安全的区域基本集中在经济发达的东部地区。

表 2-4 新常态下粮食安全竞争力评价结果

	F1	F2	F3	F	排名
新疆维吾尔自治区	1.771 0	-0.419 9	1.543 2	0.863 2	1
青海省	1.304 4	-0.081 2	1.830 0	0.757 4	2
内蒙古自治区	0.098 7	2.931 0	1.666 4	0.720 0	3
西藏自治区	1.567 0	-0.454 7	0.922 9	0.696 3	4
宁夏回族自治区	1.223 7	-0.528 5	0.586 5	0.499 2	5

表2-4(续)

	F1	F2	F3	F	排名
黑龙江省	0. 140 1	3. 627 4	-1. 235 5	0. 496 1	6
甘肃省	1. 108 0	-0. 655 4	-0. 031 8	0. 354 6	7
陕西省	0. 441 8	0. 175 7	0. 307 6	0. 251 4	8
吉林省	0. 470 6	0. 353 0	-0. 076 2	0. 245 3	9
湖北省	0. 431 0	0. 489 3	-0. 238 5	0. 231 0	10
江西省	0. 620 8	0. 317 2	-0. 840 6	0. 209 2	11
山西省	0. 363 7	-0. 183 3	-0. 063 9	0. 115 1	12
湖南省	0. 330 3	0. 301 2	-0. 761 9	0. 094 4	13
四川省	0. 310 9	-0. 125 3	-0. 758 5	0. 017 5	14
河北省	0. 144 3	-0. 689 5	0. 524 8	0. 012 8	15
云南省	0. 802 1	-1. 246 2	-1. 091 4	0. 001 2	16
海南省	0. 372 0	-1. 011 9	0. 057 6	-0. 001 0	17
河南省	0. 336 2	-0. 208 5	-0. 959 1	-0. 009 8	18
安徽省	0. 219 5	0. 070 3	-1. 429 0	-0. 070 9	19
江苏省	-0. 496 4	0. 511 8	0. 262 3	-0. 093 3	20
辽宁省	-0. 803 7	-0. 122 3	0. 960 0	-0. 239 8	21
重庆市	-0. 630 0	0. 322 5	-0. 264 5	-0. 244 3	22
贵州省	0. 183 4	-0. 749 2	-1. 709 2	-0. 253 2	23
山东省	-0. 738 0	0. 286 7	-0. 288 5	-0. 298 3	24
浙江省	-0. 702 9	0. 308 8	-0. 712 4	-0. 331 8	25
广西壮族自治区	-0. 518 0	-1. 038 8	-0. 741 3	-0. 476 2	26
福建省	-1. 076 0	-0. 370 5	0. 179 6	-0. 489 5	27
广东省	-1. 191 3	-0. 589 5	-0. 087 8	-0. 606 0	28
天津市	-2. 094 2	-0. 251 9	2. 429 5	-0. 622 8	29
北京市	-1. 756 5	-0. 801 0	0. 800 1	-0. 769 0	30
上海市	-2. 232 7	-0. 167 3	-0. 780 3	-1. 059 0	31

注：某些主成分得分或综合得分为负，并非该项竞争力为负，而是计算中将原始数据标准化的结果。

新常态下粮食安全综合竞争力的未来 5 年预测，假定 15 种情景：情景一，粮食产量提高，其他条件不变。2005—2014 年，中国粮食产量年均增长率约为 2%，假设 2% 为未来 5 年的粮食产量增长率，设定人口年均自然增长率

0.5%，近似看成粮食消费增长率，据此计算粮食自给率增长率为1.015，为未来5年的自给率增长率。情景二，贸易提高，其他条件不变。中国粮食出口量小、量较为恒定，贸易中主要是历年进口量的增幅较大。2004—2013年，中国粮食（小麦、玉米、大豆）进口年均增长率约为16%，据此计算年均贸易增长率为0.625，为未来5年的贸易增长率。情景三，购买力提高，其他条件不变。设定未来5年GDP年均增长率为7.5%，人均可支配收入年均增长率为10%，据此计算并假定年均购买力增长率约为1.023。情景四，资源生态提高，其他条件不变。设定未来5年的农业用水量不变，自然灾害水平不变，近三年的污染排放量（化学需氧量、总氮、总磷、氨氮）以年均1.7%的速率下降，则0.983为污染水平增长率。情景五至情景十五的假设与情景一至情景四的假设相同。假设主成分及贡献率不变，综合式（2-1）（2-2）及各情景增长率水平可以预测粮食安全综合竞争力。

情景一：产量提高。

情景二：贸易提高。

情景三：购买力提高。

情景四：资源生态提高。

情景五：产量、贸易提高。

情景六：产量、购买力提高。

情景七：产量、资源生态提高。

情景八：贸易、购买力提高。

情景九：贸易、资源生态提高。

情景十：购买力、资源生态提高。

情景十一：产量、贸易、购买力提高。

情景十二：产量、贸易、资源生态提高。

情景十三：贸易、购买力、资源生态提高。

情景十四：产量、购买力、资源生态提高。

情景十五：产量、贸易、购买力、资源生态提高。

表2-5显示，不同情境粮食安全得分大致徘徊在26和30之间。多数情境下粮食安全得分走势向下。其中，2014—2018年，情境三、情境五、情境八、情境九、情境十一、情境十二、情境十三和情境十五的粮食安全趋势向下，其余情境的粮食安全趋势向上。单变量情境下，除了情境三以外，情境一、二、四的粮食安全走势均向上，单变量情境在现实中发生的可能性很小；多变量情境下，11个情境中，7个情境的粮食安全走势向下，多变量情境在现实中发生

的可能性最大。由此，在多变量情境中，粮食安全走势向上的概率低于4/10，粮食安全走势向下的概率高于6/10。为避免粮食安全走势向下，应该注重粮食安全走势向上的4个情境（情境六、七、十、十四）。这四个情境表明控制贸易水平不变的前提下，对产量水平、购买力水平和资源生态进行排列组合，并对它们进行指标提升，粮食安全的向上趋势能顺利保持。

表2-5　　新常态下中国粮食安全综合竞争力得分预测

	2014	2015	2016	2017	2018
情景一	26.042	26.172	26.304	26.437	26.573
情景二	29.068	29.116	29.164	29.212	29.262
情景三	29.221	29.179	29.136	29.092	29.047
情景四	29.523	29.657	29.788	29.917	30.044
情景五	27.983	27.384	27.061	26.910	26.868
情景六	29.108	29.196	29.285	29.375	29.465
情景七	29.285	29.549	29.812	30.075	30.338
情景八	27.814	27.044	26.545	26.216	25.994
情景九	27.991	27.396	27.072	26.917	26.866
情景十	29.116	29.208	29.297	29.382	29.464
情景十一	27.942	27.301	26.935	26.740	26.652
情景十二	28.120	27.654	27.462	27.440	27.525
情景十三	27.950	27.313	26.946	26.747	26.651
情景十四	29.244	29.466	29.686	29.905	30.123
情景十五	28.078	27.571	27.336	27.270	27.310

数据来源：笔者根据相关资料计算。

图2-34显示，未来5年粮食安全得分拟合走势能较好判断。新常态下，中国未来粮食安全综合得分较高，走势存在先抑后扬的态势。综合15种情境的粮食安全得分均值发现，2014年粮食安全得分最高为28.43分，之后得分值缓慢下降。以2017年为拐点，粮食安全得分值开始上升，从2017年低位的28.109分，上升到2018年的28.145分。而2013年我国粮食生产实现“10年连增”，粮食安全的综合得分为29.02分。与2013年相比，说明新常态下未来中国粮食可持续安全是可期的。

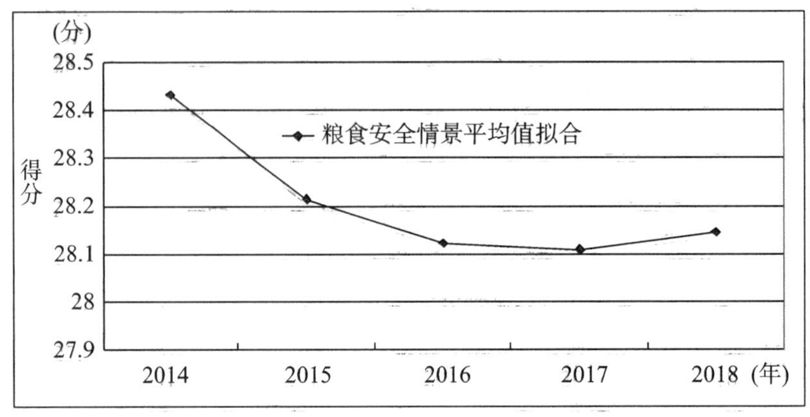

图 2-34 新常态下中国粮食安全得分综合走势预测

2.3.5 结论及启示

利用社会、经济和资源生态环境框架建立评价粮食安全的综合指标体系及模型具有科学性、可行性和现实意义。本书具体利用主成分分析法构建粮食安全综合指标体系并对粮食安全进行了情景预测，总的研究表明中国新常态下的粮食安全呈现先抑后扬的走势。新常态下考虑到经济下行尤其资源环境压力对粮食安全构成新挑战，因而前期粮食安全综合竞争力出现少许下降，但随着社会、经济、资源及生态环境的改善和消化，未来的粮食安全展露出向上拉升的趋势。研究的基本结论包括：第一，新常态中经济落后区域的粮食安全水平较高，而经济发达区域的粮食安全水平低。说明经济环境对粮食安全的影响力已不占显著地位。第二，新常态下粮食生产率、进出口水平和居民实际购买力是影响粮食安全的核心指标。前者显著提高粮食安全得分，后两者总体降低粮食安全得分。第三，粮食安全情景中，粮食安全综合竞争力得分向上的概率仅有40%，但一旦控制贸易水平，产量、购买力和资源生态环境的任意改善都将显著提高粮食安全水平。这说明贸易、资源生态环境对粮食安全具有引导地位。但该研究也有不足之处，涉及粮食安全的社会、经济和资源生态环境的指标都采用比值型复合指标，且指标数量也较少，不可能对粮食安全形成全面的反应。后续研究应该更多采用直接反映经济、社会和资源生态环境的单指标，以便能更加全面反映新常态下的粮食安全。

3 粮食生产中自然资源总利用效率：土地、水和气候

3.1 引言

我国农业自然资源损害较为严重，对粮食安全生产造成较大隐患。众所周知，粮食生产中最离不开的是土地和水源等不可再生资源。但有关研究表明，2005 年我国已有 20%的耕地遭到重金属污染（裴敏欣，2014）；2011 年我国生活废水排放量 428 亿吨，工业废水排放量 231 亿吨，流域污染较为严重（中商情报网，2014），反映出我国农业自然资源的清洁利用已面临严峻挑战。另外，农业自然资源日益稀缺，农业发展中与城镇化建设和工业的争水争地现象也较为明显。在资源稀缺和品质下降的情势下，如何保证粮食安全生产，亟待解决。

提高农产品数量和质量的有效途径之一就是最优化资源利用（Behrouzi et al.，2012）。过去 50 年中，中国农业人口显著增长，创造了“用 7%的世界可用耕地供养 22%的世界总人口”的中国奇迹（FAN et al.，2013）。保障中国粮食自给安全的潜在解决方案之一，就是育种更适宜气候变化和更高产的作物品种（CHEN et al.，2013）。但中国作物产量主要依靠单位亩产量的提高，而非扩大种植面积；作物产量在面临气候改变，水、土地、能源和养分稀缺以及农业面源污染、温室气体排放和土壤质量下降加剧的情况下，提高农作物产量最快和最现实的路径是运用和推广现存的农业技术（FAN et al.，2013）。尽管市场存在着诸多不确定性，但中国农户为获得收入最大化能自发有效地配置资源，如土地和劳动力（Dittrich，Myers；1971）。事实证明，采用优异的作物生产资源配置技术或系统，可以同时提高农户的技术效率和作物产量（Dung et al.，2011；FAN et al.，2013）。当前，调整资源结构和提高资源利用效率是维护粮食安全生产的有效方案之一。

近年来，在资源与经济相互关系日益受到政府、企业和学界深刻认知背景下，国内关于资源及其效率的研究兴起。重点表现为：整体资源效率国家和区域层面的研究（吴狄、武春友，2012；程晓娟，2012）；水资源区域、行业和全国层面的研究（马海良、黄德春等，2012；陈观聚、白永秀，2013；魏楚、沈满洪，2014）和关于国际资源效率研究演化的研究（王晓玲，2013；郭玲玲等，2012）。农业资源研究方面，有单个省份农业资源情况的研究，如：刘军等（2012）利用农业资源可持续模型和资源丰度模型评价了湖南农业资源利用水平；张燕、张洪等（2012）分析了安徽种植业资源利用情况，得出不再追加人工资源的方法提高产出最符合资源节约型农业的要求。有利用境外农业资源的研究，如周文涛等（2012）和马晓河等（2012）分析了中国利用境外农业资源的情况，均认为利用比较优势原则，我国应该进口土地密集型农业产品、出口劳动力密集型农业产品。以上说明，国内对农业资源研究定性方法居多，依然较为缺乏关于全国及区域层面的农业资源及其效率的定量研究。

与以往不同的是，本研究以单独研究农业自然资源为主，以资源利用及效率为切入点，运用 DEA-MALQUIST-TOBIT 三步法对全国和省域层面的土地、水和气候资源的效率形态及特点进行分析，以期找准提高农业自然资源综合效率的途径，为中国粮食安全生产提供切实保障。

3.2 粮食生产中的资源分类及其基本特征分析

3.2.1 传统农业资源中劳动力弹性浮动小而资本弹性浮动大

农业人力资本提升缓慢。表现在两个方面：第一，农业人口数量下降。1978—2012 年的农业从业人员从 28 318 万人下降到 25 773 万人，下降幅度为 8.99%。图 3-1 显示，农业从业人员的数量走势为 M 头肩的形状，今后从业人员仍有缓慢回落态势。第二，农业人口质量提高。1978—2012 年的农业从业人员含高中及以上学历的比率由每百人 7.3%上升到 15.6%，增幅超过 1 倍。图 3-1 显示，农业较高学历从业人员比率整体将呈缓慢上升的趋势。整体来看，改革开放以来我国农业人力资本在不断提升，但速度相对缓慢。农业资本快速稳定提升表现在两个方面：第一，国家财政用于农业的支出逐年快速上升。图 3-2 显示，1978—2012 年农业生产的国家财政支出额由 77 亿元上升至

6 428. 1 亿元，总增幅为 8 248. 18%，年均增幅为 235. 66%。第二，农业基本建设投资和农、林、牧、渔新增固定资产投资逐年快速上升。图 3-2 显示，1980—2003 年的农业基建投资（包括水利基建）额由 52 亿元上升至 1 097. 7 亿元，总增幅为 2 010. 96%，年均增幅为 83. 79%；农、林、牧、渔水利新增固定资产投资额由 35. 4 亿元上升至 702. 1 亿元，总增幅为 1 883. 33%，年均增幅为 78. 47%。整体来看，我国农业资本量历年呈现较为快速增长的态势。

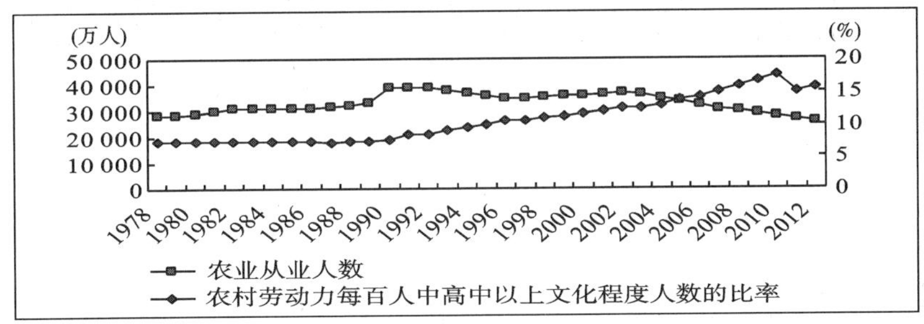

图 3-1　中国农业人力资本状况

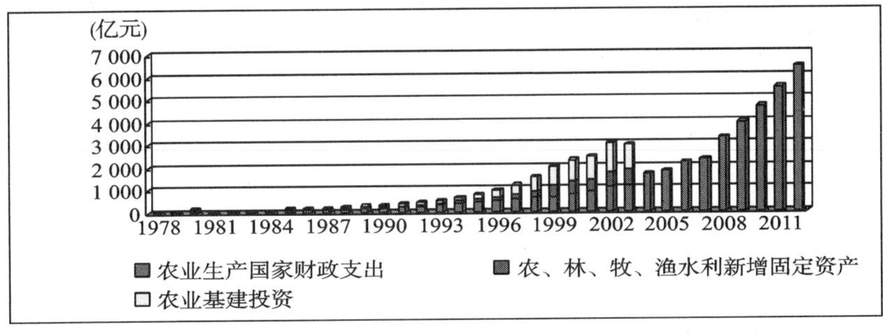

图 3-2　中国农业资本利用情况

3. 2. 2　现代农业资源中机械、农药和化肥投入均相对密集

农业中的机械工作量呈现出相对快速上升的趋势（见图 3-3）。以农业机械总动力指标代表机械工作量，1978—2012 年机械总动力由 11 749. 9 万千瓦上升至 102 559 万千瓦，总增长率为 772. 85%，年均增长率为 22. 08%。这表明改革开放以来机械在农业中的推广和利用较为迅猛。

同样，农业中化肥和农药的利用亦呈现快速上升的趋势（见图 3-4）。其中，1978—2012 年化肥施用量由 884 万吨上升至 5 838. 85 万吨，总增长率为 560. 50%，年均增长率为 16. 01%；1978—2012 年农药使用量由不足 60 万吨上升至 178. 70 万吨，总增长率为 202. 88%，年均增长率为 5. 80%。总体来看，改革开放以来，我国机械、农药和化肥在农业中的利用量呈现相对持续快速上涨的走势。

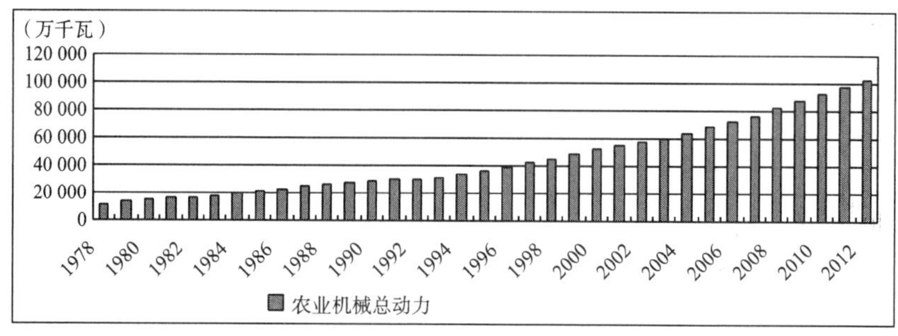

图 3-3　中国农业机械工作量的情况

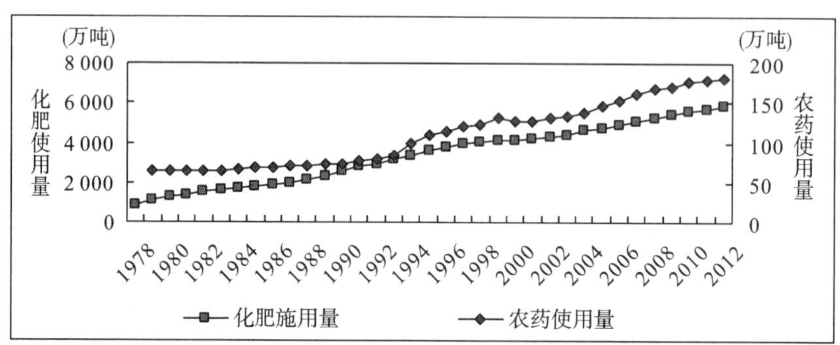

图 3-4　中国农药化肥的利用情况

3.2.3　自然资源中气候波动总体可控而水和土地资源“刚需”旺盛

气候资源影响农业生产表现出随机特征。气候变化影响农业收成的指标用成灾和受灾面积表示，图 3-5 显示，1978—1984 年，气候对农业的灾害影响呈波动下降走势，成灾和受灾面积由 75 264 千公顷下降到 47 494 千公顷，下降率为 36.90%。1985—2003 年，气候对农业的灾害影响呈长期的波动上升走势，成灾和受灾面积由 67 070 千公顷上升到 87 022 千公顷，增长率为 29.75%。2004—2012 年，气候对农业灾害影响呈现倒 U 形态。以 2007 年为转折点，前半期成灾和受灾面积由 53 403 千公顷上升到 74 056 千公顷，增长率为 38.67%，后半期成灾和受灾面积由 74 067 千公顷下降到 36 430 千公顷，下降率为 50.81%。整体来看，1978—2012 年气候造成的灾害面积在 225 000 千~300 000 千公顷箱体内上下震荡波动，表现出随机特征。

水资源和土地资源影响农业生产表现出高位稳定的规律。其中，农业水资源的利用用农村有效灌溉面积表示，农村有效灌溉面积由 1978 年的 44 965 千公顷上升至 2012 年的 63 036. 43 千公顷，增长率为 40. 19%；农业土地利用量用农作物总播种面积表示，总播种土地面积由 1978 年的 150 104. 07 千公顷上升至 2012 年的 163 415. 67 千公顷，增长率为 8. 87%。农业水资源和土地资源利用量表现出刚性需求上的长期缓慢上升趋势，见图 3-5。

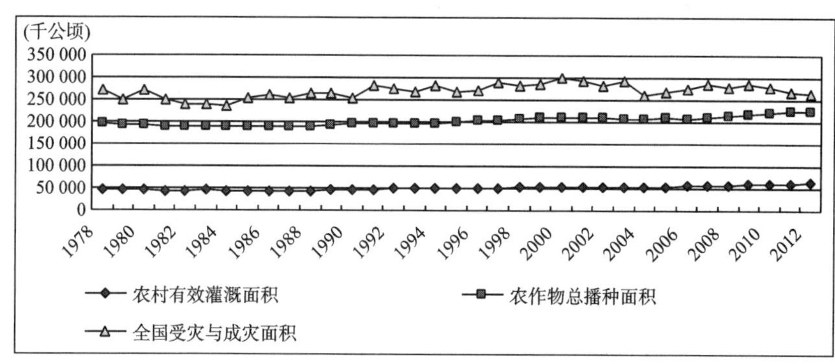

图 3-5　中国农业中气候、水和种子的利用情况

3. 3　粮食生产中的自然资源利用效率实证分析

3. 3. 1　数据来源与样本特征

本研究的数据来源于 1978—2012 年的《中国农村统计年鉴》和《中国统计年鉴》。

粮食总产量：主要是历年谷物、小麦、玉米、大豆与薯类之和，单位为万吨。

水资源：采用历年农村有效灌溉面积替代水资源利用程度，单位为千公顷。

土地资源：采用历年农作物有效总播种面积替代农业土地资源利用情况，单位为千公顷。

气候资源：采用历年总的农田成灾面积和受灾面积之和的倒数反映气候资源投入量，则成灾和受灾面积越大反映利用气候资源利用量越小；反之，成灾与受灾面积越小，则利用气候资源利用量越大。单位为千公顷。

从表3-1可以看出，1978—2012年，全国粮食年均产量接近4.5亿吨，最低年产量为3亿吨左右，最高年产量接近6亿吨，标准差反映粮食生产较为平稳。1978—2012年，全国水资源、气候资源和土地资源利用各数值内部差异较小。其中，土地资源历年利用量的数据差异更小，历年土地资源利用均值量约为1.1亿公顷，最大值为1.2亿公顷，最小值为0.99亿公顷，标准差仅为4 328.45公顷，证实农业土地资源供给具有刚性。

表3-1　　全国农业自然资源统计描述（1978—2012年）

	平均值	标准差	最大值	最小值
粮食总产量（万吨）	44 761.76	7 345.156	58 958	30 408
气候资源（1/千公顷）	1.55E-05	3.61E-06	2.74E-05	1.12E-05
水资源（千公顷）	50 833.24	5 779.076	63 036.4	44 035.9
土地资源（千公顷）	110 210.7	4 328.448	120 587	99 410

数据来源：笔者根据相关资料计算。

从表3-2可以看出，1978—2012年，省际粮食产量差异较大，最低粮食产量为7.4万吨，最高粮食产量为17 645.8万吨，历年各省的平均粮食产量为1 808.52万吨。1978—2012年，省际气候灾害波动较大，气候灾害最大损失值为12 181千公顷，各省的平均气候灾害面积为2 477.148千公顷；省际播种和灌溉面积也存在较大差异，如最小灌溉面积和播种面积分别为126.4千公顷和141.3千公顷，最大省份的灌溉面积和播种面积分别为1 941.815千公顷和4 581.786千公顷。总体来看，农业气候资源的利用与灾害防治方面各省存在较大差异，气候灾害可以通过人为控制来缩减；农业水资源和土地资源的各省利用情况差异也较大，省域内部的农业用土地资源和水资源存在优化空间。

表3-2　　省际农业自然资源统计描述（1978—2012年）

	平均值	标准差	最大值	最小值
粮食总产量（万吨）	1 808.52	1 976.64	17 645.8	7.4
气候灾害（千公顷）	2 477.148	2 099.915	12 181	0
灌溉面积（千公顷）	1 941.815	1 471.662	6 832.3	126.4
播种面积（千公顷）	4 581.786	3 490.627	17 716.6	141.3

注：因数据缺失，省际农业资源不包括1981年、1982年、1987年、1991—1994年、2007年的数据，重庆并入四川省，剔除海南省。以上统计结果均由笔者根据相关资料计算。

3.3.2 研究方法

3.3.2.1 BCC-DEA 模型

考虑到规模报酬不变为假设的 CCR-DEA 模型与农业生产实际情况存在诸多不符，加上农业生产投入资源不具有固定不变的特性，本书采用 Banker et al.（1984）提出的基于投入方向的规模报酬可变的 BCC-DEA 模型。其数学公式如模型（3-1）所示。

$$MaxZ_p = \sum_{j=1}^{s} U_j Y_{jp} - \alpha$$

$$s.t.\begin{cases} \sum_{i=1}^{m} V_i X_{jp} = 1 \\ \sum_{j=1}^{s} U_j Y_{jk} - \sum_{i=1}^{m} V_i X_{ik} \leqslant \alpha; k = 1, \cdots, n \\ U_j > 0; j = 1, \cdots, s \\ V_i > 0; i = 1, \cdots, m \end{cases} \tag{3-1}$$

式（3-1）中：X_{ik} 代表第 k 个 DMU 的第 i 项投入；Y_{jk} 代表第 k 个 DMU 的第 j 项产出；V_i 代表第 i 项投入权重；U_j 代表第 j 项产出权重；Z_p 代表第 p 个 DMU 的效率值。

利用线性规划对偶理论进行转化，并加入约束条件 $\sum_{k=1}^{n} \lambda_k = 1$；$\lambda_k \geqslant 0$，获得规模报酬可变的 BCC-DEA 对偶方程式（3-2）。

$$MinH_p = \theta_p - \varepsilon\left[\sum_{i=1}^{m} S_i^- + \sum_{j=1}^{s} S_j^+ \right]$$

$$s.t.\begin{cases} \theta_p X_{ip} - \sum_{k=1}^{n} \lambda_k X_{ik} = S_i^-; S_i^- \geqslant 0 \\ \sum_{k=1}^{n} \lambda_k Y_{jk} - Y_{jp} = S_j^+; S_j^+ \geqslant 0 \\ \sum_{k=1}^{n} \lambda_k = 1; \lambda_k \geqslant 0 \end{cases} \tag{3-2}$$

其中，式（3-2）中的 X_{ik}，Y_{jk}，U_j 和 V_i 的定义与（3-1）式一致；α 代表截距；H_p 代表第 p 个 DMU 的效率值。

3.3.2.2 Malquist 效率指数分解

Fare et al.（1994）指出，DEA-Malquist 生产率可分解为技术效率变化和技术变化两部分，其中技术效率变化可分解为纯技术效率和规模效率两部分。投入导向的 DEA-Malquist 生产率指数可表示为模型（3-3）的形式。

$$M_0(x_t, y_t, x_{t+1}, y_{t+1}) = \frac{s_0^t(x_t, y_t)}{s_0^t(x_{t+1}, y_{t+1})} \times \frac{D_0^t(x_{t+1}, y_{t+1}/VRS)}{D_0^t(x_t, y_t/VRS)} \times \left[\frac{D_0^t(x_{t+1}, y_{t+1})}{D_0^{t+1}(x_{t+1}, y_{t+1})} \times \frac{D_0^t(x_t, y_t)}{D_0^{t+1}(x_t, y_t)}\right]^{1/2} \tag{3-3}$$

其中：右式第一项表示规模效率，若值大于 1，意味着改变了要素投入，提高了规模效率；第二项表示纯技术效率，若效率值大于 1，意味着管理改善使效率提高；第三项表示技术变化，若效率值大于 1，意味着技术在考察年份实现了跨越，即实现了技术创新。

3.3.2.3 TOBIT 模型

为了进一步研究农业自然资源效率的影响因素，本书以 1978—2012 年一阶段 DEA 模型得出的省域农业自然资源效率为因变量，以影响农业自然资源效率的各种因素作为自变量建立面板 Tobit 回归模型。为研究方便本书做出如下假设：

（1）农业所占三次产业的比重影响农业自然资源的配置效率。农业所占比重越大，说明土地、水资源等的配给负担越严重，资源的配置效率相对较低。因此，假设农业占三次产业增加值的比重与资源配置效率存在负相关关系。本书采用第一产业增加值与第一、二、三产业增加值之和的比率来反映农业占三次产业的比重。

（2）省域经济发展水平影响农业自然资源的配置效率。经济发展较快的地方对资源的需求量越大，粗放的资源利用方式不可持续，经济高速的发展最终回归到资源的高效利用。因此，假设经济发展水平与资源配置效率存在正相关关系。本书采用省域生产总值与全国生产总值的比来反映本区域的经济发展水平。

（3）区域市场化程度影响资源的配置效率。市场化程度越高，资源要素的流转越迅速，资源越能达到较好的配置。假设地区市场化程度=1-国有经济所占比重，则市场化程度与资源配置效率存在正相关关系。其中，国有经济的比重近似采用国有控股工业企业利润总额与第二产业的比值来表示。因此，本书的地区市场化程度近似地看成工业的市场化程度。

（4）区位虚拟变量影响资源的配置效率。我国东、中、西和东北的自然资源条件存在地域差异，四个不同区位的优势将影响到自然资源的效率。本书引入三个虚拟变量 D：

$$D_{1i}=\begin{cases}1，东部\\0，其他\end{cases}；D_{2i}=\begin{cases}1，中部\\0，其他\end{cases}；D_{3i}=\begin{cases}1，西部\\0，其他\end{cases} \quad (3-4)$$

根据以上假设，构建农业自然资源效率影响因素的多元线性回归模型：

$$efficiency_{ti}=\alpha_0+\alpha_1 industry\_pro_{ti}+\alpha_2 gdp\_pro_{ti}+\alpha_3 marketization\_pro_{ti}+\beta_T\sum D_{Ti}+\varepsilon_{ti} \quad i=1,2,\cdots,29;t=1978,1980,\cdots,2012;T=1,2,3 \quad (3-5)$$

式（3-5）中，α_0、α_1，α_2，α_3，β_T 为模型待估系数，ε_{ti} 为随机扰动项。

3.3.3 结果分析

3.3.3.1 全国效率分布的时序分析

运用基于投入方向的规模报酬可变的 BCC-DEA 模型进行效率测算，表 3-3 显示出改革开放以来我国农业自然资源效率的四大特点：

表 3-3　　全国自然资源效率（1978—2012 年）

年份	crste	vrste	scale		年份	crste	vrste	scale	
1978	0.677	0.989	0.684	Irs	1996	1	1	1	—
1980	0.718	1	0.718	Irs	1997	1	1	1	—
1981	0.728	0.988	0.737	Irs	1998	1	1	1	—
1982	0.801	0.997	0.804	Irs	1999	0.996	0.996	1	Irs
1983	0.866	0.989	0.876	Irs	2000	0.995	1	0.995	Irs
1984	0.915	1	0.86	Irs	2001	0.951	0.98	0.931	Irs
1985	0.86	1	0.86	Irs	2002	0.92	0.988	0.931	Irs
1986	0.884	1	0.86	Irs	2003	0.953	1	0.953	Irs
1987	0.906	1	0.906	Irs	2004	0.92	1	0.92	Irs
1988	0.684	1	0.684	Irs	2005	0.943	0.995	0.948	Irs
1989	0.906	1	0.906	Irs	2006	0.974	1	0.974	Irs
1990	0.94	0.989	0.95	Irs	2007	0.997	1	0.997	Irs
1991	0.931	1	0.931	Irs	2008	1	1	1	—
1992	0.923	0.992	0.93	Irs	2009	1	1	1	—
1993	0.939	0.998	0.941	Irs	2010	0.995	0.996	0.999	Drs
1994	0.943	1	0.943	Irs	2011	1	1	1	—
1995	0.946	1	0.946	Irs	2012	1	1	1	—

注：Irs 表示规模报酬递增；Drs 表示规模报酬递减；—表示规模报酬不变。

(1) 1978—2012 年，全国农业自然资源效率大多数年份是无效的。其中，综合技术效率（crste）有效的年份仅有 1996—1998 年、2008—2009 年和 2011—2012 年的 7 个年份，其余绝大多数年份均为效率小于 1 的无效值。

(2) 1978—2012 年，全国农业自然资源效率随时间呈增长趋势。1978 年的 crste 为 0.6 左右，1980—1981 年的 crste 为 0.7 左右，1982—1983 年的 crste 为 0.8 左右，1989—1995 年的 crste 在 0.95 以下，1996—2012 年的 crste 基本向 1 靠拢；2012 年与 1978 年比较，crste 的增长幅度为 47.71%，年均增幅为 1.65%。

(3) 1978—2012 年，全国农业自然资源效率主要取决于纯技术效率而非规模效率。观察表 3-3 中的纯技术效率（vrste）与规模效率（scale）可以发现，历年的 vrste 均大于或等于 scale；因 crste= vrste×scale，所以可以判断 vrste 对农业自然资源的 crste 做出了绝对贡献。以上说明，改革开放以来，农业自然资源的规模没有得到明显改善，但自然资源的管理相对改善使纯技术效率有所改进。

(4) 1978—2012 年，全国农业自然资源投入总体显示为规模报酬递增。表 3-3 中的规模报酬递增（irs）出现在绝大多数年份，仅有 7 个年份显示规模报酬不变，仅有 2010 年显示为规模报酬递减（drs）。这说明合理的配置资源投入量可以同步达到相应粮食产量的提高。

3.3.3.2 全国效率变化的时序分解

表 3-4 的 Malquist 指数分解显示出农业自然资源效率变化的两大规律：

(1) 历年效率的变化中技术效率变化没有发生。技术效率变化（effch）可以分解为纯技术效率变化（pech）与规模效率变化（sech）的乘积。表 3-4 显示，相邻年份的效率变化中 effch，pech，sech 的值始终为 1，说明相邻年份中管理没有改进到让农业自然资源纯技术效率发生实质的改善。

(2) 历年效率变化中，技术变化有实质性发生。表 3-4 中的技术变化（techch）绝大数年份的值大于 1，均值为 1.007，这说明改革开放以来技术创新在农业自然资源生产领域起到了实质性的作用。

表 3-4 自然资源效率变化的 Malquist 指数分解（1978—2012 年）

年份	effch	pech	sech	techch	年份	effch	pech	sech	techch
1978—1980	1	1	1	1.084	1996—1997	1	1	1	1.076
1980—1981	1	1	1	0.877	1997—1998	1	1	1	0.979
1981—1982	1	1	1	1.007	1998—1999	1	1	1	0.993

表3-4(续)

年份	effch	pech	sech	techch	年份	effch	pech	sech	techch
1982—1983	1	1	1	1.105	1999—2000	1	1	1	0.974
1983—1984	1	1	1	1.021	2000—2001	1	1	1	0.962
1984—1985	1	1	1	1.111	2001—2002	1	1	1	0.958
1985—1986	1	1	1	1.051	2002—2003	1	1	1	1.024
1986—1987	1	1	1	0.966	2003—2004	1	1	1	0.85
1987—1988	1	1	1	0.829	2004—2005	1	1	1	1.068
1988—1989	1	1	1	1.297	2005—2006	1	1	1	1.081
1989—1990	1	1	1	0.967	2006—2007	1	1	1	1.062
1990—1991	1	1	1	1.181	2007—2008	1	1	1	0.961
1991—1992	1	1	1	0.987	2008—2009	1	1	1	1.042
1992—1993	1	1	1	0.996	2009—2010	1	1	1	0.927
1993—1994	1	1	1	1.068	2010—2011	1	1	1	0.933
1994—1995	1	1	1	0.928	2011—2012	1	1	1	0.927
1995—1996	1	1	1	1.07	平均值	1	1	1	1.007

数据来源：笔者根据相关资料计算。

3.3.3.3 省域效率分布的面板数据分析

运用面板数据BCC-DEA模型测算历年省际效率，得到省域农业自然资源效率的四个特点：

（1）大多数省份大多数年份的效率为无效值。表3-5显示，1978—2012年，相对有效的省份为四川、吉林、山东和黑龙江，其效率值为1的年数分别为23年、23年、18年和16年，排名依次为第1名、第1名、第2名和第3名。情况稍好的省份有上海、江苏，其有效值是1的年数均为14年，均并列排第4名。其余省份效率值为1的年数较少，出现效率值是1的年数均为3年左右。

（2）29省农业自然资源动态效率固化较为严重。图3-6表明，除1984年各省效率值均为1以外，1978—2012年的24年里各年的效率走势基本一致，各年效率高的省份依然高，效率低的省份依然低，反映历年各省的效率在全国所占比例基本恒定不变。但随着时间推移，尽管效率历年走势线一致，但越靠后的年份的效率值略微高于时间靠前的年份的效率值。

（3）29省的聚类分析表明不同的省份自然资源效率归于不同的类。运用SPASS对各省1978—2012年的效率均值做K-means聚类分析，将效率划分为高效区、中效区和低效区 3 类。表 3-6 显示，高效区的 11 个省份为辽宁、浙江、湖北、上海、河南、黑龙江、山东、江苏、湖南、吉林、四川，它们的效率区间为 0.9~1；中效区的 6 个省份为安徽、贵州、福建、江西、北京、广东，它们的效率区间为 0.8~0.9；低效区的 12 个省份为甘肃、青海、山西、陕西、宁夏、云南、天津、广西、河北、新疆、西藏、内蒙古，它们的效率区间为 0.5~0.8。我国绝大多数省份的农业自然资源利用属于中效率和低效率俱乐部行列。

表 3-5　各省效率值有效的年数及排名（1980—2012 年）

省份	效率为 1 年数	排名	省份	效率为 1 年数	排名
四川	23	1	天津	3	11
吉林	23	1	陕西	3	11
山东	18	2	山西	3	11
黑龙江	16	3	青海	3	11
上海	14	4	宁夏	3	11
江苏	14	4	内蒙古	3	11
湖南	12	5	江西	3	11
河南	10	6	河北	3	11
贵州	9	7	广西	3	11
辽宁	7	8	广东	3	11
浙江	5	9	甘肃	3	11
新疆	5	9	福建	3	11
西藏	5	9	北京	3	11
湖北	4	10	安徽	3	11
云南	3	11	—	—	—

数据来源：笔者根据相关资料计算。

（4）29 省的四大区域划分得出区域农业自然资源效率的收敛发散性。由变异系数=标准差/平均值得到四大区域的收敛发散走势。图 3-7 显示，无论区域还是全国，1978—1985 年的资源效率呈向下收敛趋势，收敛值向 0 靠拢；1986—1995 年资源效率值呈向上发散趋势；1996—1999 年资源效率呈向下收敛趋势，收敛值向 0 靠拢；2000—2012 年资源效率走势表征为发散。其中，东部地区效率变异系数值由 1978 年的 0.2 变为 2012 年的 0.1；中部地区变异系数由 0.25 变为 0.2；西部地区变异系数由 0.4 变为 0.25；东北地区变异系数由 0.2 变为 0.05。全国的变异系数由 0.3 变为 0.2。以上说明，进入 21 世纪以来，我国区域间农业自然资源效率差异分化较为严重，全国内部各省间的资源效率差异分化也较为严重。

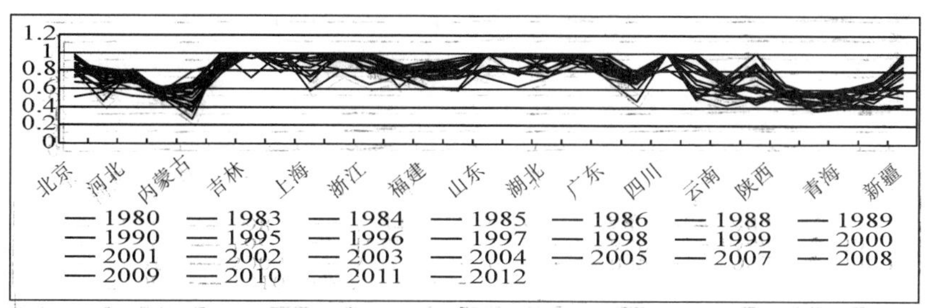

图 3-6　29 省的自然资源动态效率

表 3-6　自然资源效率的 K-means 聚类分析

	省份
高效区	辽宁、浙江、湖北、上海、河南、黑龙江、山东、江苏、湖南、吉林、四川
中效区	安徽、贵州、福建、江西、北京、广东
低效区	甘肃、青海、山西、陕西、宁夏、云南、天津、广西、河北、新疆、西藏、内蒙古

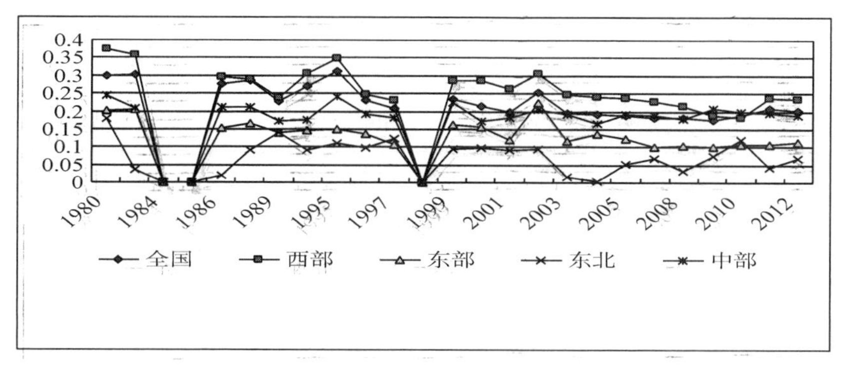

图 3-7　全国和四大区域自然资源效率的动态变异系数

3.3.3.4　省域效率的影响因素分析

省域农业自然资源效率的影响因素分析中，基于数据一致性和可得性，本书最后选用 29 省 1999—2012 年（2007 年除外）的面板数据，采用 STATA 对随机效应 TOBIT 模型进行参数估计。

从表 3-7 可以看出，不考虑区域优势，地区经济发展水平的弹性系数为

1.816 5，且在5%的水平下显著，说明经济发展水平对农业自然资源效率具有显著的正向影响，与原文的假设相符。市场化程度的弹性系数为-0.121 9，且在5%的水平下显著，说明市场化程度对农业自然资源效率具有负向影响，与原文假设不符，可能的原因是工业的市场化程度与整个行业的市场化程度和农业的市场化程度不一致，工业市场化对农业的市场化存在挤出效应。表3-7中的产业结构比重对资源利用效率的影响不甚明显。

表3-7 自然资源效率影响因素的TOBIT回归结果（不包含虚拟变量）

变量	系数	标准差	T值	P值
常数项	0.849 6***	0.059 5	14.28	0.000
Industry_pro	0.024 3	0.135 1	0.18	0.857
gdp_pro	1.816 5**	0.801 5	2.27	0.023
Marketization_pro	-0.121 9**	0.054 0	-2.26	0.024

注：***代表1%的显著水平、**代表5%的显著水平、*代表10%的显著水平。

从表3-8可以看出，考虑区域虚拟变量后，地区经济发展水平对资源效率的影响不再明显；工业市场化程度依然对资源效率具有负向作用，弹性系数为-0.140 1，在1%的水平下显著；产业结构比重对资源效率的影响作用依然不显著。东部和西部地区的区位对资源效率存在显著的负向影响，弹性系数分别为-0.126 9、-0.229 2，显著水平分别为10%、1%；中部地区的区位效应不显著。

表3-8 农业自然资源效率影响因素的TOBIT回归结果（包含区域虚拟变量）

变量	系数	标准差	T值	P值
常数项	1.025 1***	0.080 2	12.79	0.000
Industry_pro	0.083 2	0.138 8	0.60	0.549
gdp_pro	1.331 1	0.843 0	1.58	0.114
Marketization_pro	-0.140 1***	0.053 9	-2.60	0.009
d1	-0.126 9*	0.072 9	-1.74	0.082
d2	-0.114 8	0.073 0	-1.57	0.116
d3	-0.229 2***	0.068 2	12.79	0.001

注：***代表1%的显著水平、**代表5%的显著水平、*代表10%的显著水平。

总体来看，工业的市场化程度对农业自然资源效率起阻碍作用；不考虑区位因素的地区经济发展水平对自然资源效率起促进作用；考虑区位因素的东部和西部在农业自然资源效率上存在梗阻。

3.4 研究结论与启示

（1）我国农业自然资源利用整体表现出一定的特征。如：从气候灾害对农业的影响面积可以判断，气候资源利用总体控制在一定程度；土地资源和水资源是相对需求比较旺盛的资源。在城镇化和工业化背景下，农业争地和争水的现象将日趋显现，如何缓解土地和水的紧缺对农业造成的不利影响迫在眉睫。如能在资源利用上做好防控工作，建立比较一体的农业自然资源管理信息系统，如天气、土地和水资源管理 GIS 系统，进行统一管理和动态监测，将有利于资源优化配置和效率提升。

（2）全国农业自然资源效率存在较大提升空间。从全国范围来看，虽然历年资源效率呈现增长趋势，但绝大多数年份的效率为无效水平。与此同时，历年自然资源的效率贡献中纯技术效率相比于规模效率来说贡献更大，几乎所有年份的资源投入与粮食产出的关系为规模报酬递增，相邻年份的资源效率变化中体现出技术创新在农业领域实质性发生。因此，保证和增加农业资源的合理投入量，鼓励现有和引进先进农业技术在农业领域的推广和运用，是提高农业资源效率的捷径。

（3）区域农业自然资源效率差异分明。多数年份多数省份的效率水平均为无效，且呈现出省域效率的“高者愈高，低者愈低”的动态局面，大多数省份的农业自然资源利用依然归属于中效率和低效率俱乐部行列，不论省域间还是区域间的效率水平都表现为发散，没有明显的收敛迹象。打破自然资源因地理位置固定而难以流转配置的低效局面，建立比较齐全的土地、水和气候资源流转市场及其相应的衍生工具，以此促进自然资源的虚拟流动配置和效率改进。

（4）自然资源效率与工业市场化水平、经济发展密切相关。总体来看，经济发展水平明显促进自然资源效率提升，工业市场化水平明显阻碍自然资源效率改进，无论经济发达的东部还是经济相对落后的西部，自然资源效率均受到了区域优势的阻碍。应在不遗余力发展本区经济的同时，改革现存低效和落后的资源管理部门及系统，并对资源系列约束的体制进行松绑，以此削弱政府取代市场进行资源配置的痼疾。

4 基于粮食安全的真实水利用效率分析

4.1 水资源利用效率与粮食生产的动态分析

4.1.1 引言

水与粮协同发展的两难境地日益突出。一方面，水资源可持续利用受到挑战，农业生产中的水资源处于稀缺、分布不均、低效和污染的境地（张俊飚等，2010；中商情报网，2014）；另一方面，粮食安全受到资源约束（吕新业等，2013），确保粮食生产的水资源在生态文明预期下将持续下降（陈锡文，2014）。如何既保障粮食安全又保障水资源可持续利用是个两难问题。本书试图探寻粮食生产中科学的水资源利用及管理方式，以期达到水与粮协同发展。

粮食产量与水资源利用及管理关系紧密。一种观点认为，提高灌溉率利于粮食生产。亚洲季风区的稻谷生产，伴随灌溉率的增加，单位亩产的稻谷产量最终将增加（Taniyama，2002）。另一种观点认为，不充分灌溉（deficit irrigation）或减少粮食生产水足迹（water footprint of grain production）对粮食生产更有利。如安排不充分灌溉技术并容忍适当的缺水量，能潜在增加水的利用效率，最终能增加谷物产量（Yang & Zhang，2010），减少粮食生产的水足迹可以保护粮食安全和缓解水短缺（Davies，2014）。那么，以上两种灌溉用水方式哪一种更符合中国实际呢？需要我们进一步实证检验。不容忽视的是，不同的灌溉方式选择也暗含着需要不同的水管理模式与之相匹配。例如：印度因灌溉用水较缺和灌溉用水潜力不足，注重采用参与式灌溉管理（participatory irrigation management）；澳大利亚面临水资源过度分配和担忧环境流量，倾向采用灌溉管理变革（irrigation management transfer）（Poddar et al.，2014）；欧盟较注重水资源政府规制手段的市场化；美国、智利等国较注重水资源的市场化管理。因此，在资源约束下确保我国粮食安全，探索适宜的灌溉用水方式及水资源管理模式具有重要的理论及实践意义。

近年来，国内学者较关注农业及粮食生产的水资源利用、效率及管理。第一，水资源利用方面。如姚顺波等（2012）运用面板 VAR 模型分析了有效灌溉对中国粮食单位产量的正向影响。王西琴等（2014）、何杰等（2014）和韩成福（2012）分别分析了水资源约束对河南省、松花江地区和内蒙古自治区粮食增产的影响。张培丽（2014）梳理了国外粮食安全的最新进展，指出水资源短缺对中国粮食安全构成重大威胁。第二，水资源效率方面。刘小刚等（2013）运用投影寻踪模型评价了云南省农业水资源效率；张俊飚等（2007）、王学渊等（2008）、刘渝等（2012）、陆迁等（2014）基于 DEA 方法或 SFA 方法对地区或全国的农业水资源利用效率进行了研究。第三，水资源管理方面。刘海林（2012）在对黑龙江粮食主产区地下水资源调查的基础上，指出落实最严格水资源管理制度的重要性。刘鹏（2014）对河北省农业水资源管理对策进行了研究。综上所述，国内依然较缺乏总水资源利用与总粮食产量关系的实证研究；较为缺乏农业水资源生产率的研究；规避粮食安全风险的全国水资源管理研究也相对欠缺。

目前，国际对农业及粮食生产的水资源利用、效率及其管理进行深入研究。第一，水资源利用现状研究。总体研究显示灌溉水消耗量大和利用效率低、使用农业地少、生产粮食多的特点（Abdullah，2006；MWR，2011；Agha et al.，2011；Gleeson et al.，2012；Cao et al.，2014；Starr & Levison，2014）。第二，水资源利用效率实证研究。Ali et al.（2014）基于 DEA 及 MALQUIST 全要素生产率指数，估计了加拿大南部灌溉区域的水资源利用效率和生产率。其他关于水资源利用效率及风险的研究方法包括 SFA 分析、SWOT 分析、敏感性分析、最优化模型的区域层面分析等（Phillips，2013；Nagara et al.，2014；Qian et al.，2014；Lany et al.，2014）。总体来看，DEA 方法和 SFA 方法是评价水资源利用效率的基础方法。第三，水资源利用政策研究。科学水管理措施包括：提高农用水生产力、废水的循环利用、海水的淡化、洪水的利用、虚拟水的进口（Demin，2014）；发展节水农业，减少粮食生产的蓝水足迹（Fang et al.，2010；Hu et al.，2010）；减少灌溉排水浪费（Azim & Allam，2005；Khater et al.，2014）；回收利用雨水（Wallacel，2002）；以水电项目为导向的水资源开发战略需要再评估和重新调整（Ran et al.，2013）；重新设计水的管理制度（Biermann et al.，2012；Galaz et al.，2012；Wiek et al.，2014）；整合协调水政策与农业政策（Villarejo et al.，2014）。综上所述，区域和县市层面的粮食生产的水资源生产率的研究比较少见；相对缺乏水资源利用与粮食生产动态效率的实证分析；水管理方案尚缺乏整合的统一框架。

与以往不同的是，本书在定量分析省际粮食生产灌溉用水生产率特点的基础上，建立粮食生产与水资源利用的双面板数据模型，检验总体水资源利用与粮食产量的关系，并归纳和借鉴国外水管理经验，以提出适宜中国粮食安全生产的科学的水资源利用方式和管理方案。

4.1.2 粮食生产的水资源利用特征分析

4.1.2.1 粮食产量与水资源利用双增长态势

图 4-1 显示，2014 年我国粮食产量实现“十一连增”，农业水资源利用量也持续增长。2014 年，中国粮食总产量为 60 709.9 万吨，其产量是 2004 年的 1.29 倍；中国水资源稀缺，关乎粮食的农业水资源利用量却不低，2013 年农用水耗量最高到 3 900 亿立方米，其消耗量是 2004 年的 1.09 倍。依据中国粮食生产现状和国外农业水资源结构的经验，未来较长一段时期，中国粮食产量将在缓慢调整中维持增长，农业水资源利用量将在高位震荡中持续抬升。

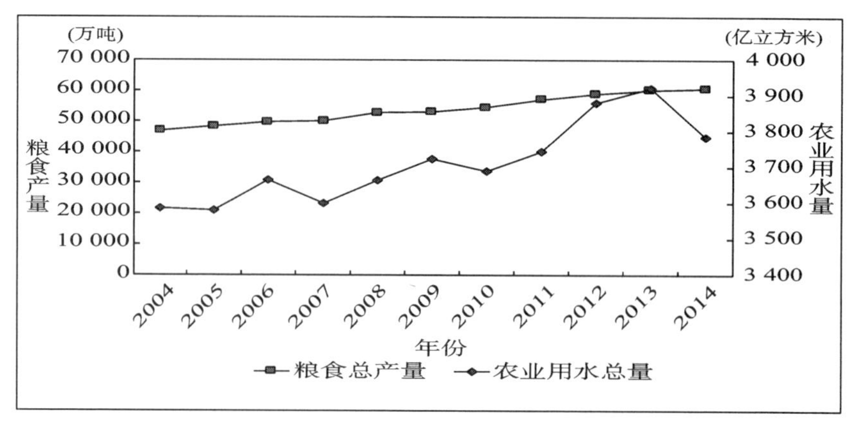

图 4-1 全国粮食产量与农业用水总量走势

4.1.2.2 粮食生产的水资源生产率整体下滑

以粮食产量和灌溉用水为样本，收集整理 2003—2012 年省际面板数据，数据来源于《中国农村统计年鉴》《中国统计年鉴》及国家统计局网站和各省水公报。由于各样本单位不一致，不易进行比较，首先对各省各年的样本数据进行标准化处理，采用 Z-Score 分值法：$z_{ij}=(x_{ij}-x_i)/s_i$。其中：z_{ij} 为标准化后的变量值；x_{ij} 为实际变量值；x_i 为均值，s_i 为标准差。依此方法，省际或区域生产1单位粮食所需多少单位的灌溉水的投入及其空间分布形态均可得到。如表4-1。

（1）各省1单位粮食产量的水资源生产率差异分明。分为四种类型：Ⅰ型不充分灌溉区、Ⅱ型较不充分灌溉区、Ⅲ型较充分灌溉区和Ⅳ型充分灌溉区。表4-1显示，2003—2012年，Ⅰ型灌溉区包括广东、新疆、辽宁、广西、吉林、浙江、内蒙古和福建，生产1单位粮食所需灌溉水单位量为小于零的负值；Ⅱ型灌溉区包括河南、河北、山东、四川、上海、黑龙江、安徽、宁夏、甘肃、江西、海南、西藏、北京和青海，生产1单位粮食所需灌溉水单位量介于0和1之间；Ⅲ型灌溉区包括天津、湖南、湖北、贵州、陕西和重庆，生产1单位粮食所需灌溉水单位量介于1和2之间；Ⅳ型灌溉区包括云南、江苏和山西，生产1单位粮食所需灌溉水单位量大于2。其中，生产相同单位量的粮食，Ⅰ型和Ⅱ型灌溉用水相对较少，水资源生产率较高；Ⅲ型和Ⅳ型灌溉用水相对较多，水资源生产率较低。

（2）各省1单位粮食产量的水资源生产率呈下降趋势。2003—2012年，不同类型灌溉区域及不同省份生产1单位粮食耗水越来越多，显示粮食越来越“饥渴”的症状，粮食生产用水生产率不增反而下降了。依据表4-1计算2012年相较于2003年的各灌溉区域耗水增长率发现，生产1单位粮食，总体灌溉用水增长率为17.7%，不充分灌溉区灌溉水增长率为-6.06%；较不充分灌溉区灌溉水增长率为-9.08%；较充分灌溉区灌溉水增长率为120.98%，充分灌溉区灌溉水增长率为-0.49%。这说明考察期间的全国灌溉水生产率已下降17.7%，相比其他灌区而言，以湖北、湖南为代表的较充分灌溉区域的水资源生产率在持续恶化中。

（3）粮食主产区的水资源生产率普遍高于其他地区。以河北、河南、黑龙江、吉林、辽宁、湖北、湖南、江苏、江西、内蒙古、山东、四川、安徽等粮食主产区为例，参照表4-1，其中，辽宁和吉林在不充分灌溉区，水资源生产率水平最高；生产率较高的是在较不充分灌溉区的河南、河北、山东、四川、黑龙江、安徽和江西，用水效率可以进一步优化。而属于粮食主产区的湖北、湖南和江苏的用水效率较低，它们属于充分或较充分灌溉区，水资源生产率需大力提升。非粮食主产区的广东、广西、福建、浙江水资源生产率较高的原因在于，灌溉用水较少，自然供应的雨水即可满足粮食生产需要；非粮食主产区的新疆、内蒙古水资源生产率高的原因在于，生产粮食少且采用了科学的灌溉水保护利用技术，如滴灌和喷灌等。

表 4-1　　1 标准单位粮食生产所需灌溉用水的标准单位量

类型	省份	2003	2004	2007	2008	2011	2012	均值
Ⅰ型灌溉区	广东	-47.3	-14.15	-7.54	-6	-6.84	-6.91	-12.31
	新疆	-55.12	-10.12	-6.74	-4.29	-3.63	-2.9	-10.66
	辽宁	-10.41	-2.73	-2.06	-2.93	-2.31	-2.22	-3.21
	广西	-5.07	-2.42	-2.35	-2.22	-1.69	-0.64	-2.25
	吉林	-0.58	-0.74	-1	-0.76	-0.51	-0.44	-0.73
	浙江	0.23	-0.31	-0.24	-0.29	-0.05	-0.12	-0.15
	内蒙古	0.35	0.03	-0.33	-0.24	1.88	0.99	-0.05
	福建	0.29	-0.03	-0.08	-0.08	-0.14	-0.13	-0.04
Ⅱ型灌溉区	河南	0.05	0.06	0.06	0.1	0.1	0.16	0.09
	河北	0.26	0.13	0.11	0.04	0.01	0.07	0.10
	山东	0.25	0.14	0.12	0.12	0.12	0.15	0.14
	四川	-0.07	0.15	0.17	0.12	0.29	0.46	0.20
	上海	0.13	0.34	0.43	0.44	0.5	0.5	0.40
	黑龙江	0.35	0.46	0.53	0.42	0.46	0.5	0.46
	安徽	-0.08	0.2	0.33	0.58	0.83	0.84	0.48
	宁夏	0.56	0.77	0.84	0.87	0.89	0.83	0.81
	甘肃	0.52	0.67	0.77	0.84	1.01	1.02	0.82
	江西	-7.47	1.81	1.6	1.7	2.95	2.57	0.87
	海南	0.73	0.84	0.92	0.95	1.03	1	0.93
	西藏	0.71	0.87	0.92	0.96	1.08	1.06	0.95
	北京	0.67	0.86	0.96	0.99	1.04	1.12	0.96
	青海	0.77	0.87	0.97	0.98	1.06	1.06	0.97
Ⅲ型灌溉区	天津	0.8	0.96	1.06	1.08	1.15	1.19	1.06
	湖南	0.66	1.12	1.21	1.21	1.28	1.4	1.17
	湖北	0.03	0.96	1.19	1.53	1.91	2.14	1.34
	贵州	2.2	1.81	1.61	1.64	1.18	1.31	1.63
	陕西	1.52	1.73	1.8	1.79	1.96	1.93	1.82
	重庆	1.56	1.91	2.03	2.08	2.23	2.77	1.99
Ⅳ型灌溉区	云南	-12.13	5.82	2.15	2.08	4.27	4.65	2.01
	山西	1.84	2.14	1.97	2	2.2	2.33	2.04
	江苏	1.39	2.3	2.32	2.5	2.64	2.74	2.34

数据来源：笔者根据相关资料计算。

4.1.3 水资源利用与粮食产量关系实证分析

4.1.3.1 理论模型及研究方法

本书建立粮食安全生产与农业灌溉用水之间动态关系的模型。因粮食生产遵循传统 C-D 函数形式，除劳动和资本外，土地、水、农用物资等资源要素关乎粮食产量的高低。扩展的 C-D 函数框架如下：

$$food = f(capital, labor, land, water, material) \tag{4-1}$$

式（4-1）中，food 代表粮食产量，括号里面的变量依次代表资本、劳动、土地、水、物资。为证实粮食生产与水资源投入之间存在密切关联，建立如下面板数据函数模型：

$$food_{it} = c + \alpha land_{it} + \beta labor_{it} + \delta capital_{it} + \varphi water_{it} + \eta material_{it} + u_i + v_{it} \tag{4-2}$$

式（4-2）中，i 和 t 分别代表省份和年份，c 为常数项，μ_i 为不可观察的地区特征差异，ν_{it} 为随机误差项，$\mu_i \sim IID(0, \delta_\mu^2)$，$\nu_{it} \sim IID(0, \delta_\nu^2)$，且 μ_i 和 ν_{it} 相互独立。

在式（4-2）的基础上，重点关注当期粮食生产与水资源投入动态关系后，建立如下动态面板数据函数模型：

$$food_{i,t} = \alpha food_{i,t-1} + \sum_{j=0}^{m} \beta_j water_{i,t-j} + \gamma land_{i,t} + \varphi material_{i,t} + \delta labor_{i,t} + \eta capital_{i,t} + \mu_i + \nu_{i,t} \tag{4-3}$$

式（4-2）面板数据模型估计，首先进行 HAUSMAN 检验，确定采用固定效应还是随机效应模型。式（4-3）动态面板数据模型估计，引入粮食产量一阶滞后变量和水资源投入的 m 阶滞后变量，利用 OLS 和 GLS 得到的估计量将是有偏和非一致的，容易导致解释变量存在内生性问题。为克服此问题，本书采用 Arellano 和 Bond 提出的 GMM 估计方法，并利用 Windmeijer 提出的小样本矫正方法对系数估计标准差的偏差进行矫正。用 Stata/Se 12.0 软件进行相关操作。

4.1.3.2 数据来源及处理

所有数据均来自 2003—2012 年的《中国农村统计年鉴》《中国统计年鉴》及国家统计局网站和各省水公报。其中：物质投入量由农药和化肥施用量加总得到；土地投入面积用粮食播种面积表示；水资源投入量用灌溉用水量表示；劳动力投入量由农、林、牧、渔从业人员替代；资本投入量由农业机械总动力替代。

4.1.3.3 实证结果分析

（1）水资源投入影响粮食产量的 Panel Data 检验

从表 4-2 可以看出，水资源投入与粮食产量之间存在正相关关系。检验模型（4-2）发现：第一，全国范围内较适用随机效应模型，估计结果中土地、劳动、资本、物质和水的系数均通过1%的显著性水平检验；所有参数的系数均为正，其中，水资源与粮食产量之间的弹性系数为0.124，仅次于土地和劳动的弹性系数。第二，灌溉效率相对较高的Ⅰ型和Ⅱ型灌溉区，较适用固定效率模型，估计结果中所有解释变量的参数均通过1%的显著性水平检验；除劳动投入对粮食产量为负向影响外，其他变量对粮食产量均为正向影响，其中，水资源对粮食产量的弹性系数为1.726。第三，灌溉效率相对较低的Ⅲ型和Ⅳ型灌溉区，较适用固定效应模型，估计结果中除土地外，其他解释变量均通过1%的显著性水平检验；除劳动对粮食产量影响为负外，其他变量对粮食产量影响为正，其中，水资源对粮食产量的弹性系数为1.660。第四，粮食主产区较适用固定效应模型，估计结果中除常数项外的其他解释变量均通过1%的显著性水平检验；除劳动对粮食产量影响为负外，其他变量对粮食产量影响为正，其中，水资源对粮食产量的弹性系数为1.456。综上所述，不论全国样本还是区域性质样本，水资源投入对粮食产量有明确的正向影响关系；水资源与粮食产量的弹性系数大小反映的区域用水效率高低是：较不充分和不充分灌溉区>较充分和充分灌溉区>粮食主产区。

表4-2　　粮食产量的普通 Panel Data 估计

	全样本	Ⅰ型和Ⅱ型灌溉区	Ⅲ型和Ⅳ型灌溉区	粮食主产区
	RE	FE	FE	FE
土地	0.593***	0.134***	0.056	0.138***
劳动	0.199***	-3.273***	-0.874***	-2.427***
资本	0.117***	0.315***	0.209***	0.258***
水	0.124***	1.726***	1.660***	1.456***
物质	0.088**	0.465***	-0.337***	0.605***
截距	-0.543***	1 542.657***	1 892.785***	1 370.625

注：*** 和 ** 代表在1%和5%的水平下显著；FE 和 RE 分别代表固定效应和随机效应。

（2）水资源影响粮食产量的动态面板 GMM 估计

从表4-3可以看出，水资源当期投入对粮食动态增产至关重要。对动态模型式（4-3）进行一阶差分广义矩估计发现：第一，水资源滞后一期时，方程整体通过显著性检验、不存在序列相关、选用滞后一期粮食产量作为 GMM 形式变量和选用所有其他解释变量作为工具变量有效。第二，除土地和水资源滞后一期变量没通过显著性检验外，其他解释变量均在1%的显著性水平下通过检验。其中，滞后期粮食产量对当期粮食产量的影响系数为 0. 350；水资源对粮食产量影响突出，弹性系数为 2. 447，滞后期的水资源投入对当期粮食产量影响不显著，考虑当期和滞后期水投入则对粮食产量总的弹性系数为 2. 087。另外，劳动投入对粮食产量影响为负，弹性系数为-1. 701；资本投入弹性系数为正的 0. 155。总体来看，在粮食动态生产中，当期粮食产量受滞后期粮食产量的影响，且水资源投入对粮食增产的重要性较为突出。

表 4-3　　粮食产量的动态面板一阶差分 GMM 估计

	系数	标准差	t 值
滞后的粮食	0. 350***	0. 089	3. 92
水	2. 447***	0. 919	2. 66
滞后的水	-0. 360	0. 346	-1. 04
物质	0. 340***	0. 067	5. 10
土地	0. 033	0. 032	1. 03
劳动	-1. 701***	0. 575	-2. 96
资本	0. 155***	0. 040	3. 86
方程整体显著性检验	F(7, 241)= 109. 44;Prob>F=0. 000		
序列相关性检验	Arellano-BondAR(1)检验:z =-8. 04;Pr>z=0. 000 Arellano-BondAR(2)检验:z =3. 68;Pr>z =0. 000		
工具变量有效性	Sargan 检验:chi2(35)= 106. 70;Prob>chi2=0. 000		

注：*** 和 ** 代表在 1%和 5%的水平下显著。

（3）水资源投入与粮食产量的面板 Granger 因果关系检验

进一步判断水资源投入是不是粮食产量变化的格兰杰原因，需建立如下检验方程：

$$food_{i,t} = \alpha + \beta_1 food_{i,t-1} + \cdots + \beta_p food_{i,t-p} + \gamma_1 water_{i,t-1} + \cdots + \gamma_p water_{i,t-p} + \mu_1 \quad (4-4)$$

$$food_{i,t} = \alpha + \beta_1 food_{i,t-1} + \cdots \beta_2 food_{i,t-p} + \mu_2 \quad (4-5)$$

其中，粮食滞后阶数与水滞后阶数相同，都为 p 阶滞后，建立原假设和备择假设：

原假设 H_0：水的滞后变量 $water_{i,\ t-1} \cdots water_{i,\ t-p}$ 整体为零。

备择假设 H_1：水的滞后变量 $water_{i,\ t-1} \cdots water_{i,\ t-p}$ 整体不为零。

分别对式（4-4）和式（4-5）进行矩估计，分别得到残差 RSS0、RSS1，建立S统计量S=［（RSS1-RSS0）/NP］/［RSS1/（NT-2Np-N）］，S是个体固定影响变截据的统计量，S统计量符合F（NP，NT-2Np-N）分布，可以通过检验S统计量与F（NP，NT-2Np-N）的关系。如果S>F，则拒绝原假设H0，water是food的格兰杰原因，反之不是。依此方法，可检验food是不是water的格兰杰原因。检验结果见表4-4。

表4-4　　水资源与粮食产量Granger因果关系检验

F值			S1值	S2值	wate是food变动的原因	food是water变动的原因
1.95（a=0.01）	1.61（a=0.05）	1.45（a=0.10）	1.271	-0.162	F>S1，否	F>S2，否

从表4-4可以看出，粮食产量与水资源投入的相互关系检验中均接受了原假设，水资源投入不是粮食产量的格兰杰原因，粮食产量也不是水资源投入的格兰杰原因。这说明粮食产量受综合因素影响。水资源虽然影响粮食产量，但不是直接影响，中间经过一系列转化后才影响粮食产量。这种中间转化过程需要水资源投入与适当的土地、劳动、资本和农用物质等相配合，最终各种生产资源的合力才反映到粮食产量上面。

4.1.4　水资源利用管理方案探讨

水资源与粮食产量的实证分析表明，当前中国确保粮食产量应该遵循Taniyama（2002）的做法，即提高农作物的灌溉率。事实上，FAO（1996）定义，只有当所有人在任何时候都能在物质上和经济上获得足够、安全、富有营养的食物来满足其积极健康的膳食需要及食物喜好时，才实现了粮食安全；该定义至少强调了粮食安全的四个方面，即粮食生产安全、粮食购买力安全、粮食贸易安全和粮食质量安全（张晓京，2012；吕新业等，2013）。依此定义，水资源影响粮食安全有其内在的作用机理（见图4-2）。另外，在理解水资源作用粮食安全的机理上，保障水资源灌溉的管理对保证粮食安全至关重要，国外水资源管理经验能给我们一定的启示。

4.1.4.1　水资源作用于粮食安全的机理

水资源通过影响粮食数量、质量、贸易和购买力四个维度最终影响到粮食安全。当水资源较充足，无需进口时，粮食生产用水主要是以雨水为主的绿水、以地表和地下水为主的蓝水，绿水和蓝水的充足度直接影响到粮食生产灌溉，进而影响粮食生产数量；与此同时，绿水和蓝水受到污染后变成品质较差的灰水，直接影响到粮食的质量及营养含量。当水资源不充足时，进口虚拟水作为补充，尤其是高耗水的口粮虚拟水进口贸易，可以同步缓解水短缺和口粮短缺的状态，因而虚拟水贸易也影响到粮食安全。另外，实体水和口粮形式的虚拟水有自身的价格，如果两者的价格加总到最终购买的粮食中，其成本高低将影响到购买力的高低。综上所述，水资源是通过影响粮食安全的四个维度来影响粮食安全的。

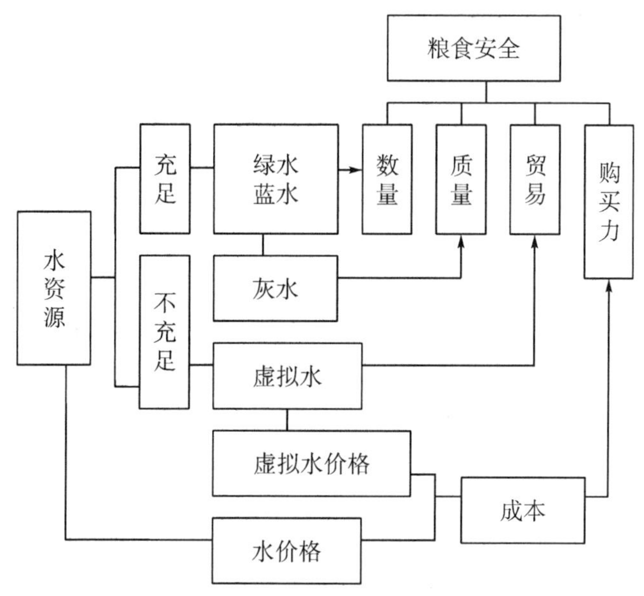

图 4-2　水资源作用粮食安全的机制

4.1.4.2　国外水管理模式经验借鉴

（1）印度参与式灌溉管理。印度农业部门用水占全国总用水的 65%，超过 70%的谷物粮食生产来于灌溉农业，灌溉主要用地下水，地下水灌溉效率接近百分之七八十，农场主要采用微灌技术。印度农业水政策依据国家水政策而定，较注重超大数量的灌溉存储系统建设，忽视需求侧管理。第一，强调参与式管理。管理层容纳不同的利益相关者：政府机构、产业部门、社区、水利用者协会及农户。参与式管理强调社区管理作用，但面临法律支撑缺乏、不确定的水利用、财务可行性、领导力缺乏等条件的约束。第二，尝试建立水市场机制。但面临定义完好的水权结构、清晰和完整的贸易规则、经营水分配的实体、理性的价格结构等方面的考量。第三，关注地下水和水渠管理。面临的问题是：地下水抽取的主要成本来源于便宜电力，导致地下水位下降和水质恶化；水渠也缺乏来自政府的修缮等，两者均正尝试获得政府授权的社区参与的集体管理。

（2）澳大利亚灌溉管理变革。澳大利亚总灌溉区域面积中，农户管理占30.4%，代理机构管理占14.5%，区域共同管理占55.46%，50%的地下水灌溉农业。从殖民地时期到现在，澳大利亚水管理政策改革遵循从依靠政府定价和分配灌溉水转向为依靠市场来完成。澳大利亚在水市场和水价格方面改革的障碍包括管理和规制的改变、财务成本改变、贸易过程规则限制、水权交易主体不完整、产权不清、交易成本高、价格信息扭曲、水市场怀疑论、水资源区域转移受地理阻隔、囤积水的投机、水资源出口对本区域的不利影响等。澳方强调水价改革：价格反映成本和服务客户需要；政府补贴透明并最终退出；关税结构反映成本价格；定价过程和制度安排倾向独立的经济规制。

（3）欧盟效率目标式管理。欧盟农业消耗24%的水，主要用于灌溉（Alessi & Treyer，2013）。在许多成员国，农业水利用缺乏计量和定价，影响了水生产率和水效率的提高。欧盟达成的共识是，减少每单位产出的水消耗将影响产品的特性（如水果会变小），同时会产生更高水消耗的反弹效应。不论资源怎么利用，水耗量最终将增加。据此，欧盟共同农业政策的改革关注水的效率目标和区域水压力下的水计量职责。采取的措施包括：提高水效率和竞争力的策略；实行农民培训计划和对低收入农场实行特别资助；欧盟援助计划针对先进农业技术和水生产率目标。另外，针对欧盟水供应部门的自然垄断特性，为提高水部门的供应效率，德国水部门管理采用自愿式标杆管理，比较不同的企业使他们相互学习提高效率；荷兰采用强制性标杆管理，每三年对十个水供应公共设施部门进行水质量、服务、环境、金融和效率的评估。

4.1.5 结论及启示

通过水资源利用与粮食产量间的互动关系实证及各国农业灌溉水管理方式研究，本书初步可以得到如下结论：

（1）不论普通面板模型还是动态面板模型，均证实水资源投入对当期粮食总产量和增产量存在正向影响关系。传统的C-D函数忽视了水资源投入对生产的影响，本研究将水资源纳入生产函数后，实证分析发现，水资源确实对粮食生产有影响，而且是正向影响。

（2）水资源动态利用证明，水资源当期投入只影响当期的粮食产量，且是正向影响；水资源前期或后期的投入对当期的粮食产量不产生显著的影响。

（3）世界上不同国家均探索着适合本国农业灌溉用水的管理模式。如：印度水资源不足，探索了不同行为主体参与的灌溉管理；澳大利亚水资源较丰富，一直以来探索着市场化取向的灌溉管理变革；欧盟面临区域水压力，探索了提高水生产率和水效率的管理。

根据前面的分析及以上结论，可以得到如下启示：

（1）中国农业粮食生产总体上应该提高灌溉率，而非采用不充足灌溉。一方面，整体上增加水资源投入，确实能增加中国整体粮食产量，因而提高灌溉率对中国粮食生产有利；另一方面，不充分灌溉虽然可以提高水的利用效率，但故意创造一个处方水的不充足，导致产量的下降（English et al., 1990）。产品喝水不足，产品的特性会改变。目前中国农业地区依然是粗放式供水和粗放式灌溉，农用水损失和浪费严重，水资源生产率不高。因此，中国提高灌溉率的本质是为农作物提供集约式饱和灌溉，全面提高灌溉水的生产率，全国范围内大力推广微灌系统，家庭农场可率先推行。

（2）水资源投入固然重要，但不能忽视粮食生产中其他资源的配合。事实上，省际除水资源投入可以标准化外，其他资源的投入均可标准化后进行比较，从中我们发现不同省份生产1标准单位粮食不仅投入的水有差异，而且农用物质、耕地、劳动等也存在差异。这说明，不仅水资源需要优化，其他资源与水资源的关系也应该得到优化，保证它们之间有一个最佳的投入比率。

（3）中国农业水资源管理应该在借鉴国外经验的基础上采用综合式灌溉管理模式。第一，管理重心的改变。逐步从过去以水电项目为导向的水资源开发供应管理，转向以水消费和利用的需求侧管理。第二，综合管理地表水与地下水。过去较重视江河湖泊地表水的治理，忽视地下水对农业灌溉的重要作用，致使地下水无序滥用、水位下降和水质下降。地表水和地下水需同步评估和监测，它们的相互替代性也需评估和监测。第三，灌溉参与主体拥有责、权。过去较重视行政性开闸放水补给农田，忽视用水主体保护和利用水的主观能动性，建立政府、水利部门、水行业协会、集体村组、农户等广泛参与的水资源参与式管理，并明确各行为主体的责、权。第四，水资源市场化趋势。水资源拥有公共产品属性，产权由国家和政府代管。鉴于水资源日益稀缺性，从长远来看，建立水资源流转市场，便于水资源实体或虚拟流动，用价格机制来保护水资源。第五，水资源生产率和水资源效率技术管理。一方面，保障相同水资源投入能生产更多更饱满的粮食，需缩小地区间水资源生产率的差异，需要在干旱地区推广抗旱作物，对农业人员进行科学教育培训，对有利的水资源生产率技术进行支持等；另一方面，在灌溉网络及渠道末端的水供应较为短缺（Khater et al., 2014），保障水资源到达田间地头的"最后一千米"灌溉至关重要。农田灌溉水流失也较为严重，最近一项评估总灌溉水渠水平的研究显示，每年作物仅利用了灌溉水供应的47%，其他水随着排水系统流失（El-Agha et al.，2011）。因而，重视供水渠道建立和修缮前提下，建立排水系统及回收利用排水也较为关键。

4.2 灌溉水资源利用效率、空间溢出与影响因素

4.2.1 引言

水土稀缺、人口增长和粮食吃紧是全人类可持续发展面临的严峻挑战。全球范围内，粮食作物灌溉用水消耗总水量的65%~70%，用占全球17%的农业用地，生产占全球40%的食物。我国农业消耗全国总水量的60%~65%，用占世界7%的耕地养活了占世界22%的人口。这预示全球范围内水、土、人口和粮食配比的不协调、不均衡的发展现象严重。当前，在耕地效率约束下，进一步提高水资源利用效率，能达到增效保粮、维护粮食安全及人口生计的目的。据此，开展粮食安全生产的水资源效率研究既可丰富水资源效率理论，又对指导粮食安全具有较重要的现实意义。

理论上，国际资源效率研究进展及其演化趋势反映水资源等战略稀缺资源日益受到学界关注；实践方面，欧盟水资源管理及共同农业政策的改革也将注重水资源生产率与水资源效率双层目标。国内外关于农业及粮食生产的水资源效率研究的具体脉络如下：

（1）MFA的水资源生产率研究。物质流分析（Material Flow Analysis，MFA）是定量测度经济系统运行中物质使用量的基本工具。Fischer首次基于经济学观点尝试国家层次的物质流分析。欧盟统计局2007年开始发布主要成员国的国家层次物质流分析数据。国内学者借鉴国外的国家物质流分析框架，并把物质流分析推演到区域物质流分析和省市物质流分析。陈效逑等（2003）、张天柱等（2004）、武春友等（2012）分别对社会经济系统的物质、化石燃料和煤炭进行了物质流分析及效率测算。黄和平（2006，2009）、鞠美庭等（2010）、钟若愚（2010，2014）基于物质流分析评价区域经济循环及可持续发展。Huang等分析中国常州地区物质投入产出时，用MFA方法分析水资源投入趋势及在农业中的利用情况。MFA的水资源生产率属于单要素生产率，效率直观且计算简单。

（2）SFA方法的全要素灌溉用水效率研究。借助随机前沿分析（Stochastic Frontier Analysis，SFA），Battese and Coelli建立了基于面板数据的随

机前沿函数，Kaneko 等（2004）建立了农业用水效率的随机前沿生产函数，并依据 Kopp（1981）“农业用水效率等于技术上可行的最小水资源使用量与实际使用量的比值”测定农业用水效率。王学渊（2008）依据 Battese and Coelli（1992，1995）的 SFA 方法，研究中国农业生产技术效率和灌溉用水效率。笔者（2015）对粮食生产蓝水利用效率的 SFA 研究表明，我国蓝水利用效率普遍较低，不同省份动态效率出现“高者愈高、低者欲低”的局面。SFA 的灌溉效率需建立适当生产函数模型，虽然考虑其他要素对水要素效率的影响但忽略了负产出，效率计算相对复杂。

（3）DEA 方法的全要素水资源效率研究。Charnes and Cooper 提出传统的评价决策单元相对效率的数据包络分析方法（Data Envelopment Analysis，DEA）。Tone（2003）提出基于非径向的包含非期望产出的 DEA 扩展模型。Ali 等（2014）基于 DEA 及 MALQUIST 全要素生产率指数，估计加拿大南部灌溉区域的水资源利用效率和生产率。Sun 等（2014）基于水足迹和灰水足迹的省际面板数据，结合期望产出和非期望产出的 DEA 模型与空间杜宾计量模型分析中国区域水资源利用效率及空间溢出效应。DEA 的全要素水资源效率考虑了负产出和水资源在内的所有要素对生产率的影响，效率计算较为复杂。

综上所述，现有文献缺乏针对粮食生产的水资源效率研究，尤其缺乏水资源效率细分及其比较的研究；尚未发现关乎粮食生产的水资源效率的空间溢出效应的研究。与以往不同的是，本书利用 MFA、SFA 和 DEA 方法对粮食生产过程中的水资源利用进行效率细分并对其进行综合实证比较研究。粮食生产灌溉的三层水资源效率丰富了水资源效率管理理论，对科学提出粮食安全生产的水资源管理对策具有重要意义。

4.2.2 研究方法与理论模型

4.2.2.1 MFA、SFA 与 DEA 方法

选取典型物质流的分析指标，包括物质输入指标（DMA）、物质输出指标（DPO）、污染排放指标（DPOI）和物质效率指标（MP）。其中，DMA、DPO、DPOI 和 MP 分别用直接物质投入量、生产过程排放量、污染排放强度和资源生产率衡量。以粮食生产用水为例，DMA 为粮食生产的水资源消耗量；DPO 为全国或地区的污水排放量；DPOI 为粮食生产的污水排放量与相应粮食产量的比值；MP 即水资源生产率，等于粮食产量与相应灌溉水资源消耗量的比值。

借鉴 Kaneko 等（2004）农业生产用水的随机生产前沿函数模型建立新模

型。则新模型式左边的 Y 表示粮食产量，右边的 K 表示农业机械总动力，L 表示劳动力投入量，P 表示农药投入量，F 表示化肥施用量，W 表示实际灌溉用水量，误差项被分解为随机效应误差项 V 和产品生产技术无效率项 U。假设出最小水资源量，此时 Kaneko 形式的用水效率生产前沿函数模型中不存在无效率项，最小水资源投入得到的有效的粮食产量与实际用水投入量对应得到的粮食产量理论上应该相等。依照实际用水的 Kaneko 模型式（含技术无效项）与最小可行用水的 Kaneko 模型式（不含技术无效项）相等即可计算出 Kopp（1981）定义的用水效率。

粮食安全生产的水资源利用效率是指单位水资源带来的经济、环境和生态效益。粮食生产的全要素水资源利用效率可用经济效率、环境效率和生态效率表示。

4.2.2.2 MORAN'I 指数检验

Moran'I 统计量是空间临近单元值的比较，如果临近单元具有相似的值，统计量指标存在正的空间自相关；如果临近单元具有非相似的值，统计量指标存在强的负相关。定义式为：

$$I = [n\sum_{i=1}^{n}\sum_{j=1}^{n}W_{ij}(x_i - \bar{x})(x_j - \bar{x})]/[\sum_{i=1}^{n}\sum_{j=1}^{n}W_{ij}\sum_{i=1}^{n}(x_i - \bar{x})^2] \tag{4-6}$$

其中，I 即为相关指数，x 为观察单元的值，$\bar{x}$ 为所有单元均值，W 为邻接矩阵，i 和 j 代表不同的单元。Moran'I 值的范围为（-1，1），如单元空间过程不相关，则 I 值接近于 0；I 取正、负值时，分别代表单元空间过程存在正、负相关。以上相关性的可采信用 Z-Score 判断，如果 Z 分值小于-1.96 或者大于 1.96，则相关性是可采信的，正相关表示分布状态为集聚，负相关表示分布状态为发散；Z 分值的其他值情况反映相关性不可采信，进而说明单元值是随机分布的。

4.2.2.3 面板数据模型

假设粮食生产的水资源效率影响因素的面板数据模型如下：

$$y_{it} = a_i + x_{it}\beta_i + \mu_{it},\quad i = 1,2,\cdots,30,\ t = 2004,\cdots,2013 \tag{4-7}$$

其中，y 代表水资源效率，x 代表需要检验的六个解释变量：第一产业产值比重、农业用水比重、人均用水量、水库总容量、有效灌溉面积和教育程度。在此，第一产业比重用第一产业产值与 GDP 的比值表示；农业用水比例采用农业用水量与总用水量的比值表示；人均用水量采用水资源拥有量与人口量的比值表示；水库总容量衡量地区的水利基础设施建设水平；地区教育程度用 6 岁及 6 岁以上的高中、大专以上人口占总人口比率衡量。

4.2.3 数据来源及处理

数据指标选取 2004—2013 年全国和 31 个省市区的劳动力、资本、农用物质、灌溉水吸收量、生态包袱和污染排放量。所有数据均来自《中国农村统计年鉴》《中国统计年鉴》《中国环境统计年鉴》和国家水利局网站。具体数据指标收集及处理如下：

（1）粮食产量和劳动力：包括由稻谷、小麦、玉米、大豆和薯类组成的粮食产量，劳动力人数用乡村从业人员中的第一产业就业人员数替代。

（2）资本和农用物质投入：主要指农田作业中投入及沉没的固定资产。农用物质投入量=农药投入量+化肥施用量。

（3）灌溉用水、吸收量与生态包袱：灌溉用水量约占农业用水总量的 90%，则灌溉用水量为粮食安全生产的最大用水量，灌溉用水量=农业用水量×90%。国外研究表明，农田灌溉用水最终被作物吸收的比率约为 47%，则灌溉水的 47%为真正的灌溉水利用量，灌溉用水的 53%没被粮食生产所用。依据魏茨舍克（Weizsaecker）提出的生态包袱概念，指人类为获得有用物质而获得的附加压力，视 53%的灌溉用水为生态包袱。则总灌溉水吸收量=农业用水×90%×47%，总生态包袱=农业用水×90%×53%。

（4）污染排放量：采用农业的化学需氧量和氨氮排放量之和表示。农业中化学需氧量排放量约占总排放量的 47.5%；氨氮排放量约占总排放量的 11.5%。则农业污染排放量为粮食安全生产的最大污染排放量，总污染排放量=化学需氧量×47.5%+氨氮排放量×11.5%。

4.2.4 实证结果分析

（1）全国范围内，水资源生产率上升、灌溉用水效率平稳，全要素水效率分异明显

在 MFA 框架下，粮食生产的水资源生产率稳步提高，污染强度稳步下降。表 4-5 显示，1 亿立方水资源消耗 2004 年最低可生产 14.55 万吨粮食，2013 年最低可生产 17.06 万吨粮食，十年的水资源生产率年均增长率为 1.73%。与此同时，粮食生产的污染排放强度呈倒 U 曲线形态，1 万吨粮食产出 2004 年排放 139 吨污染，2011 年达到峰值、排放 222 吨污染，之后每万吨粮食产量的排污量开始回落，十年的污染排放强度均值为 153.2 万吨/吨。

在 SFA 方法下，粮食生产灌溉用水效率改善不甚明显。表 4-5 显示，2004 年的灌溉用水技术效率值为 0.686，2009 年技术效率达到峰值为 0.724，

2013 年技术效率回落为 0.577，整体来看十年的灌溉用水效率在 60%的及格线上下徘徊。

表 4-5　　　　　　　　　　**全国层面的效率比较**

年份	MFA（考虑期望、非期望产出）		SFA（不考虑非期望产出）	DEA（考虑非期望产出）		
	MP 下限值（万吨/亿立方米）	DPOI 上限值（吨/万吨）	灌溉技术效率	经济效率	生态效率	环境效率
2004	14.55	139	0.686	1	0.848	1
2005	15.02	142	0.673	1	0.876	0.997
2006	15.10	139	0.680	1	0.881	0.994
2007	15.48	134	0.717	0.988	0.903	1
2008	16.04	121	0.668	1	0.935	0.971
2009	15.84	117	0.724	0.984	0.924	0.993
2010	16.46	110	0.689	0.988	0.960	0.992
2011	16.95	222	0.702	1	0.989	0.985
2012	16.88	209	0.697	0.989	0.984	0.978
2013	17.06	199	0.577	1	1	1
均值	15.94	153.2	0.681	0.995	0.93	0.991

数据来源：笔者根据相关资料计算。

在 DEA 方法下，粮食生产的全要素水资源效率从高到低排列依次是经济效率、环境效率和生态效率。表 4-5 显示，十年期间，粮食生产的经济效率为有效值 1 的年份有 6 年，平均效率值为 0.995；粮食生产的环境效率为有效值的年份仅有 3 年，平均效率为 0.991；粮食生产的生态效率为有效值的年份仅有 1 年，平均效率为 0.93。

（2）区域范围内，水资源效率分异明显，重点区域的水资源效率均处于较低水平

水资源生产率区域分异明显。表 4-6 显示，水资源生产率前三甲依次为西北、华南和华北，1 亿立方水耗依次生产的粮食量为 29.47 万吨、25.79 万吨和 24.81 万吨；水资源生产率较差的地区是西南和黄淮海地区，1 亿立方水耗的粮食产量仅为 6.41 万吨和 8.20 万吨。与此同时，粮食生产污染排放强度较低的地区依次为西北、东北和华南，1 万吨粮食产量的排污量依次为 106.06

吨、107.14 吨和 112.03 吨；粮食生产污染排放强度较高的地区为黄淮海和长江中下游地区，1 万吨粮食产量的排污量约为 418.82 吨和 375.75 吨。

灌溉效率区域分异也明显。表 4-6 显示，灌溉用水技术效率最高的地区是东北，其次是西南和黄淮海地区，效率分别是 0.833、0.674 和 0.696。灌溉用水技术效率较低的地区是东南和华南，效率分别为 0.393 和 0.271。灌溉效率最高区域约为灌溉效率最低区域效率值的 3 倍。

表 4-6　2013 年区域层面的效率比较

	MP 下限值（万吨/亿立方米）	DPOI 上限值（吨/万吨）	灌溉效率	经济效率	生态效率	环境效率
华北	24.81	249.23	0.509	0.908	0.903	1
东北	22.74	107.14	0.833	1	0.746	0.113
黄淮海	8.20	418.82	0.696	0.405	0.285	0.504
西北	29.47	106.06	0.569	1	1	0.024
东南	14.58	154.44	0.393	0.686	0.545	0.057
华南	25.79	112.03	0.271	0.989	0.826	0.210
西南	6.41	164.37	0.674	0.532	0.182	0.317
长江中下游	7.015	375.75	0.512	0.539	0.265	0.212

注：华北——北京、天津、山西；东北——内蒙古、辽宁、吉林、黑龙江；黄淮海——河北、河南、山东、安徽；西北——陕西、甘肃、青海、宁夏、新疆；东南——上海、浙江、福建；长江中下游地区——江苏、湖北、湖南、江西；华南——广东、广西、海南；西南——重庆、四川、贵州、云南、西藏。

全要素水资源效率区域差异也较大。表 4-6 显示，经济效率为有效值 1 的地区只有东北和西北；经济效率稍高的地区是华南和华北，效率值分别为 0.989 和 0.908；经济效率最低的地区是黄淮海、西南和长江中下游地区，效率值分别为 0.405、0.532 和 0.539。生态效率为有效值 1 的地区仅有西北；生态效率稍高的地区是华北和华南，效率值分别为 0.903 和 0.826；生态效率较差的地区是西南、长江中下游和黄淮海地区，效率值分别为 0.182、0.265 和 0.285。环境效率为有效值 1 的地区是华北；其他地区环境效率普遍较差，环境效率最差的地区是东南和西北，效率值分别为 0.057 和 0.024。

（3）空间范围内，水资源效率仅存在局部溢出效应，不存在全局溢出效应

从表 4-7 可以看出，2004 年除灌溉用水技术效率外，其他效率值空间分

布不存在全局自相关，空间效应表现为随机分布；仅 2004 年的灌溉用水技术效率空间分布全局自相关，空间效应表现为集聚。2013 年的全部水资源效率空间分布均不存在全局自相关，空间效应均表现为随机分布。则粮食生产的水资源效率不存在全局性空间溢出效应。

表 4-7　31 省市效率的全局自相关性检验

指标	2004			2013		
	Moran'I	Z score	敛散性	Moran'I	Z score	敛散性
生产率	0.092 3	0.538 7	随机分布	0.035 3	0.286 4	随机分布
污染强度	0.006 4	0.575 6	随机分布	0.181 6	0.925 2	随机分布
灌溉效率	0.604 4	2.620 3	集聚	0.068 3	0.418 8	随机分布
经济效率	0.002 9	0.149 0	随机分布	-0.100 3	0.096 4	随机分布
生态效率	0.085 1	0.504 9	随机分布	-0.041 8	-0.035 4	随机分布
环境效率	-0.036 6	-0.015 7	随机分布	-0.138 8	-0.471 4	随机分布

从图 4-3 可以看出，水资源生产率中山西、河南和贵州为高高集聚，西藏为低低集聚；水资源生产率污染排放强度中，北京和天津为高高集聚，河北为低高集聚；灌溉用水技术效率中，黑龙江为高高集聚，北京、天津和海南为低低集聚；全要素水资源经济效率中，黑龙江为低高集聚；全要素水资源生态效率中，新疆、西藏呈现过高低、低高和高高集聚，安徽和广东分别呈现过高低和低低集聚；全要素水资源环境效率中，西藏、新疆和宁夏均呈现出高高集聚，内蒙古呈现出高低集聚。

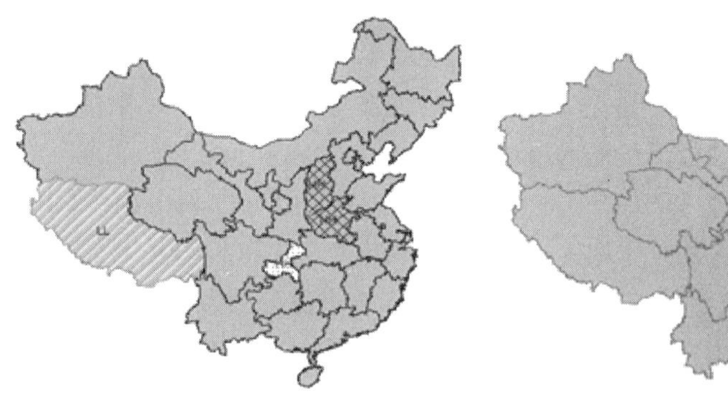

图 4-3(a)　生产率局部自相关　　　图 4-3(b)　污染强度局部自相关

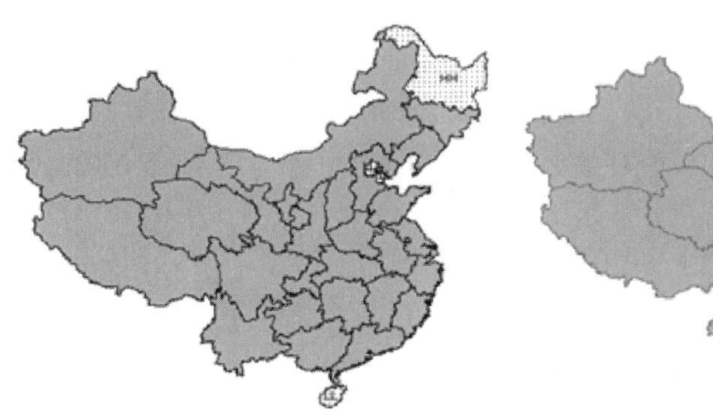

图 4-3(c)　灌溉效率局部自相关

图 4-3(d)　经济效率局部自相关

图 4-3(e)　生态效率局部自相关

图 4-3(f)　环境效率局部自相关

(4) 水资源效率影响因素中农业用水比例、人均用水量和教育水平为特殊影响因子

Hausman 检验显示，粮食生产的水资源生产率、灌溉用水效率和全要素水资源效率均适合用随机效应模型。表 4-8 显示，在水资源生产率影响因素中，农业用水通过 5%的显著水平检验，农业用水比例每增加 1%水资源生产率将下降约 26%，其他因素对水资源生产率的影响不显著。灌溉用水技术效率影响因素中，水利设施建设和农用水比重对经济效率产生负向影响，影响系数分别约为-0.000 1 和-0.433 4，分别通过 15%和 1%的显著性水平检验；农业产值比重、有效灌溉面积、人均用水量对经济效率产生正向影响，影响系数分别为 0.688 3、0.000 04 和 3.410 0，分别通过 1%、5%和 1%的显著性水平检验；教育水平对效率影响不显著。水利设施建设和农业用水对经济效率产生负向影响，系数分别为-0.000 1 和-0.433 6，分别通过 15%和 1%的显著性水平检验；农业产值比重、有效灌溉面积和人均用水量对经济效率产生正向影响，系数分

别为0.688 3、0.000 01和0.696 8，分别通过1%、5%和1%的显著性水平检验；教育对经济效率影响不显著。粮食生产全要素水资源效率中的生态效率，农业用水对效率产生负向影响，系数为-0.292 9，通过15%的显著性水平检验；教育水平和人均用水量对效率产生正向影响，系数分别为0.738 9和5.220 0，均通过1%的显著性水平检验；其余因素对生态效率影响不显著。粮食生产中的环境效率，有效灌溉面积对效率产生负向影响，人均用水量对效率产生正向影响，系数分别为-0.000 02和5.460 0，分别通过10%和1%的显著性水平检验；其他因素对环境效率影响不显著。

表4-8　　　　效率影响因素的估计结果

	水资源生产率	灌溉效率	经济效率	生态效率	环境效率
水利设施建设	-0.001 7 (0.005 9)	-0.000 1* (0.000 1)	-0.000 1* (0.000 1)	-0.001 0 (0.001)	-0.000 1 (0.000 1)
农业产值比重	9.242 0 (14.140 2)	0.687 8**** (0.203 4)	0.688 3**** (0.203 4)	0.080 3 (0.237 9)	-0.158 1 (0.162 6)
农业用水比例	-26.003 6*** (10.205 3)	-0.433 4**** (0.157 8)	-0.433 6**** (0.157 8)	-0.292 9* (0.179 3)	-0.143 8 (0.119 7)
有效灌溉面积	0.001 2 (0.001 2)	0.000 04*** (0.000 02)	0.000 01*** (0.000 01)	7.570 0 (0.000 1)	-0.000 02** (0.000 01)
教育水平	1.081 3 (11.457 2)	-0.086 8 (0.163 6)	-0.086 4 (0.000 1)	0.738 9**** (0.192 0)	0.126 8 (0.131 8)
人均用水量	-0.000 02 (0.000 1)	3.410 0**** (1.800)	0.696 8**** (0.107 6)	5.220 0**** (1.300)	5.460 0**** (8.460 0)

注：常数项略，括号里面的值表示标准误差。****、***、**和*分别表示1%、5%、10%和15%的显著性水平。

总体来看，农业用水比例对粮食生产的水资源效率均产生负向影响，人均用水量均对水资源效率产生正向影响，遏制农业用水比例和提高人均用水量将对水资源效率提高产生综合效应；水利设施建设对灌溉用水效率和经济效率已表现出微弱的负向影响，评估新建水利设施项目对粮食生产的影响大有必要。另外，教育水平提升能明显提高粮食生产用水的生态效率。

4.2.5　结论及政策建议

基于MFA、SFA和DEA方法的三层效率（水资源生产率、灌溉效率和全要素水资源效率）比较研究可以得到如下基本结论：

（1）全国范围内，粮食生产的水资源生产率稳步提高，污染强度稳步下降；灌溉效率改善欠缓慢；全要素水资源效率中的经济效率明显好于生态效率和环境效率。

（2）区域范围内，粮食生产的水资源效率分异明显。尤其是黄淮海、东南、西南和长江中下游地区，其水资源生产率、灌溉效率、经济效率、生态和环境效率均处于较低水平。

（3）空间范围内，不存在明显的灌溉水资源效率溢出效应。

（4）粮食生产过程中的人均用水量增加将显著拉升水资源三层效率，而农业用水比例增加是显著拉低三层效率，教育水平对水资源的生态效率有较明显的改善作用。

基于以上结论并借鉴西方经验可得到如下启示：

（1）水资源效率管理上，对三层效率需齐抓共管。水资源效率管理的三层目标是同步提升水资源生产率、灌溉效率和全要素水资源效率。借鉴西方管理经验，设定水资源三层效率量化标杆管理，编入农业补贴科目下，开设农业经营主体的水资源效率管理教育培训课程。

（2）重点突破上，抓住影响水资源效率的“牛尾巴”。粮食主产区在水土一定的条件下，产量会慢慢受到约束，今后粮食增产的可能区域主要来自于水资源效率较低的地区。黄淮海、东南、西南和长江中下游地区将是未来粮食产量提升的大有可为区域，它们的水资源效率提升将直接利于全国粮食产量的扩充。

（3）制度设计上，扫清水资源及其利用技术外溢的障碍。粮食生产的资源利用应依靠市场来优化配置，让资源的实体及虚拟形态能自由流动。同时，资源利用技术也应该在空间范围内扩散。具体到水资源而言，学习西方健全水产权、水市场、水价格机制等来配置水资源，并在全国水利项目中推广既有先进的微灌技术，如滴灌、喷灌、精准配方灌溉等。

（4）动态监测上，守住粮食生产水资源效率的“三条防线”。建立评估影响粮食安全的水资源效率指数，如人均水资源拥有量指数、农业用水指数、教育水平指数等。以上效率核心指数及波动，利于诊断水资源利用与粮食安全是否已达到了协调发展。

4.3 水资源相关热点问题的研究概述

4.3.1 水资源短缺成为热点和关注的议题

全球尤其欠发达国家的水资源短缺问题备受关注。世界卫生组织定义每人每天获得25~30公升的安全水，才能是获得安全饮用水（WHO，1995）。而全球淡水正在迈向物理性短缺，淡水资源将是国家、区域和本地的重要战略性竞争资源（Postel，1996；Turton and Ohlsson，1999；Gleick，2003；Niasse，2005），因此全球诸多地区的人们甚至缺乏安全的饮用水。众所周知，充足干净的水是减少贫困、疾病和提高穷人生活的最重要的资源（Reid and Vogel，2006；UN，2006）。除资源分布禀赋造成的区域物理性缺水外，人为性因素造成水短缺的现象日益突出。例如，许多国家水资源短缺是由公共政策通过补贴和低价格导致的过度用水所致（Postel，1996；UN，2006；Watkins，2006）。波斯纳给出这一水短缺的解决方法，认为应该在竞争者间建立产权和政策来分配水（Postel，1996）。

全球农业用水及短缺是水资源利用和管理的核心部分。水资源利用总量方面，Department of Water Resources（2009）指出农业灌溉每年抽取水8.1千亿立方米，占流域内90%的净水利用。水资源利用区域方面，传统农业区如印度、中国等农业用水皆缺乏。例如，Cai（2008）指出中国北方粮食产区尤其缺水。针对农业灌溉用水不足的症结，Zahraie and Hosseini（2009）指出灌溉水需求变化的关键是气候变量，这使灌溉水需求因气候多变而不确定性增强。对灌溉用水短缺的管理，Srdjevic et al.（2005）指出水短缺管理在不同的时期应呈现出不同的量级和重要性。

4.3.2 整合的水资源管理受到重视

早期整合的水资源管理（Integrated Water Resources Management，IWRM）思想已展露，如Zeitouni et al.（1997）认为相互联系的水层适合联合管理，独立水层适合单独管理。Conca（2006），Bakker and Morinville（2013）指出在过去的20多年中，整合的水资源管理占据了水管理论题，它作为一个主要的框架涉及国家和国家间的水治理和水政策。当然，整合的水资源管理存在僵化的趋势。例如，Merrey et al.（2005）从生计的角度检视了最近关于整合水资源管理的弱点。赋权穷人、减少贫穷、提高生计、促进经济增长本应是整合水资源管理的基本目标。但现在常关注第二代议题，如成本回收、水重新分配到高价值的使用者、环境保护。作者认为整合的水资源管理应该是，人类福利的提高尤其应减少贫困、鼓励好的生计和通过有效民主的发展平衡经济发展与水资源管理、并保存生态系统。比如水安全代表人认知水的推理方式，它更多地考虑人类价值、道德和权利；而水资源管理的思维，仅局限于大的学科背景和技术层面上做狭隘的解释。因此，整合水资源管理无论内容还是形式上的沉疴急需改进（Saravanan et al.，2009；Tremblay，2011；Baumgartner and Pahl，2013；Mukhtarov and Gerlak，2014）。

4.3.3 流域管理与水资源利用的研究较深入

流域管理是一种有效的工具。理论方面，Newson（1992）认为流域是一个复杂的系统，合并了自然、经济、人口和政治诸多因素。理论证明，流域管理对水资源利用控制、水污染控制、经济增长政策制定等均是有效的工具（Heathcote，1998；Liu et al.，2007）。实践方面，Comby et al.（2014）调查研究法国流域通过利益相关者的参与达到水资源去中心化管理的目标。欧盟国家中，丹麦的流域管理计划包括国家每个水体的概述、每个水体的环境目标、规划措施达到的目标（Danish Ministry of the Environment，2010；Law on Environmental Goals，2006）。Petersen et al.（2009）认为水框架指令的实施总的任务是流域管理计划的准备（96条欧盟流域区块），如在欧盟欧登塞流域，水框架指令计划的实施已经得到发展和检验，通过历史数据和模型工具的综合，该流域的相关条件和生态现状分类已经草拟。该流域用一个整合的成本效用分析，显示重建湿地、流域作物和减少脱盐标准是有效的措施，可以达到大量减少氮负担到水层环境的目标。另外，Yang et al.（2010）指出流域模型可以模拟流域面源污染情况。研究显示流域水文水质模型软件是一个合适的模型软件，在处理水污染中的面源污染时，可以引入到实施计划（Programme of Measures，PMs）中为欧盟水框架指令更好的服务。以上研究说明，国外流域管理的理论与实践成果丰富，流域管理中也伴随着新问题的出现，需针对性的应对及处理，以实现流域、生态和利益相关者的和谐发展。

4.3.3.1 涉及气候影响水资源的相关研究

气候变化中与能源、土地等自然资源的直接关联性较弱，而与水资源的关联性较强。Larsen（2011）强调气候改变是今天社会面临的风险之一。相关理论研究表明，气候变迁，伴随灌溉土地利用、水资源的失调管理和来自工业和城市化的水竞争，带来了干旱区域淡水资源短缺利用（Rayan et al.，2001；

Wada et al., 2010; Yamna, 2010; Shahid, 2011)。同时，气候改变对水系统的重要影响是增加了不确定性，加大了理性的水资源计划的复杂性，进而加速了社会经济边界条件的改变（Gleick, 1998; Pahl, 2007）。Bernstein et al.（2007）指出气候改变的影响包括海平面上升、冰雪覆盖下降、降雨量和极端事件的数量会改变、径流改变、洪水增加、可利用的水资源改变。实践方面，Linnerooth et al.（2014）探讨了主流气候改变对欧洲水和农业部门的挑战。IPCC（2012）曾指出欧洲多于1/3的气候关联灾害损失归因于洪涝和干旱，且随着社会经济因素和气候的改变，损失量有望增加。因此，European Commission（2013）说明欧盟适应策略特别强调共同农业政策和凝聚政策中气候防护的重要性。如德国的适应策略（Adaptation Strategy）和荷兰三角洲计划，均是典型的气候防护措施。同时，Næss et al.（2005）强调在应对气候改变需要国家和地区层面管理者的相互合作。另外，Keskinen et al.（2010）强调在应对气候长期变化中，基础设施在流域范围的累积效应将更加重要。以上研究表明，国际上已积累一定的气候变化的理论和经验，值得我国学习和借鉴。

4.3.3.2 水资源利用中负向环境污染的相关研究

现有研究关注水资源污染现象、原因和治理措施。第一，污染现象方面，European Commission（2002）指出流域受到的威胁持续增加，如过度开采地表和地下水，来自于点源和面源污染的污染水平上升。Lam et al.（2011）指出由于点源和面源污染导致水质量恶化。Campbell et al.（2004），Gaddis et al.（2007），Orr et al.（2007），Hessea et al.（2008）指出面源水污染（Diffuse Water Pollution, DWP）是许多国家水污染存在的最大的问题。Ferrier et al.（2004），Torrecilla et al.（2005），Silgram et al.（2008）指出面源污染（DWP）依然是欧盟水框架指令需求面临的主要威胁。Wang & Yang（2008）指出相比于点源污染，面源污染更加复杂和难于控制，在于它的源头的数量多且分散，很难追踪到它的路径。第二，污染原因方面，Donoso et al.（1999），Zalidis et al.（2002）指出各种农业活动（农药、化肥施用等）是导致地表和地下水退化的原因。第三，污染措施方面，Arabi et al.（2004）证实了最佳管理实践（Best Management Practices）的实施在控制和减轻面源污染上是常规做法。EU（2000）则根据水框架指令（WFD），考虑了污染付费原则（Polluter Pay Principle, PPP）。European Commission（2000, 2001, 2002）明确欧盟提案有保护环境的目标以应对污水排放的不利影响。Yang & Wang（2010）回顾相关文献，说明许多数量模型是根据欧盟水框架指令来估计和治理面源污染的。以上研究表明，水污染的议题及其产生的原因和应对措施都值得我们深入认识和付诸实施。

4.4 结论及启示

通过以上真实水资源利用及管理的相关研究，可以得到如下结论和有益启示：

（1）水资源对粮食生产的动态研究表明，水资源利用只具有当期效应，当年的水资源利用对往年和将来的水资源利用的效果没有明显影响，所以水资源利用问题应注意当下，水资源问题应该常抓不能松懈。同时，因为水资源利用能显著提升粮食产量，所以应该在水资源供给上做文章，保障粮食生产有较为充足的雨水或灌溉水进行浇灌。另外，所使用的水资源应该尽量做到清洁，避免灰水灌溉，在提高粮食产量的同时重在提高粮食的质量。

（2）水资源效率的比较研究和空间效率外溢等方面的研究表明，水资源的效率包括多个维度，水资源利用的经济效率高，不代表水资源生态效率、环境效率和技术效率高。因此，为了保持可持续的水资源利用及粮食安全，对水资源利用的效率应该抓多个维度，利用技术和先进管理，在保障水资源经济效率的同时，注重水资源生态效率和环境效率。值得注意的是，我国水资源效率（不论哪个效率）均不存在全域的空间溢出现象，说明各地的水资源利用效率各自为政，技术没有得到普及，相关实践经验没有得到外传，水资源管理制度也僵硬固化。因此，必须进行全国范围的水资源技术普及和经验交流、打通水资源及其利用技术地域流通的制度障碍，使水资源效率的空间外溢效果显现出来，从而反映该种资源利用的技术已取得相应的成熟度。

（3）水资源相联系的管理研究表明，水资源短缺议题应该受到全球各国的重视。水资源的点源和面源污染问题需要治理；整合的水资源管理利于社会、经济和人等各个方面；流域是更大范围的水资源管理，是水资源大系统的管理；气候变化影响水资源各个方面，进行水资源管理时需要考虑气候对其的影响。

5 基于粮食安全的虚拟水资源利用效率及预测

5.1 引言

农业用水名副其实成为我国水资源利用的主导。2004—2013 年，我国农业历年用水量均值为 3 702.93 亿立方米，约占全行业用水量的 62.66%。与此同时，我国是严重贫水的国家，人均拥有水资源量仅为世界平均水平的 1/4。我国作为贫水国，灌溉用水受限，必然对粮食产量形成较大压力。缓解水资源贫乏状态和确保粮食安全，需要我们转变资源利用观。

我国水资源短缺和利用效率低，虚拟水成为解决农业用水问题的有效途径（柯兵等，2004；马静等，2004；龙爱华等，2004）。虚拟水在地区范围内为土地及水利用规划提供了一种有用的工具（SCHENDEL et al.，2007）。虚拟水是指凝结在商品或服务中无差别的单元水，表示生产给定商品或服务所需水的数量（Allan，1998；Wilchens，2001；Chapagain & Hoekstra，2004）。粮食生产虚拟水是指生产粮食产品投入水的数量，粮食贸易虚拟水是指凝结在贸易粮食中虚拟水的数量。虚拟水贸易可缓解我国粮食紧平衡状态和水短缺状态。

我国粮食虚拟水贸易也不一定遵循比较优势原理。我国是典型的水资源贫乏国，中国农产品贸易整体上属于净虚拟水进口国（Andrew，2012），符合比较优势原理。但是，富水区域不一定有经济上的激励来生产粮食进行出口（Wichelns，2004；2010）。亚马逊有丰富的水，但土地较贫瘠，因而不可能成为粮食出口地区；足够的土地和较长的生产季节的地区，即使水资源贫乏，也可以成为农产品较低生产成本的出口者（DUCHIN，MORALES，2012）。我国区域和省际虚拟水贸易是否符合资源禀赋理论或比较优势原理值得探讨。

与以往不同的是，在分析我国粮食虚拟水状况上，实证分析粮食虚拟水贸易与粮食灌溉用水效率及其生态环境效率间的关系，以期明确虚拟水利用与真实水效率的关系。

5.2 中国粮食需求、虚拟水及其国际贸易的现状

5.2.1 中国粮食需求与虚拟水名义缺口量

中国省际粮食生产基本能自给，多数省份粮食自给率超过 100%。根据《中国经济周刊》估算中国粮食自给率的公式：粮食自给率=粮食产量/（常住人口×400 斤），得到如表 5-1 所示的省际粮食自给率。表 5-1 显示，2004—2012 年经济发达省份粮食自给率低于 100%，包括北京、天津、上海、浙江、广东和福建，原因在于这些省份有较高的人口规模和较低的粮食生产；余下 25 省的粮食自给率均超过 100%，粮食自给率最高的是黑龙江，历年自给率为 549.01%，自给率最低的海南省，历年自给率也有 107.12%，原因在于这些省份有相对较高的粮食产量和相对较低的人口规模；历年全国粮食自给率的均值区间为［176.48，217.31］，说明全国粮食生产自给有余，粮食富余省份有能力通过省际贸易补缺粮食短缺省份。

表 5-1　中国省际粮食自给率估算　单位:%

	2004	2005	2006	2007	2008	2009	2010	2011	2012	均值
北京	23.51	30.85	34.1	30.46	35.43	33.55	29.49	30.17	27.5	30.56
天津	59.96	65.92	66.74	66.01	63.31	63.63	61.46	59.7	57.25	62.66
河北	182.12	189.65	195.91	204.64	207.88	206.85	206.84	219.09	222.74	203.97
山西	159.22	145.75	159.01	148.41	150.69	137.42	151.8	166.02	176.42	154.97
内蒙古	314.57	345.86	352.97	372.75	435.97	403.08	436.5	481.02	507.73	405.6
辽宁	203.94	206.8	201.94	213.47	215.56	183.25	201.76	232.2	235.87	210.53
吉林	463.27	475.18	499.45	449.41	519.39	448.98	517.46	576.67	607.82	506.4
黑龙江	393.11	404.71	437.67	452.79	552.29	568.87	653.83	726.47	751.37	549.01
上海	28.96	27.88	28.33	26.46	27.02	27.53	25.71	25.99	25.71	27.07
江苏	188.03	186.78	198.63	202.78	204.55	206.79	205.55	209.39	212.91	201.71
浙江	84.76	81.62	87.15	70.67	74.4	74.8	70.75	71.54	70.28	76.22
安徽	220.22	212.85	234.1	237.12	246.4	250.36	258.57	262.69	274.64	244.11
福建	104.35	100.52	97.85	87.92	89.63	90.96	89.62	90.43	87.95	93.25

表5-1(续)

	2004	2005	2006	2007	2008	2009	2010	2011	2012	均值
江西	194.09	203.78	213.69	217.95	222.51	225.92	219.03	228.68	231.44	217.45
山东	191.54	211.8	217.47	221.46	226.21	227.89	226.1	229.65	232.91	220.56
河南	219.2	244.24	266.72	280.19	284.52	284.02	289.04	295.19	299.73	273.65
湖北	184.28	190.67	194.11	191.74	194.99	201.84	202.15	207.43	211.26	197.61
湖南	197.07	211.71	213.36	211.82	219.83	226.56	216.7	222.83	226.43	216.26
广东	76.28	75.86	73.48	66.5	62.84	64.88	63.04	64.78	65.9	68.17
广西	143.03	159.58	155.03	146.46	144.8	150.66	153.18	153.92	158.58	151.69
海南	116.2	92.39	111	105.03	107.44	108.56	103.85	107.14	112.46	107.12
重庆	204.86	208.76	162.13	193.18	203.1	198.88	200.39	193.03	193.29	195.29
四川	194.48	195.51	177.1	186.23	192.92	195.15	200.31	204.45	205.24	194.6
贵州	147.23	154.44	152.14	151.56	161.01	165.15	159.86	126.4	154.92	152.52
云南	170.95	170.21	172.01	161.8	167.14	172.49	166.36	180.7	187.71	172.15
西藏	173.91	166.79	162.11	162.46	162.67	152.87	152	154.47	154.06	160.15
陕西	141.26	141.32	146.92	143.98	149.42	151.8	155.93	159.61	165.88	150.68
甘肃	158.53	164.41	158.65	161.68	174.16	177.34	187.17	197.84	215.22	177.22
青海	82.1	85.91	80.57	96.2	91.88	92.14	90.51	90.99	88.57	88.76
宁夏	247.02	251.51	257.37	265.16	266.34	272.47	281.61	280.71	289.8	268
新疆	202.88	218.06	220.05	206.92	218.32	266.84	267.88	277.24	285.04	240.36
总平均	176.48	181.33	184.77	184.94	195.89	194.57	201.43	210.53	217.31	—

数据来源：笔者根据相关资料计算。

中国省际粮食供需差异引致虚拟水利用的盈余和亏损，虚拟水整体利用存在净富余。因省际粮食生产自给率的不同，粮食自给有余的省份出现虚拟水的盈余，粮食自给不足的省份出现虚拟水的亏损。按 1 千克粮食约含 1 000 公升水，虚拟水缺口量=粮食产量×(粮食自给率-1)×1 立方米，可得省际粮食生产的虚拟水盈亏量。表 5-2 显示，2004—2012 年，粮食自给不足的省份，如北京、天津、上海、浙江、广东和福建的年虚拟水缺口量分别为 7.5 亿立方米、5.57 亿立方米、8.37 亿立方米、18.65 亿立方米、4.41 亿立方米和 42.56 亿立方米；粮食自给富余的省份存在虚拟水利用盈余，其中虚拟水盈余最大的省份为黑龙江，年虚拟水富余量为 2 016.03 亿立方米，虚拟水盈余最小的省份海南，年虚拟水富余量也有 1.37 亿立方米。历年全国虚拟水盈亏量的均值区间为［172.9，388.41］，且盈余量随时间推后有增加的趋势。这说明全国粮食生产总的虚拟水利用富足，虚拟水富余的省份完全有能力通过省际贸易出口粮食及虚拟水对其他水资源利用及粮食生产不足的省份进行补缺。

表 5-2　　　　中国省际粮食需求中的虚拟水盈亏估算　　　单位：亿立方米

	2004	2005	2007	2008	2009	2010	2011	2012	省均值
北京	-5.37	-6.56	-7.1	-8.1	-8.29	-8.16	-8.51	-8.25	-7.5
天津	-4.92	-4.69	-5	-5.46	-5.68	-6.15	-6.52	-6.92	-5.57
河北	203.67	232.96	297.35	313.48	310.95	317.95	377.82	398.49	301.32
山西	62.89	44.74	48.75	52.11	35.25	56.21	78.76	97.37	59.94
内蒙古	322.99	408.67	493.87	716.05	600.61	726.23	909.69	1 030.95	626.71
辽宁	178.78	186.45	208.22	214.98	132.45	179.65	269.09	281.32	202.98
吉林	911.81	968.41	857.38	1 191.07	858.49	1 186.63	1 511.52	1 697.64	1 141.05
黑龙江	879.62	942.16	1 221.68	1 910.93	2 040.99	2 776.24	3 489.81	3 752.87	2 016.03
上海	-7.55	-7.6	-8.03	-8.44	-8.82	-8.8	-9.03	-9.09	-8.37
江苏	249.05	245.99	321.93	332	344.94	341.46	361.84	380.79	319.77
浙江	-12.72	-14.97	-21.37	-19.86	-19.89	-22.54	-22.24	-22.88	-18.65
安徽	329.76	294.01	397.84	442.61	461.59	488.47	510.11	574.41	431.38
福建	3.2	0.37	-7.67	-6.76	-6.03	-6.87	-6.44	-7.94	-4.41
江西	156.47	182.34	224.58	239.89	252.17	232.67	264.15	274.03	226.35
山东	321.92	437.97	503.91	537.72	552.01	546.73	573.87	599.61	505.48
河南	507.79	660.91	945.13	990.04	991.68	1 027.83	1 081.84	1 126.2	907.41
湖北	177	197.42	200.49	211.56	235.16	236.56	256.6	271.67	221.61
湖南	256.26	299.23	301.04	336.12	367.37	332.3	361.05	380.11	326.69
广东	-32.97	-33.68	-43.04	-46.2	-46.17	-48.66	-47.93	-47.61	-42.56
广西	60.18	88.61	64.89	62.48	74.13	75.11	77.1	86.99	74.45
海南	3.08	-1.16	0.89	1.37	1.61	0.69	1.34	2.49	1.37
重庆	120.01	127.05	101.38	118.89	112.45	116.06	104.84	106.21	107.05
四川	297.3	306.69	261.02	291.77	303.97	323.29	343.81	348.87	299.98
贵州	54.3	62.72	56.76	70.65	76.11	66.58	23.15	59.29	58.68
云南	107.1	106.36	90.27	101.96	114.31	101.6	135.06	153.41	113.46
西藏	7.1	6.24	5.86	5.95	4.78	4.74	5.1	5.13	5.63
陕西	42.91	43.1	46.97	54.91	58.61	65.15	71.22	82.03	57.32
甘肃	47.16	53.9	50.82	65.89	70.09	83.54	99.27	127.86	71.77
青海	-1.58	-1.31	-0.4	-0.83	-0.81	-0.97	-0.93	-1.16	-1.08
宁夏	42.71	45.42	53.43	54.76	58.76	64.74	64.87	71.18	56.09
新疆	81.94	103.49	92.7	110.1	192.2	196.54	217.07	235.56	148.66
总平均	172.9	192.75	217.89	268.76	263.06	304.67	357.66	388.41	—

数据来源：笔者根据相关资料计算。

中国区域粮食供需差异引致区域虚拟水利用差异较大，整体虚拟水利用存在富余。表 5-3 显示，2004—2012 年，中国八大区域粮食生产的虚拟水利用中，除东南地区粮食供需出现缺口导致虚拟水利用缺口外，其他区域虚拟水利用富余。其中，区域粮食供需中东南地区历年的虚拟水缺口量为 31.42 亿立方米。区域粮食供需中虚拟水富余最大的地区为东北，年富余量为 3 986.76 亿立方米；其次是黄淮海地区和长江中下游地区，虚拟水年富余量分别为 2 145.6 亿立方米和 1 094.42 亿立方米；虚拟水些许富余的地区有西南和西北，年虚拟水富余量分别为 584.79 亿立方米和 332.76 亿立方米；虚拟水略微富余的地区有华北和华南，年虚拟水富余量分别为 46.86 亿立方米和 33.26 亿立方米。从区域虚拟水利用及粮食安全来看，应重点加大东南沿海地区的粮食供应和虚拟水补给。

表 5-3　　**中国八大区域粮食需求中的虚拟水缺口量**　　单位：亿立方米

	2004	2005	2006	2007	2008	2009	2010	2011	2012	均值
华北	52.6	33.49	51.37	36.65	38.55	21.28	41.9	63.73	82.2	46.86
东北	2 293.2	2 505.69	2 823.62	2 781.15	4 033.03	3 632.54	4 868.75	6 180.11	6 762.78	3 986.76
黄淮海	1 363.14	1 625.85	1 953.73	2 144.23	2 283.85	2 316.23	2 380.98	2 543.64	2 698.71	2 145.6
西北	213.14	244.6	253.92	243.52	284.83	378.85	409	451.5	515.47	332.76
东南	-17.07	-22.2	-20.85	-37.07	-35.06	-34.74	-38.21	-37.71	-39.91	-31.42
长江中下游	838.78	924.98	1 025.57	1 048.04	1 119.57	1 199.64	1 142.99	1 243.64	1 306.6	1 094.42
华南	30.29	53.77	45.76	22.74	17.65	29.57	27.14	30.51	41.87	33.26
西南	585.81	609.06	454.98	515.29	589.22	611.62	612.27	611.96	672.91	584.79

注：华北——北京、天津、山西；东北——内蒙古、辽宁、吉林、黑龙江；黄淮海——河北、河南、山东、安徽；西北——陕西、甘肃、青海、宁夏、新疆；东南——上海、浙江、福建；长江中下游地区——江苏、湖北、湖南、江西；华南——广东、广西、海南；西南——重庆、四川、贵州、云南、西藏。

5.2.2　国内主要粮食产品虚拟水消耗结构

国内粮食产品主要包括稻谷、小麦、玉米、大豆和薯类，它们消耗的虚拟水有结构性差异。马静等（2006）指出南北方和全国的粮食作物虚拟水含量参数：其中，粮食虚拟水=1 立方米/千克；谷物=0.9 立方米/千克；豆类=3 立方米/千克；薯类=0.9 立方米/千克。柯兵等（2004）指出：1 千克干小麦=1 立方米水；1 千克水稻=2 千克水；1 千克玉米=1 千克水。据此估算出省际生产各类粮食产品的虚拟水消耗量。

表5-4显示，省际和全国粮食产品的虚拟水消耗的量存在较大差异。2004—2012年，总粮食产品的虚拟水消耗中，消耗量最大的省份前四名为黑龙江、江苏、福建和四川，年均虚拟水消耗量为680.18亿立方米、491.57亿立方米、458.25亿立方米和458.25亿立方米；虚拟水消耗量最小的省份包括北京、天津、广东、青海和河南，总虚拟水消耗量分别为11.17亿立方米、16.41亿立方米、7.54亿立方米、7.54亿立方米和2.98亿立方米。2004—2012年，全国分粮食产品的虚拟水消耗中，稻谷的虚拟水耗量最大，其次是玉米和小麦。其中，稻谷、小麦、玉米、大豆和薯类的年均虚拟水消耗量分别为2 261.22亿立方米、605.86亿立方米、1 471.7亿立方米、380.28亿立方米和321.72亿立方米。

表5-4　2004—2012年省际各类粮食生产年均虚拟水消耗量估算

单位：亿立方米

	北京	天津	河北	山西	内蒙古	辽宁	吉林	黑龙江	上海	江苏	新疆
稻谷	0.06	2.24	10.82	0.12	13.42	94.06	104.71	312.1	17.74	357.35	10.76
小麦	2.73	5.08	120.48	23.42	15.83	0.54	0.18	9.01	1.67	92.12	48.28
玉米	7.68	8.39	141.77	71.08	132.17	117.87	202.33	180.86	0.26	20.89	42.98
大豆	0.53	0.66	10.58	6.59	35.52	11.12	28.69	169.53	0.39	16.99	6.22
薯类	0.17	0.04	8.82	4.07	15.97	4.41	4.51	8.68	0.06	4.22	1.47
总和	11.17	16.41	292.47	105.28	212.91	228	340.42	680.18	20.12	491.57	109.71
	浙江	安徽	福建	江西	山东	河南	湖北	湖南	广东	广西	—
稻谷	28.17	98.99	297.2	86.96	126.97	0.11	16.76	0.69	0	13.07	—
小麦	0	5.89	43.29	5.37	9.15	2.54	40.02	25.93	4.08	6.99	—
玉米	0.76	23.96	62.27	35.25	53.44	0.22	49.6	31.7	0.59	14.92	—
大豆	0.26	4.93	14.7	4.28	6.77	0.04	10.86	4.51	0	0.38	—
薯类	2.9	24.54	40.79	19.07	16.15	0.07	6.73	18.15	2.87	3.38	—
总和	32.09	158.31	458.25	150.93	212.48	2.98	123.97	80.98	7.54	38.74	—
	海南	重庆	四川	贵州	云南	西藏	陕西	甘肃	青海	宁夏	全国
稻谷	28.17	98.99	297.2	86.96	126.97	0.11	16.76	0.69	0	13.07	2 261.22
小麦	0	5.89	43.29	5.37	9.15	2.54	40.02	25.93	4.08	6.99	605.86
玉米	0.76	23.96	62.27	35.25	53.44	0.22	49.6	31.7	0.59	14.92	1 471.7
大豆	0.26	4.93	14.7	4.28	6.77	0.04	10.86	4.51	0	0.38	380.28
薯类	2.9	24.54	40.79	19.07	16.15	0.07	6.73	18.15	2.87	3.38	321.72
总和	32.09	158.31	458.25	150.93	212.48	2.98	123.97	80.98	7.54	38.74	—

数据来源：笔者根据相关资料计算。

不同省份的粮食生产虚拟水消耗结构差异较大。表5-5显示，2004—2012年不同省份的各类粮食产品的消耗结构比率。从中挑选几个典型省份分析：黑龙江的虚拟水消耗集中于稻谷、大豆和玉米，分别占总虚拟水消耗的45.57%、26.08%和25.7%；湖北和湖南的虚拟水消耗主要是稻谷，分别占总虚拟水消耗的81.19%、93.14%；四川、贵州和云南的虚拟水消耗集中于稻谷和玉米，虚拟水消耗占比分别为64.86%和13.56%、57.47%和23.31%、59.84%和25.05%；青海的虚拟水消耗主要是小麦和薯类，占比分别为54.53%、38.12%；西藏的虚拟水主要集中在小麦，占比为85.19%。

表5-5　2004—2012年省际年均生产各类粮食的虚拟水消耗占比估算　单位：%

	北京	天津	河北	山西	内蒙古	辽宁	吉林	黑龙江	上海	江苏	—
稻谷	0.58	13.69	3.71	0.12	6.35	41.3	30.77	45.57	88.21	72.77	—
小麦	24.49	30.91	41.24	22.3	7.48	0.24	0.05	1.37	8.22	18.65	—
玉米	68.25	50.99	48.32	67.3	61.63	51.61	59.26	25.7	1.29	4.25	—
大豆	5.06	4.14	3.69	6.35	16.9	4.92	8.59	26.08	1.97	3.46	—
薯类	1.62	0.27	3.03	3.93	7.64	1.93	1.32	1.28	0.31	0.87	—
	浙江	安徽	福建	江西	山东	河南	湖北	湖南	广东	广西	—
稻谷	90.27	60	85.51	96.81	4.82	15.21	81.19	93.14	89	87.17	—
小麦	1.58	23.84	0.11	0.06	45.31	51.31	7.8	0.18	0.03	0.03	—
玉米	1.25	6.95	1.19	0.2	42.34	26.54	6	2.84	2.78	8.26	—
大豆	4.01	7.63	3.85	1.55	3.42	4.34	2.37	1.61	1.93	2.45	—
薯类	2.89	1.57	9.34	1.37	0.04	2.59	2.65	2.23	6.25	2.09	—
	海南	重庆	四川	贵州	云南	西藏	陕西	甘肃	青海	宁夏	新疆
稻谷	87.72	62.47	64.86	57.47	59.84	3.8	13.56	0.88	0	33.75	9.96
小麦	0	3.78	9.47	3.58	4.32	85.19	32.34	4.41	54.53	18.29	43.65
玉米	2.36	15.17	13.56	23.31	25.05	7.39	39.96	4.16	7.35	38.29	39.35
大豆	0.82	3.11	3.2	2.79	3.17	1.23	8.72	0.71	0	0.99	5.71
薯类	9.1	15.48	8.91	12.85	7.61	2.39	0.14	2.6	38.12	8.68	1.33

不同区域的粮食生产虚拟水结构也存在差异。表5-6显示，东南、长江中下游和华南的虚拟水消耗主要集中在稻谷，消耗比率分别为88%、85.98%、87.96%；西南的虚拟水耗主要集中在稻谷、小麦和玉米，消耗比率分别为49.69%、21.27%、16.9%；华北和西北的虚拟水耗集中在小麦、玉米，消耗

比率分别为 25.9%、62.18%和 30.64%、25.82%；东北的虚拟水耗主要是玉米和稻谷，分别占比为 49.55%和 31%；黄淮海的虚拟水耗主要集中在小麦和玉米，分别占比为 40.43%和 31.04%。各区域主要粮食生产总虚拟水消耗中，虚拟水消耗量最大的是西南地区，年均消耗量为 500 亿立方米；虚拟水消耗较低的地区包括华北、华南和东南地区，均年虚拟水消耗量均约为 300 亿立方米；其他区域年均虚拟水消耗量均接近 400 亿立方米。

表 5-6 2004—2012 年八大区域各粮食生产虚拟水消耗结构占比估算 单位:%

	华北	东北	黄淮海	西北	东南	长江中下游	华南	西南
稻谷	4.8	31	20.94	11.63	88	85.98	87.96	49.69
小麦	25.9	2.29	40.43	30.64	3.3	6.67	0.02	21.27
玉米	62.18	49.55	31.04	25.82	1.24	3.32	4.47	16.9
大豆	5.18	14.12	4.77	3.23	3.28	2.25	1.73	2.7
薯类	1.94	3.04	1.81	10.17	4.18	1.78	5.81	9.45
年均虚拟水总消耗（亿立方米）	300	399.99	395.9	407.48	300	400	299.99	500

5.2.3 粮食虚拟水对外进出口贸易

加入世贸组织以来，我国一直是粮食净进口国，粮食进口量逐年增大，粮食对外依存度逐年增加，虚拟水进口也呈逐年增加趋势。表 5-7 显示，我国粮食进口量由 2004 年的 2 298 万吨增加到 2012 年的 8 025 万吨，进口量增加约 4 倍。与此同时，我国粮食出口量呈减少趋势，2004 年出口量为 514 万吨，2007 年高位出口到 1 118 万吨，以后出口逐年递减，2012 年出口已缩减到 277 万吨；总体看来，计算粮食进出口净额，我国一直是粮食净进口国，进口量由 2004 年的 1 784 万吨持续增加到 2012 年的 7 748 万吨，年均进口增幅为 38.14%。与净进口量增加相对应的是，我国粮食对外依存度逐年提高，粮食对外依存度=净进口量/总需求量，总需求量按每年每人消耗 400 斤粮食核算，2004 年我国粮食对外依存度约为 7%，2012 年我国粮食对外依存度已达到 28.14%，粮食对外依存度显示有进一步增大的趋势。粮食净出口反映到我国虚拟水的利用中，2004—2012 年我国虚拟水一直处于净进口状态，2004 年虚拟水进口量为 178.4 亿立方米，2012 年虚拟水进口量为 774.8 亿立方米，9 年虚拟水进口量增加约 4 倍。

表 5-7　　中国粮食及虚拟水实际对外贸易量　　单位：万吨

	2004	2005	2006	2007	2008	2009	2010	2011	2012
全国粮食进口	2 298	3 286	3 186	3 237	4 131	5 223	6 695	6 102.8	8 025
全国粮食出口	514	1 141	723	1 118	379	329	275	287.5	277
全国粮食净进口	1 784	2 145	2 463	2 119	3 752	4 894	6 420	5 815.3	7 748
粮食对外依存度(%)	6.91	8.34	9.51	8.13	14.27	18.48	24.07	21.69	28.74
全国净进口虚拟水（亿立方米）	178.4	214.5	246.3	211.9	375.2	489.4	642	581.53	774.8

数据来源：笔者根据相关资料计算。

虚拟水进口量和结构存在差异。表 5-8 显示，2004—2012 年全国年均虚拟水进口的主要产品是大豆，年均净进口量为 1 169.07 亿立方米，小麦和玉米的虚拟水进口量仅为 20.71 亿立方米、14.59 亿立方米，虚拟水进口量最小的产品是玉米，年均进口量为 9.75 亿立方米。选取典型省份的虚拟水进口量考察发现，大多数省份虚拟水进口主角为大豆，其中山东大豆的年虚拟水进口量最大，为 238.79 亿立方米。内蒙古虚拟水贸易中仅有大米，年均进口量为 0.01 亿立方米，反映在结构上则虚拟水消耗中大米占 100%（见表 5-9）；山西和陕西的虚拟水贸易中仅有大豆，年均虚拟水进口量分别为 2.6 亿立方米和 4.76 亿立方米，同样反映在虚拟水消耗结构上则均为大豆占比为 100%（见表 5-9）；宁夏无粮食虚拟水进口贸易。另外，各省的不同粮食产品的年均虚拟水消耗占比见表 5-9。此外，2004—2012 年各省份粮食总虚拟水年均进口中，江苏省虚拟水进口量最大，为 229.33 亿立方米，其次是山东、广东和广西，年虚拟水进口量分别为 241.03 亿立方米、196.38 亿立方米和 100.48 亿立方米。

表 5-8　　2004—2012 年省际各粮食产品年均虚拟水进口量

单位：亿立方米

	北京	天津	河北	山西	内蒙古	辽宁	吉林	黑龙江	上海	江苏	新疆
大米	1.65	0.09	0.01	0	0.01	0.05	0	0	0.08	0.32	0
小麦	5.11	0.22	0.72	0	0	1.53	0.04	0.01	0.13	1.9	0.02
玉米	0.55	0.04	0	0	0	0.21	0	0	0.95	0.98	0
大豆	9.57	52.42	74.42	2.6	0	69.9	13	0.56	13.71	226.13	0.3
总进口	16.88	52.77	75.15	2.6	0.01	71.69	13.04	0.57	14.87	229.33	0.32

表5-8(续)

	浙江	安徽	福建	江西	山东	河南	湖北	湖南	广东	广西	—
大米	0.24	0.04	0.96	0.01	0.03	0.01	0.01	0.1	10.02	0.21	—
小麦	0.87	0.01	0.6	0	1.31	0.04	0	0	7.71	0.25	—
玉米	0.39	0.08	0.67	0.12	0.9	0.02	0.01	0.1	3.15	0.41	—
大豆	53.13	1.54	76.5	1.24	238.79	29.52	3.3	1.03	175.5	99.61	—
总进口	54.63	1.67	78.73	1.37	241.03	29.59	3.32	1.23	196.38	100.48	—
	海南	重庆	四川	贵州	云南	西藏	陕西	甘肃	青海	宁夏	全国
大米	0.1	0.01	0.01	0	0.53	0.07	0	0	0.03	0	14.59
小麦	0.01	0	0	0	0	0.01	0	0.22	0	0	20.71
玉米	0.11	0.13	0.36	0.11	0.42	0	0	0	0.04	0	9.75
大豆	0	13.74	7.46	0	0.34	0	4.76	0	0	0	1 169.07
总进口	0.22	13.88	7.83	0.11	1.29	0.08	4.76	0.22	0.07	0	—

数据来源：笔者根据相关资料计算。

表5-9　　2004—2012年省际各粮食产品年均虚拟水进口占比　　单位:%

	北京	天津	河北	山西	内蒙古	辽宁	吉林	黑龙江	上海	江苏	新疆
大米	9.77	0.17	0.01	0	100	0.07	0	0	0.54	0.14	0
小麦	30.27	0.42	0.96	0	0	2.13	0.31	1.75	0.87	0.83	6.25
玉米	3.26	0.08	0	0	0	0.29	0	0	6.39	0.43	0
大豆	56.69	99.34	99.03	100	0	97.5	99.69	98.25	92.2	98.6	93.75
	浙江	安徽	福建	江西	山东	河南	湖北	湖南	广东	广西	—
大米	0.44	2.4	1.22	0.73	0.01	0.03	0.3	8.13	5.1	0.21	—
小麦	1.59	0.6	0.76	0	0.54	0.14	0	0	3.93	0.25	—
玉米	0.71	4.79	0.85	8.76	0.37	0.07	0.3	8.13	1.6	0.41	—
大豆	97.25	92.22	97.17	90.51	99.07	99.76	99.4	83.74	89.37	99.13	—
	海南	重庆	四川	贵州	云南	西藏	陕西	甘肃	青海	宁夏	—
大米	45.45	0.07	0.13	0	41.09	87.5	0	0	42.86	0	—
小麦	4.55	0	0	0	0	12.5	0	100	0	0	—
玉米	50	0.94	4.6	100	32.56	0	0	0	57.14	0	—
大豆	0	98.99	95.27	0	26.36	0	100	0	0	0	—

数据来源：笔者根据相关资料计算。

中国八大区域虚拟水进口结构表现出一定特点。表 5-10 显示，八大区域虚拟水进口中大豆占绝对优势，各区域大豆虚拟水消耗比重区间基本在 90%和 100%之间。尽管各区域大豆虚拟水占比接近，但各区总的虚拟水进口量差距较大，虚拟水进口量最大的区域为黄淮海地区，年进口额为 347.44 亿立方米；其次为华南和长江中下游地区，虚拟水年均进口量分别为 297.08 亿立方米和 235.25 亿立方米；虚拟水进口最弱的地方为西北地区，年均进口量为 5.37 亿立方米。

表 5-10　2004—2012 年八大区域各粮食产品虚拟水进口结构占比　　单位:%

	华北	东北	黄淮海	西北	东南	长江中下游地区	华南	西南
大米	2.41	0.07	0.03	0.56	0.86	0.19	3.48	2.67
小麦	7.38	1.85	0.6	4.47	1.08	0.81	2.68	0.04
玉米	0.82	0.25	0.29	0.74	1.36	0.51	1.24	4.4
大豆	89.4	97.83	99.09	94.23	96.7	98.49	92.6	92.88
总进口量（亿立方米）	72.25	85.31	347.44	5.37	148.23	235.25	297.08	23.19

数据来源：笔者根据相关资料计算。

中国粮食的虚拟水出口结构表现出一定特点。表 5-11 显示，2004—2012 年，总粮食出口中，虚拟水出口量最多的省份为山东、江苏、广东和广西，年均出口量分别为 241.03 亿立方米、229.33 亿立方米、196.38 亿立方米和 100.48 亿立方米；其他省份的虚拟水出口量较小，如内蒙古虚拟水出口中仅有大米，贵州虚拟水出口中仅有玉米，甘肃虚拟水出口中仅有小麦，它们的虚拟水出口量较小，分别为 0.01 亿立方米、0.11 亿立方米和 0.22 亿立方米，但从消耗比率来看，单一的粮食产品出口的虚拟水出口比率均为 100%（见表 5-12）。另外，青海虚拟水出口量较小为 0.07 亿立方米，宁夏虚拟水出口量为 0；其他省份不同粮食产品出口的虚拟水占比见表 5-12。值得注意的是，2004—2012 年，粮食产品虚拟水出口中，大豆虚拟水出口占绝对优势，出口量为 1 169.07 亿立方米，大米、小麦和玉米的虚拟水出口量均较小，出口量分别为 14.59 亿立方米、20.71 亿立方米和 9.75 亿立方米。

中国八大区域粮食产品出口中虚拟水表现出不同的量和结构。表 5-13 显示，华北、西南、西北和长江中下游地区出口虚拟水的主要载体是大豆和大米，本区两者虚拟水占比分别接近总虚拟水出口量的 93%、96%、96%和 98%；东北虚拟水出口以大豆、大米和小麦为主，三者虚拟水出口量接近总出口量的95%；黄淮海、东南和华南地区虚拟水出口以大豆为主，虚拟水出口量分别占总出口量的94.09%、97.67%和89.64%。八大区域虚拟水出口量存在差异，粮食虚拟水出口量最大的地区为东北地区，其次是黄淮海和华南地区，分别为67.51亿立方米、59.06亿立方米、44.08亿立方米；虚拟水出口量较小的地区为西北和西南，年均出口量分别为1.4、3.5亿立方米。

表5-11　　2004—2012年省际各粮食产品虚拟水出口量　　单位：亿立方米

	北京	天津	河北	山西	内蒙古	辽宁	吉林	黑龙江	上海	江苏	新疆
大米	1.66	0.01	0.03	0.02	0.13	2.31	2.15	10.81	0.07	0.52	0.39
小麦	0.3	0.11	0.33	0	0.17	0.22	0.08	3.26	0.04	0.77	0.01
玉米	0.45	0.01	0.44	0.06	2.68	3.53	12.92	1.94	0.01	0	0
大豆	0.34	10.04	11.5	0.61	0.15	17.23	4.69	5.24	2.41	32.37	0
总出口	2.75	10.17	12.3	0.69	3.13	23.29	19.84	21.25	2.53	33.66	0.4
	浙江	安徽	福建	江西	山东	河南	湖北	湖南	广东	广西	—
大米	0.04	0.54	0.1	3.15	0.01	0	0.12	0.04	1.17	0.06	—
小麦	0.07	0.46	0.04	0	1.14	0.22	0	0	2.31	0.02	—
玉米	0	0	0.15	0	0.32	0	0	0	1.08	0	—
大豆	7.41	0.19	11.93	0.03	39.26	4.62	0.27	0	25.14	15.02	—
总出口	7.52	1.19	12.22	3.18	40.73	4.84	0.39	0.04	29.7	15.1	—
	海南	重庆	四川	贵州	云南	西藏	陕西	甘肃	青海	宁夏	总量
大米	0	0.01	0.29	0	0.12	0	0	0	0	0	23.75
小麦	0	0	0	0	0.01	0	0	0.05	0	0	9.61
玉米	0	0	0	0	0.08	0	0.01	0	0	0	23.68
大豆	0	1.59	1.22	0	0.18	0	0.94	0	0	0	192.38
总出口	0	1.6	1.51	0	0.39	0	0.95	0.05	0	0	—

数据来源：笔者根据相关资料计算。

表5-12　　2004—2012年省际各粮食产品虚拟水出口结构占比　　单位:%

	北京	天津	河北	山西	内蒙古	辽宁	吉林	黑龙江	上海	江苏	新疆
大米	60.36	0.1	0.24	2.9	4.15	9.92	10.84	50.87	2.77	1.54	97.5
小麦	10.91	1.08	2.68	0	5.43	0.94	0.4	15.34	1.58	2.29	2.5
玉米	16.36	0.1	3.58	8.7	85.62	15.16	65.12	9.13	0.4	0	0
大豆	12.36	98.72	93.5	88.41	4.79	73.98	23.64	24.66	95.26	96.17	0

表5-12(续)

	浙江	安徽	福建	江西	山东	河南	湖北	湖南	广东	广西	—
大米	0.53	45.38	0.82	99.06	0.02	0	30.77	100	3.94	0.4	—
小麦	0.93	38.66	0.33	0	2.8	4.55	0	0	7.78	0.13	—
玉米	0	0	1.23	0	0.79	0	0	0	3.64	0	—
大豆	98.54	15.97	97.63	0.94	96.39	95.45	69.23	0	84.65	99.47	—
	海南	重庆	四川	贵州	云南	西藏	陕西	甘肃	青海	宁夏	
大米	0	0.63	19.21	0	30.77	0	0	0	0	0	—
小麦	0	0	0	0	2.56	0	0	100	0	0	—
玉米	0	0	0	0	20.51	0	1.05	0	0	0	—
大豆	0	99.38	80.79	0	46.15	0	98.95	0	0	0	—

资料来源：笔者根据相关资料计算。

表 5-13　　2004—2012 年八大区域各粮食产品虚拟水出口结构　　单位:%

	华北	东北	黄淮海	西北	东南	长江中下游地区	华南	西南
大米	12.42	22.81	0.98	27.86	0.94	10.28	2.75	12
小麦	3.01	5.53	3.64	4.29	0.67	2.07	5.2	0.29
玉米	3.82	31.21	1.29	0.71	1.44	0	2.41	2.29
大豆	80.75	40.45	94.09	67.14	97.67	87.66	89.64	85.43
总出口量（亿立方米）	13.61	67.51	59.06	1.4	22.27	37.27	44.8	3.5

资料来源：笔者根据相关资料计算。

省际虚拟水各类粮食产品存在进出口净额量差异。表 5-14 显示，2004—2012 年年均各省虚拟水净出口净额量（进口量减去出口量），其中，大米虚拟水净进口省份数与净出口省份数的数量相当，净进口量最大的省份是广东，净进口量为 8.85 亿立方米，净出口量最大的省份是黑龙江，净出口量为 10.81 亿立方米。小麦虚拟水净进口省份数明显多于净出口省份数，净进口量最大的省份是广东，其次是北京，净进口量分别为 5.4 亿立方米、4.81 亿立方米；净出口量最大的省份是黑龙江，净出口量为 3.25 亿立方米。玉米虚拟水净进口省份数与净出口省份数数目相当，净进口最大的省份是广东，净进口量为 2.07 亿立方米；净出口量最大的省份是吉林，净出口量为 12.92 亿立方米。大豆虚拟水净进口省份明显多于净出口省份，净进口量最大的省份依次为山东、江苏和广东，净进口量分别为 199.53 亿立方米、193.76 亿立方米和 150.37 亿立方米；净出口量最大的省份是黑龙江，净出口额为 4.68 亿立方米。各省各类粮食产品的总虚拟水净出口净额量正值居多，说明绝大多数省份为粮食净进口，历年净进口量最大的省份依次为山东、江苏和广东，净进口额依次为 200.3 亿立方米、195.67 亿立方米、166.68 亿立方米；历年虚拟水属于净出口的省份仅包括黑龙江、吉林、内蒙古、江西和新疆，年均净出口额分别为 20.68 亿立方米、6.8 亿立方米、3.12 亿立方米和 0.08 亿立方米。2004—2012 年分产品看虚拟水全国净额量，只有玉米和大米产品属于虚拟水净出口，年均净出口量分别为 13.82 亿立方米和 9.12 亿立方米；大豆和小麦属于虚拟水净进口，年均净出口量分别为 976.69 亿立方米和 11.1 亿立方米。总体来看，我国属于粮食产品虚拟水净进口国，大米、小麦、玉米和大豆的年均虚拟水总进口量为 964.81 亿立方米。

表 5-14　2004—2012 年省际各粮食产品年均虚拟水进出口净额估算

单位：亿立方米

	大米	小麦	玉米	大豆	分省净额
北京	-0.01	4.81	0.21	9.23	14.13
天津	0.08	0.11	0.03	42.38	42.6
河北	-0.02	0.39	-0.44	62.92	62.85
山西	-0.02	0	-0.06	1.99	1.91
内蒙古	-0.12	-0.17	-2.68	-0.15	-3.12
辽宁	-2.26	1.31	-3.32	52.67	48.4
吉林	-2.15	-0.04	-12.92	8.31	-6.8
黑龙江	-10.81	-3.25	-1.94	-4.68	-20.68
上海	0.01	0.09	0.94	11.3	12.34
江苏	-0.2	1.13	0.98	193.76	195.67
浙江	0.2	0.8	0.39	45.72	47.11
安徽	-0.5	-0.45	0.08	1.35	0.48
福建	0.86	0.56	0.52	64.57	66.51
江西	-3.14	0	0.12	1.21	-1.81
山东	0.02	0.17	0.58	199.53	200.3
河南	0.01	-0.18	0.02	24.9	24.75
湖北	-0.11	0	0.01	3.03	2.93
湖南	0.06	0	0.1	1.03	1.19

表5-14(续)

	大米	小麦	玉米	大豆	分省净额
广东	8. 85	5. 4	2. 07	150. 36	166. 68
广西	0. 15	0. 23	0. 41	84. 59	85. 38
海南	0. 1	0. 01	0. 11	0	0. 22
重庆	0	0	0. 13	12. 15	12. 28
四川	-0. 28	0	0. 36	6. 24	6. 32
贵州	0	0	0. 11	0	0. 11
云南	0. 41	-0. 01	0. 34	0. 16	0. 9
西藏	0. 07	0. 01	0	0	0. 08
陕西	0	0	-0. 01	3. 82	3. 81
甘肃	0	0. 17	0	0	0. 17
青海	0. 03	0	0. 04	0	0. 07
宁夏	0	0	0	0	0
新疆	-0. 39	0. 01	0	0. 3	-0. 08
全国净额	-9. 16	11. 1	-13. 82	976. 69	964. 81

中国八大区域不同粮食产品虚拟水进出口净额存在一定差异。表 5-15 显示，大米属于虚拟水净进口的区域有华南、东南、西南和华北，净进口量分别为 9. 1 亿立方米、1. 07 亿立方米、0. 2 亿立方米和 0. 05 亿立方米；属于虚拟水净出口的区域有东北、长江中下游、黄淮海和西北地区，虚拟水净出口量分别为 15. 34 亿立方米、3. 39 亿立方米、0. 49 亿立方米和 0. 36 亿立方米。小麦属于虚拟水净进口的地区有华南、华北、东南、长江中下游和西北地区，虚拟水净进口量分别为 5. 64 亿立方米、4. 92 亿立方米、1. 45 亿立方米、1. 13 亿立方米和 0. 18 亿立方米；属于虚拟水净出口的区域有东北和黄淮海地区，虚拟水净出口量分别为 2. 15 亿立方米和 0. 07 亿立方米。玉米属于虚拟水净进口的地区包括华南、东南、长江中下游、西南和西北地区，虚拟水净进口量分别为 2. 59 亿立方米、1. 85 亿立方米、1. 21 亿立方米、0. 94 亿立方米和 0. 03 亿立方米；属于虚拟水净出口的地区只有东北，虚拟水净出口量为 20. 86 亿立方米。大豆属于虚拟水净进口的地区包括所有区域，其中黄淮海和华南地区净进口量最多，分别为 288. 7 亿立方米和 234. 95 亿立方米。

表 5-15　2004—2012 年八大区域各粮食产品年均虚拟水实际进出口净额

单位：亿立方米

地区	大米	小麦	玉米	大豆
华北	0.05	4.92	0.18	53.6
东北	-15.34	-2.15	-20.86	56.15
黄淮海	-0.49	-0.07	0.24	288.7
西北	-0.36	0.18	0.03	4.12
东南	1.07	1.45	1.85	121.59
长江中下游	-3.39	1.13	1.21	199.03
华南	9.1	5.64	2.59	234.95
西南	0.2	0	0.94	18.55

资料来源：笔者根据相关资料计算。

5.2.4　水资源贫富与虚拟水贸易的关系检视

富水区不一定出口虚拟水，贫水区不一定进口虚拟水，我国省际虚拟水国际贸易不符合 H-O 理论。按世界年人均水资源拥有量为 8 800 立方米，我国年人均水资源拥有量仅为世界平均值的 1/4，为 2 200 立方米，我国属于贫水国；按国际人均标准衡量我国省际年人均水资源拥有量，超过世界平均值的省份仅有西藏和青海，属于富水区，年人均水资源拥有量分别为 152 180.89 立方米、13 308.70 立方米。其他省份的年人均水资源量最高也仅为国际标准值的一半，如海南、云南、新疆、福建、江西、广西，年人均水资源拥有量分别为 4 185.34 立方米、4 158.54 立方米、4 290.88 立方米、3 257.64 立方米、3 362.37 立方米和 3 666.46 立方米。由于这些省份的年人均水资源量在国内相对富裕，所以定义这些省份为水资源中水区。年人均水资源拥有量稍高于 1 000 立方米的省份属于水资源较贫的类型，剩下省份的年人均水资源拥有量均低于 1 000 立方米，定义剩下省份为水资源贫水区。同时，定义各省虚拟水进口量超前的省份为虚拟水进口类型中的“多”，虚拟水进口落后的省份的虚拟水进口类型为“少”，其他省份为虚拟水类型中的“中”；虚拟水出口靠前的省份定义为出口类型中的“强”，出口靠后的省份定义为出口类型中的“弱”，其他省份为虚拟水类型中的“中”。表 5-16 显示，水资源贫困地区的虚拟水进口量不一定多，如山西、安徽、陕西、甘肃和宁夏等省区，人均年水资源量不到 1 000 立方米，是典型的贫水区，但它们均属于虚拟水进口最少的区域之一，各省虚拟水年均进口量均不超过 3 亿立方米。水资源富足的地区的虚拟水出口量不一定多，如西藏和青海，人均年水资源量分别为 152 180. 89 亿立方米和 13 308. 7 亿立方米，属于典型的富水区，但它们的虚拟水出口量均为 0。总体来看，水资源的贫富差距不一定完全满足对应的虚拟水进出口来弥补，我国虚拟水贸易不符合资源要素禀赋理论。据此推断，我国省际水资源的贫富差距没有完全通过国际贸易来补充，而是通过省际间贸易进行了补缺。

表 5-16　　省际水资源与虚拟水国际贸易情况估算

单位：立方米、亿立方米

省份	人均水资源	水贫富类型	进口量	进口类型	出口量	出口类型
北京	152. 02	贫	16. 88	中	2. 75	弱
天津	128. 22	贫	52. 77	中	10. 17	中
河北	213. 61	贫	75. 15	中	12. 3	中
山西	278. 74	贫	2. 6	少	0. 69	弱
内蒙古	1 699. 94	较贫	0. 01	少	3. 13	弱
辽宁	791. 88	贫	71. 69	中	23. 29	强
吉林	1 495. 86	较贫	13. 04	中	19. 84	强
黑龙江	1 857. 11	较贫	0. 57	少	21. 25	强
上海	159. 39	贫	14. 87	中	2. 53	弱
江苏	521. 37	贫	229. 33	多	33. 66	强
浙江	1 913. 3	较贫	54. 63	中	7. 52	弱
安徽	1 123. 85	较贫	1. 67	少	1. 19	弱
福建	3 257. 64	中	78. 73	中	12. 22	中
江西	3 362. 37	中	1. 37	少	3. 18	弱
山东	342. 54	贫	241. 03	多	40. 73	强
河南	421. 7	贫	29. 59	中	4. 84	弱
湖北	1 587. 47	较贫	3. 32	少	0. 39	弱
湖南	2 500. 18	较贫	1. 23	少	0. 04	弱
广东	1 854. 94	较贫	196. 38	多	29. 7	强
广西	3 666. 46	中	100. 48	多	15. 1	中
海南	4 185. 34	中	0. 22	少	0	弱
重庆	1 776. 53	较贫	13. 88	中	1. 6	弱
四川	2 991. 42	较贫	7. 83	少	1. 51	弱
贵州	2 501. 36	较贫	0. 11	少	0	弱
云南	4 158. 54	中	1. 29	少	0. 39	弱
西藏	152 180. 89	富	0. 08	少	0	弱

表5-16(续)

省份	人均水资源	水贫富类型	进口量	进口类型	出口量	出口类型
陕西	1 093. 18	贫	4. 76	少	0. 95	弱
甘肃	846. 6	贫	0. 22	少	0. 05	弱
青海	13 308. 7	富	0. 07	少	0	弱
宁夏	155. 38	贫	0	少	0	弱
新疆	4 290. 88	中	0. 32	少	0. 4	弱

资料来源：笔者根据相关资料计算。

区域虚拟水国际贸易也不完全符合 H-O 理论。如表 5-17 所示，其中，华北地区人均水资源年均拥有量为 215. 91 立方米，为水资源贫困地区，但区域虚拟水进口量相对较少，年均进口量为 72. 25 亿立方米；黄淮海地区人均水资源年均拥有量为 485. 91 立方米，也为水资源贫困地区，但区域虚拟水进口相对较多，年均进口量为 347. 44 亿立方米。西南地区与其他区域比较，为典型的水资源相对富裕的中水区，年人均水资源拥有量为 5 233. 49 亿立方米，但区域虚拟水出口量较少，年均出口量仅有 3. 5 亿立方米。由此来看，区域虚拟水国际贸易不完全与资源要素禀赋理论相一致。据此推断，我国区域虚拟水贫富差距没有完全通过国际贸易进行补缺，区域间的虚拟水贸易也是进行水资源贫富补缺的重要途径。

整体来看，我国属于水资源贫困国家，虚拟水贸易整体上符合 H-O 理论。我国年人均水资源拥有量约为 2 200 立方米，历年粮食虚拟水净进口量为 964. 81 亿立方米，足以补充北京、天津、上海、福建、浙江和广东的虚拟水缺口。整体来说，历年粮食及虚拟水贸易对我国粮食相对短缺及水资源不足均可以进行充分的补充且有剩余。

表 5-17　　区域水资源与虚拟水国际贸易情况

单位：立方米、亿立方米

地区	人均水量	水贫富类型	进口量	进口类型	出口量	出口类型
华北	215. 91	贫	72. 25	少	13. 61	弱
东北	1 409. 07	较贫	85. 31	少	67. 51	强
黄淮海	485. 91	贫	347. 44	多	59. 06	强
西北	2 381. 97	较贫	5. 37	少	1. 4	弱
东南	2 019. 50	较贫	148. 23	中	22. 27	中

表5-17(续)

地区	人均水量	水贫富类型	进口量	进口类型	出口量	出口类型
长江中下游	1 812.18	较贫	235.25	多	37.27	中
华南	2 537.01	较贫	297.08	多	44.8	中
西南	5 233.49	中	23.19	少	3.5	弱

资料来源：笔者根据相关资料计算。

5.3 水资源利用效率的测算及其与虚拟水贸易的关系

5.3.1 数据来源与变量说明

本研究选用2003—2012年10年的省际面板数据作为研究依据，选用的变量包括由稻谷、小麦、玉米、大豆和薯类组成的粮食产量（Y）、农业机械总动力（K）、农林牧渔从业人员替代的农业劳动力人数（L）、农药投入量（P）、化肥施用量（F）和农业生产用水（W）。所有的数据均来自《中国农村统计年鉴（2004—2013）》和国家统计局网站。对省际农业用水和粮食产量进行统计分析发现（见表5-18），农业用水量最大的省份是2012年的新疆，用水量为561.75亿立方米；农业用水量最小的省份是2012年的北京，用水量为9.31亿立方米；各省平均农业用水量是115.24亿立方米，各省农业用水量标准差为94.64亿立方米，反映出各省用水量相对存在较大的差异。与此同时，粮食产量最大的省份是黑龙江，2012年产量为11 523 000万吨，粮食产量最小的省份是北京，2004年产量为140 400万吨。历年各省年均粮食产量为3 383 067万吨，历年各省年均粮食产量标准差为2 726 854万吨，反映出各省的粮食产量存在较大的差异。另外，新疆农业用水量达到本区域总用水量的95.19%，新疆成为农业用水最多的省份，但粮食产量不高；北京粮食产量最小，但农业用水量也仅占总供水量的25.95%，反映出不同省份农业用水效率的不均衡。

表5-18　　省际农业用水量和粮食产量统计

	最大值	最小值	标准差	均值
农业用水量（亿立方米）	561.75	9.31	94.64	115.24
农业用水占总供水量（%）	95.1%	25.95	—	—
粮食产量（万吨）	11 523 000	140 400	2 726 854	3 383 067

资料来源：笔者根据相关资料计算。

5.3.2 研究方法

Battese and Coelli（1992）建立基于面板数据的随机生成前沿函数，模型形式表达如下：

$$Y_{it} = x_{it}\beta + V_{it} - U_{it},\ i = 1, \cdots, N,\ t = 1, \cdots, T \tag{5-1}$$

其中，Y_{it} 表示第 i 个公司 t 时期的产出量，x_{it} 表示第 i 个公司 t 时期的投入数量的 $K \times 1$ 阶向量，β 为待估计参数，V_{it} 属于随机效应误差项，假设它是独立的且服从正态分布 $N(0,\ \delta_V^2)$。

$$U_{it} = U_i \exp(-\eta(t - T)) \tag{5-2}$$

其中，U_i 属于产品生产技术无效率项，假设它服从在0处截断的正态分布 $N(\mu,\ \delta_U^2)$，η 为待估计参数。

检验随机前沿生产函数在研究中是否适用，需检验似然率 γ 的显著性。γ 为：

$$\gamma = \frac{\delta_U^2}{\delta_U^2 + \delta_V^2} \tag{5-3}$$

若随机生产前沿函数形式假设无效，则 $\gamma = 0$ 被接受，此时 $\delta_U^2 = 0$，U_{it} 项应该从原随机生产前沿函数模型(5－1)中移除，其参数估计只需采用普通最小二乘法；若随机前沿生产函数形式假设有效，只需检验 $\gamma \neq 0$，相应参数估计采用极大似然法。

Kaneko 等（2004）基于分省数据和C-D函数建立了农业用水效率的随机前沿生产函数。据此，本研究采用常规的C-D函数形式构造省际粮食生产的随机生产前沿函数，取对数形式表达如下：

$$\ln Y_{it} = \beta_0 + \beta_1 \ln K_{it} + \beta_2 \ln L_{it} + \beta_3 \ln P_{it} + \beta_4 \ln F_{it} + \beta_5 \ln W_{it} + V_{it} - U_{it} \tag{5-4}$$

其中，Y_{it} 表示 t 时期 i 省的粮食产量，K_{it} 表示 t 时期 i 省的农业机械总动力，L_{it} 表示 t 时期 i 省的劳动力投入量，P_{it} 表示 t 时期 i 省的农药投入量，F_{it} 表示 t 时期 i 省的化肥施用量，W_{it} 表示 t 时期 i 省的实际农业用水量。

Kopp（1981）定义农业用水效率（WE_{it}）等于技术上可行的最小水资源使用量（$\overline{W}_{it}$）与实际使用量（W_{it}）的比值。假设最小水资源量为 $\overline{W}_{it}$，相应得到实际有效的粮食产量 $\overline{Y}_{it}$，模型形式如下：

$$\ln \overline{Y}_{it} = \beta_c + \beta_k \ln K_{it} + \beta_l \ln L_{it} + \beta_p \ln P_{it} + \beta_f \ln F_{it} + \beta_w \ln \overline{W}_{it} + V_{it} \tag{5-5}$$

假设(5－4)式与(5－5)式的用水效率相等，则农业生产用水效率的估计公式为：

$$\ln WE_{it} = \ln(\bar{W}_{it}/W_{it}) = \ln\bar{W}_{it} - \ln W_{it} = -U_{it}/\beta_w$$

$$WE_{it} = \exp(-U_{it}/\beta_w) \tag{5-6}$$

与此同时，农业生产技术效率(TE_{it})为实际有效粮食产出($\bar{Y}_{it}$)与名义粮食产出(Y_{it})的比值。同样依据(5-4)式与(5-5)式相等，得到农业生产技术效率估计式：

$$\ln TE_{it} = \ln(\bar{Y}_{it}/Y_{it}) = \ln\bar{Y}_{it} - \ln Y_{it} = -U_{it}$$

$$TE_{it} = \exp(-U_{it}) \tag{5-7}$$

5.3.3 结果分析

运用 HAUSMAN 检验随机前沿生产函数，结果发现固定效应模型优于随机效应模型。粮食生产固定效应模型的参数估计如表 5-19 所示。总体来看，模型的拟合程度较好，参数多在 1%和 10%的水平下显著。在所有要素投入中，只有劳动力对粮食生产产生负向影响，且较为显著。农药投入对粮食生产影响不显著。水资源投入对粮食生产的影响程度稍低，影响系数为 0.029，在接近 15%的水平下显著。

表 5-19　　随机前沿生产函数的估计结果

变量	系数	标准误
常数项	2.994 188****	0.074 7
劳动力	-0.387 264 4****	0.049 784
农业机械	0.083 720 1**	0.042 327
化肥	0.018 076 4****	0.085 061
农药	0.642 200 6	0.022 008
水	0.029 387 1*	0.275 371
观察值个数：	310	
F 检验：F（30，274）=141.76　Prob>F=0.000 0		

注：****、***、** 和 * 分别表示 1%、5%、10%和 15%的显著性水平。

通过随机前沿面板数据生产函数估计省际粮食生产的技术效率和用水效率，结果如表 5-20 所示。表 5-20 显示，省际粮食生产技术效率普遍高于用水效率。从总体均值来看，粮食省际技术效率为 0.97，粮食生产用水效率为 0.702。粮食生产技术效率和粮食生产用水效率均有效的省份仅包括 7 个省份，它们分别是辽宁、上海、江苏、湖南、广东、广西和新疆，其他省份粮食生产技术效率和用水效率均无效，存在改进空间，尤其用水效率改进的空间较大。

表 5-20 省际粮食生产的技术效率和用水效率

	北京	天津	河北	山西	内蒙古	辽宁	吉林	黑龙江
T	0.836	0.886	0.95	0.965	0.95	1	0.998	0.987
T_W	0.071	0.167	0.469	0.591	0.469	1	0.971	0.824
	上海	江苏	浙江	安徽	福建	江西	山东	河南
T	1	1	0.929	0.929	0.95	0.96	0.968	0.973
T_W	1	1	0.337	0.337	0.469	0.547	0.618	0.667
	湖北	湖南	广东	广西	海南	重庆	四川	贵州
T	0.985	1	1	1	0.968	0.97	0.974	0.982
T_W	0.8	1	1	1	0.618	0.638	0.678	0.765
	云南	西藏	陕西	甘肃	青海	宁夏	新疆	总均值
T	0.982	0.982	0.98	0.981	0.988	0.99	1	0.970
T_W	0.765	0.765	0.742	0.753	0.837	0.862	1	0.702

注：T，T_W分别代表粮食生产技术效率和粮食生产用水效率。

根据不同省份粮食生产技术效率和用水效率，各区域粮食生产技术效率和用水效率可相应得到。如表 5-21 所示，依平均水平来看，粮食生产技术效率较高的地区为华南、西北、长江中下游和东北地区，它们的技术效率在 0.98 以上；粮食生产技术效率稍高的地区为西南、东南和黄淮海地区，它们的技术效率在 0.9 和 0.98 之间；粮食生产技术效率较低的地区为华北，效率值为 0.896。与此同时，粮食生产用水效率较高的地区为华南、西北、长江中下游和东北地区，它们的用水效率大于 0.8；用水效率稍高的地区为西南、东南，它们的用水效率介于 0.6 和 0.8 之间；用水效率最低的省份为黄淮海、华北，它们的用水效率处于 0.6 以下。比较不同区域粮食生产技术效率和用水效率发现，技术效率较低省份的用水效率也较低，但技术效率较高省份的用水效率不一定高。依据效率最小值和最大值统计，华北、黄淮海和西南地区内部省份的农业技术效率和用水效率存在普遍无效的现象，亟须提高效率。

表 5-21　　区域粮食生产的技术效率和用水效率

	粮食生产技术效率			粮食生产用水效率		
	均值	最小值	最大值	均值	最小值	最大值
华北	0.896	0.836	0.965	0.276	0.071	0.591
东北	0.984	0.95	1	0.816	0.469	1
黄淮海	0.955	0.929	0.973	0.523	0.337	0.667
西北	0.988	0.98	1	0.839	0.742	1
东南	0.960	0.929	1	0.602	0.337	1
长江中下游	0.986	0.96	1	0.837	0.547	1
华南	0.989	0.968	1	0.873	0.618	1
西南	0.978	0.97	0.982	0.722	0.638	0.765

资料来源：笔者根据相关资料计算。

5.3.4　水资源效率与虚拟水贸易的关系

运用截面数据 TOBIT 模型检验粮食生产灌溉用水效率与粮食进出口贸易的关系。其中，以 2003—2012 年整体用水效率为被解释变量，分别以 2003—2012 年总的大米虚拟水进出口贸易净额、小麦虚拟水进出口净额、玉米虚拟水进出口净额和大豆虚拟水进出口净额为解释变量，数据来源于上文分析，统计数据如表 5-22 所示。运用表 5-22 中的数据进行 TOBIT 回归分析，得到表 5-23 中的回归结果。表 5-23 显示，大米、大豆的回归系数为正，小麦和玉米的回归系数为负，说明用水效率越大，大米和大豆及其虚拟水净进口量越多；用水效率越大，小麦和玉米及其虚拟水净进口量越少。以上分析反映我国粮食生产用水效率对粮食产品贸易结构具有一定影响；我国用水效率的提高主要应该针对小麦和玉米品种，既可以节水，也可以进一步减少小麦和玉米的对外依存度。

表 5-22　　生产用水效率与粮食及虚拟水进出口贸易

	用水效率	大米贸易	小麦贸易	玉米贸易	大豆贸易
北京	0.070 849	−0.01	4.81	0.21	9.23
天津	0.167 168	0.08	0.11	0.03	42.38
河北	0.468 587	−0.02	0.39	−0.44	62.92
山西	0.590 661	−0.02	0	−0.06	1.99
内蒙古	0.468 587	−0.12	−0.17	−2.68	−0.15
辽宁	1	−2.26	1.31	−3.32	52.67

表5-22(续)

	用水效率	大米贸易	小麦贸易	玉米贸易	大豆贸易
吉林	0.970 847	-2.15	-0.04	-12.92	8.31
黑龙江	0.824 17	-10.81	-3.25	-1.94	-4.68
上海	1	0.01	0.09	0.94	11.3
江苏	1	-0.2	1.13	0.98	193.76
浙江	0.336 762	0.2	0.8	0.39	45.72
安徽	0.336 762	-0.5	-0.45	0.08	1.35
福建	0.468 587	0.86	0.56	0.52	64.57
江西	0.547 012	-3.14	0	0.12	1.21
山东	0.618 387	0.02	0.17	0.58	199.53
河南	0.667 309	0.01	-0.18	0.02	24.9
湖北	0.799 83	-0.11	0	0.01	3.03
湖南	1	0.06	0	0.1	1.03
广东	1	8.85	5.4	2.07	150.36
广西	1	0.15	0.23	0.41	84.59
海南	0.618 387	0.1	0.01	0.11	0
重庆	0.637 54	0	0	0.13	12.15
四川	0.677 516	-0.28	0	0.36	6.24
贵州	0.764 575	0	0	0.11	0
云南	0.764 575	0.41	-0.01	0.34	0.16
西藏	0.764 575	0.07	0.01	0	0
陕西	0.741 883	0	0	-0.01	3.82
甘肃	0.753 15	0	0.17	0	0
青海	0.836 596	0.03	0	0.04	0
宁夏	0.861 976	0	0	0	0
新疆	1	-0.39	0.01	0	0.3

资料来源：笔者根据相关资料计算。

表 5-23　　　　各粮食产品的 TOBIT 回归分析结果

大米		小麦		玉米		大豆	
常数项	系数项	常数项	系数项	常数项	系数项	常数项	系数项
0.702 32 (0.045 31)	0.001 71 (0.017 15)	0.709 58 (0.046 06)	-0.021 71 (0.031 25)	0.694 49 (0.045 15)	-0.016 43 (0.017 93)	0.682 96 (0.051 56)	0.000 59 (0.000 81)

说明：( ) 为标准差；各项系数的显著水平均较微弱。

5.4 水资源生态环境效率与虚拟水贸易的关系

5.4.1 研究方法

运用 DEA 方法测度粮食生产用水效率时，定义水资源生态效率测度变量包括：投入变量——水投入，产出变量——粮食产量+环境正影响；定义水资源环境效率测度变量包括：投入变量——常规投入变量+水投入，产出变量——环境正影响。其中，常规变量为省际的劳动、农机动力、农药和化肥的投入，环境正影响用省际农业用水污染量的倒数表示。则基于投入导向、规模报酬可变 BCC-DEA 效率模型测算（模型形式见前文），分别得到省际粮食生产用水的生态效率和环境效率。

5.4.2 相关数据整理与变量说明

数据主要来源于《中国统计年鉴》《中国农村统计年鉴》和国家统计局网站。其中，粮食生产用水的污水排放主要来自农田径流，主要是指雨水或灌溉水流过农田表面后排出的水流，农田径流中主要含有氮、磷和农药等污染物。2004—2012 年全国农业废水年均排放量约占总废水排放量的 0.03%。据此推算各省的农业用水废水排放量，省际农业废水量＝省际废水总量×0.03%。统计 2004—2012 年省际农业废水情况，农业废水平均排放量为 18.64 亿吨，最小排放量为 0.27 亿吨，最大排放量为 83.86 亿吨，标准差为 15.39 亿吨。这反映出省际间农业污水排放量存在较大的差距。

5.4.3 结果分析

表 5-24 显示，省际粮食生产用水的生态效率和环境效率普遍偏低。其中，除西藏的环境效率值为有效外，其他省份的环境效率均处于无效，且值在 0 和 0.3 之间的居多，全国总的粮食生产用水环境效率均值仅为 0.094，环境效率存在巨大提升空间。除西藏的生态有效外，其他省份的生态效率均处于无效，大多处在 0.1 和 0.5 之间，全国总的粮食生产用水生态效率均值为 0.364。这反映出粮食生产用水中生态效率相比环境效率占优势，生态效率仍然存在较大提升空间。

表 5-25 显示，区域粮食生产用水的生态效率和环境效率也普遍较低。其中，生态效率最高的地区为西南地区，生态效率最低的地区为东南和华南地

区，它们的生态效率值分别为0.625、0.13、0.131。环境效率最高的地区西南和西北地区，环境效率最低的地区为黄淮海和长江中下游地区，它们的环境效率分别为0.22、0.194、0.004、0.004。以上分析说明，粮食生产用水的生态效率和环境效率具有非对称性，某一效率高的地区另一个效率不一定也较高。因此，应同步考虑提升生态效率和环境效率使效率具有内在一致性。

表5-24 2004—2012年粮食生产水资源的生态效率与环境效率测算

省份	环境效率	生态效率
北京	0.175	0.177
天津	0.256	0.36
河北	0.004	0.308
山西	0.037	0.585
内蒙古	0.037	0.186
辽宁	0.008	0.356
吉林	0.023	0.671
黑龙江	0.012	0.286
上海	0.076	0.126
江苏	0.002	0.174
浙江	0.004	0.138
安徽	0.006	0.4
福建	0.007	0.126
江西	0.009	0.23
山东	0.003	0.405
河南	0.004	0.607
湖北	0.004	0.283
湖南	0.002	0.232
广东	0.001	0.103
广西	0.003	0.118
海南	0.161	0.172
重庆	0.042	1
四川	0.004	0.461
贵州	0.04	0.415
云南	0.013	0.247
西藏	1	1

表5-24(续)

省份	环境效率	生态效率
陕西	0.031	0.385
甘肃	0.029	0.167
青海	0.528	0.416
宁夏	0.292	0.435
新疆	0.088	0.705
均值	0.094	0.364

数据来源：笔者根据相关资料计算。

表 5-25　2004—2012 年我国八大区域农业用水的生态效率与环境效率

	华北	东北	黄淮海	西北	东南	长江中下游	华南	西南
环境效率	0.156	0.02	0.004	0.194	0.029	0.004	0.055	0.22
生态效率	0.374	0.375	0.43	0.422	0.13	0.23	0.131	0.625

资料来源：笔者根据相关资料计算。

通过与表 5-17 的区域虚拟水进出口额对比发现，虚拟水进口较多的地区环境效率较差（黄淮海、长江中下游、华南和东南地区），可能的原因是这些区域的农业生产用水污染排放量过多；虚拟水出口较少的地区生态效率较高（西南、西北和华北地区），可能的原因是这些区域具有一定粮食产量的同时，生产用水污染排放量也相对较小。这一现象说明，区域虚拟水进出口的方向与区域粮食生产用水的生态环境效率具有关联性影响。

5.5　未来十年粮食供需预测与虚拟水供需预测

5.5.1　研究方法

截至 2013 年，我国粮食生产已经实现十年增的局面，粮食生产和需求仍呈现持续上升的趋势。本书借鉴预测粮食产品生产和需求的二次移动平均法（吕新业等，2012）估算我国的粮食产品产量和需求量，则未来各年的粮食产品虚拟水供需量=预测的粮食产品供需量×产品虚拟水折算系数。其中，粮食供需的二次移动平均法模型如下：

$$Y_{t+T} = a_t + b_t T \qquad (5-8)$$

$$a_t = 2M_t^{(1)} - M_t^{(2)} \qquad (5-9)$$

$$b_t = \frac{2}{N-1}(M_t^{(1)} - M_t^{(2)}) \tag{5-10}$$

其中，Y表示预测的粮食供需量，$M_t^{(1)}$，$M_t^{(2)}$ 分别代表第 t 期的一次移动平均数和二次移动平均数，T 代表预测的时间间隔期，N 代表移动平均的时期数（一般取 $N=3$ 年），式(5-8) 中的 Y 值由式(5-9) 和式(5-10) 间接算得。

5.5.2 预测结果分析

5.5.2.1 粮食及虚拟水供需预测

未来十年我国粮食生产量和消费量呈现缓慢攀升的局势，粮食供需的紧平衡状态将持续。以 t=2013 年为基期，进行粮食生产和消费的预测（见表 5-26、表 5-27），预测得到 2014—2024 年全国粮食生产量和消费量的额度（见表 5-28）。表 5-28 显示，未来十年我国粮食生产量基本以年均 3 000 万~4 000 万吨的增加值增长，粮食消费量基本以 300 万吨的增加值增长。2024 年我国粮食产量将接近 10 亿吨，人口直接消费量约为 3 亿吨。由此说明：第一，我国生产的粮食若直接供人口消费，那么就完全能满足现实人口增加的需要；第二，粮食产量增量明显高于消费增量，这一状态与我国近十年粮食生产消费量的格局相一致，未来粮食供给和需求依然是紧平衡状态。以上分析说明，未来十年我国人口增加，口粮依然能自给，粮食安全在于粮食结构的安全。

表 5-26　　全国粮食产量一、二次移动平均

年份	粮食总产量（万吨）	一次移动平均 N=3	二次移动平均 N=3
2003	43 069.53	—	—
2004	46 946.95	—	—
2005	48 402.19	—	—
2006	49 804.23	$M_{2006}^{(1)}$ = 46 139.56	—
2007	50 160.28	$M_{2007}^{(1)}$ = 48 384.46	—
2008	52 870.92	$M_{2008}^{(1)}$ = 49 455.57	—
2009	53 082.08	$M_{2009}^{(1)}$ = 50 945.14	$M_{2009}^{(2)}$ = 47 993.19
2010	54 647.71	$M_{2010}^{(1)}$ = 52 037.76	$M_{2010}^{(2)}$ = 49 595.06
2011	57 120.85	$M_{2011}^{(1)}$ = 53 533.57	$M_{2011}^{(2)}$ = 50 812.82
2012	58 957.97	$M_{2012}^{(1)}$ = 54 950.21	$M_{2012}^{(2)}$ = 52 172.16
2013	60 193.84	$M_{2013}^{(1)}$ = 56 908.84	$M_{2013}^{(2)}$ = 53 507.18

数据来源：笔者根据相关资料计算。

表 5-27　　全国粮食消费量一、二次移动平均

	人口总量（万人）	粮食总消费量（万吨）	一次移动平均（N=3）	二次移动平均（N=3）
2003	129 227	25 845.4	—	—
2004	129 988	25 997.6	—	—
2005	130 756	26 151.2	—	—
2006	131 448	26 289.6	$M_{2006}^{(1)}$ = 25 998.07	—
2007	132 129	26 425.8	$M_{2007}^{(1)}$ = 26 146.13	—
2008	132 802	26 560.4	$M_{2008}^{(1)}$ = 26 288.87	—
2009	133 450	26 690	$M_{2009}^{(1)}$ = 26 425.27	$M_{2009}^{(2)}$ = 26 144.36
2010	134 091	26 818.2	$M_{2010}^{(1)}$ = 26 558.73	$M_{2010}^{(2)}$ = 26 286.76
2011	134 735	26 947	$M_{2011}^{(1)}$ = 26 689.53	$M_{2011}^{(2)}$ = 26 424.29
2012	135 404	27 080.8	$M_{2012}^{(1)}$ = 26 818.40	$M_{2012}^{(2)}$ = 26 557.84
2013	136 072	27 214.4	$M_{2013}^{(1)}$ = 26 948.67	$M_{2013}^{(2)}$ = 26 688.89

数据来源：笔者根据相关资料计算。

表 5-28　　2014—2024 年全国粮食供需预测与虚拟水预测

年份	产量（万吨）	消费量（万吨）	粮食生产虚拟水（亿立方米）	粮食消费虚拟水（亿立方米）	虚拟水盈亏（亿立方米）
2014	63 712.16	27 468.23	6 371.22	2 746.82	3 624.39
2015	67 113.82	27 728.01	6 711.38	2 772.80	3 938.58
2016	70 515.48	27 987.79	7 051.55	2 798.78	4 252.77
2017	73 917.14	28 247.57	7 391.71	2 824.76	4 566.96
2018	77 318.8	28 507.35	7 731.88	2 850.74	4 881.15
2019	80 720.46	28 767.13	8 072.05	2 876.71	5 195.33
2020	84 122.12	29 026.91	8 412.21	2 902.69	5 509.52
2021	87 523.78	29 286.69	8 752.38	2 928.67	5 823.71
2022	90 925.44	29 546.47	9 092.54	2 954.65	6 137.90
2023	94 327.1	29 806.25	9 432.71	2 980.63	6 452.09
2024	97 728.76	30 066.03	9 772.88	3 006.60	6 766.27
平均值	80 720.46	28 767.13	8 072.05	2 876.71	5 195.33

资料来源：笔者根据相关资料计算。

随着我国粮食产量和消费量的逐年增长，我国粮食生产虚拟水消耗量和粮食消费虚拟水消耗量稳步增加。表 5-28 显示，2014—2024 年，我国粮食生产

虚拟水由 6 371.22 亿立方米增加到 9 772.88 亿立方米，年均增速为 4.85%；我国粮食消费虚拟水由 2 746.82 亿立方米增加到 3 006.6 亿立方米，年均增速为 0.86%。这反映出我国粮食生产虚拟水消耗量远远大于粮食直接消费的虚拟水消耗量，历年人口直接消费粮食占到的虚拟水约为粮食生产虚拟水耗的 1/3。尽管粮食生产和直接消耗出现约 2/3 的虚拟水盈余，但这部分虚拟水大多转移到其他农畜及其国际贸易产品上。未来十年，随着粮食产量增加，我国虚拟水消耗量也将明显增加，对我国粮食安全生产用水构成较大压力。

5.5.2.2 分粮食产品虚拟水消耗预测

未来十年，我国稻谷、小麦、玉米和薯类产量稳步增长，大豆产量稳步下降。以 t=2013 年为基期（见表 5-29），预测 2014—2024 年我国不同粮食产品的产量及虚拟水耗量（见表 5-30、表 5-31）。表 5-30 显示，未来十年，我国粮食除大豆外，其他产品的产量均是逐年增长的。其中，历年产量前三甲为玉米、稻谷和小麦，2014—2024 年，玉米产量由 2.37 亿吨增加到 4.63 亿吨，年均增速为 8.67%；稻谷产量由 2.13 亿吨增加到 2.74 亿吨，年均增速为 2.63%；小麦产量由 1.25 亿吨增加到 1.63 亿吨，年均增速为 2.70%。由此可以看出，未来十年我国玉米的产量增长较快，小麦和稻谷的产量依然有较大提升空间。2014—2024 年，各类粮食产品中产量最小的为大豆，产量由 1 691.25 亿吨下降到 921.68 亿吨，年均降幅为 4.14%，这反映出我国大豆自给能力呈下降趋势。截至 2013 年年底，我国大豆对外依存度已超过 80%，未来十年我国大豆的对外依存度继续增加，大豆安全隐患较为严重。

表 5-29　　分粮食产品产量的一、二次移动平均

	2004	2005	2008	2009	2012	2013
稻谷	17 908.76	18 058.84	19 189.57	19 510.30	20 423.59	20 361.22
$M_T^{(1)}$	—	—	18 278.02	18 654.93	19 728.83	20 033.26
$M_T^{(2)}$	—	—	—	—	19 060.45	19 418.41
小麦	9 195.18	9 744.51	11 246.41	11 511.51	12 102.32	12 192.64
$M_T^{(1)}$	—	—	10 506.97	11 007.60	11 589.89	11 786.83
$M_T^{(2)}$	—	—	—	—	11 220.72	11 414.82
玉米	13 028.71	13 936.54	16 591.40	16 397.36	20 561.41	21 848.9
$M_T^{(1)}$	—	—	14 775.63	15 660.58	17 799.99	19 188.01
$M_T^{(2)}$	—	—	—	—	16 212.65	16 925.78
大豆	2 232.07	2 157.67	2 043.29	1 930.30	1 730.53	1 595.27

表5-29(续)

	2004	2005	2008	2009	2012	2013
$M_T^{(1)}$	—	—	1 960.50	1 922.37	1 911.75	1 845.16
$M_T^{(2)}$	—	—	—	—	1 925.66	1 922.12
薯类	3 557.67	3 468.51	2 980.23	2 995.48	3 292.78	3 329.35
$M_T^{(1)}$	—	—	2 992.52	2 829.76	3 127.55	3 226.65
$M_T^{(2)}$	—	—	—	—	2 929.18	3 028.44

数据来源：笔者根据相关资料计算。

表 5-30　　分粮食产品产量预测　　单位：万吨

年份	玉米	稻谷	小麦	大豆	薯类
2014	23 712.46	21 262.95	12 530.85	1 691.25	3 623.07
2015	25 974.69	21 877.80	12 902.85	1 614.29	3 821.28
2 016	28 236.91	22 492.64	13 274.86	1 537.34	4 019.49
2017	30 499.14	23 107.49	13 646.87	1 460.38	4 217.70
2018	32 761.36	23 722.33	14 018.88	1 383.42	4 415.91
2019	35 023.59	24 337.18	14 390.88	1 306.47	4 614.12
2020	37 285.81	24 952.02	14 762.89	1 229.51	4 812.32
2021	39 548.04	25 566.87	15 134.90	1 152.55	5 010.53
2022	41 810.27	26 181.72	15 506.91	1 075.60	5 208.74
2023	44 072.49	26 796.56	15 878.92	998.64	5 406.95
2024	46 334.72	27 411.41	16 250.92	921.68	5 605.16
平均值	35 966.18	24 593.37	14 545.89	1 274.40	4 696.70

资料来源：笔者根据相关资料计算。

伴随主流粮食产品的产量增长，粮食产品的虚拟水同步稳定增长。未来十年，粮食产品虚拟水耗中，虚拟水消耗量前三甲为玉米、小麦和稻谷（见表5-31）。其中，2014—2024 年，玉米、小麦和稻谷的虚拟水年均消耗量分别为4 867.44 亿立方米、4 317.27 亿立方米和 3 502.36 亿立方米，三者虚拟水消耗量约占总粮食产品虚拟水耗量的 94.02%。与上文分析的粮食产品产量相比较：玉米产量较高消耗的虚拟水也较高，稻谷产量高于小麦但虚拟水消耗量低于小麦。进一步反映出不同粮食产品的用水效率差异，未来十年提高小麦种植的用水效率是粮食产品生产用水效率的主攻方向。

表 5-31　　　　　　　　**分粮食产品虚拟水消耗量预测**　　　　　　　单位：亿立方米

年份	玉米	小麦	稻谷	大豆	薯类
2014	4 252. 59	3 759. 26	2 371. 25	507. 38	326. 08
2015	4 375. 56	3 870. 86	2 597. 47	484. 29	343. 91
2016	4 498. 53	3 982. 46	2 823. 69	461. 20	361. 75
2017	4 621. 50	4 094. 06	3 049. 91	438. 11	379. 59
2018	4 744. 47	4 205. 66	3 276. 14	415. 03	397. 43
2019	4 867. 44	4 317. 26	3 502. 36	391. 94	415. 27
2020	4 990. 40	4 428. 87	3 728. 58	368. 85	433. 11
2021	5 113. 37	4 540. 47	3 954. 80	345. 77	450. 95
2022	5 236. 34	4 652. 07	4 181. 03	322. 68	468. 79
2023	5 359. 31	4 763. 68	4 407. 25	299. 59	486. 63
2024	5 482. 28	4 875. 28	4 633. 47	276. 50	504. 46
平均值	4 867. 44	4 317. 27	3 502. 36	391. 94	415. 27

资料来源：笔者根据相关资料计算。

5. 5. 2. 3　分省粮食产品虚拟水进出口预测

未来十年，我国绝大多数省份为大米净进口和大米虚拟水净进口地区，余下的省份为大米及其虚拟水净出口地区。表 5-32 显示，未来十年，我国 14 个省份：天津、辽宁、吉林、黑龙江、江苏、安徽、江西、河南、湖北、海南、重庆、四川、陕西和新疆，为大米净出口地区，相应地也为大米虚拟水净出口地区。其中，大米虚拟水出口量最大的地区为黑龙江、河南、吉林、江西和辽宁，2014—2024 年大米年均虚拟水净出口量分别为 51. 50 亿立方米、31. 66 亿立方米、18. 31 亿立方米、12. 24 亿立方米和 11. 13 亿立方米。未来十年，虚拟水净进口的省份主要为内蒙古、广东、浙江和北京，2014—2024 年的虚拟水年均进口量分别为 44. 84 亿立方米、35. 60 亿立方米、11. 42 亿立方米和 8. 33 亿立方米，其他省份虽然进口大米及其虚拟水，但额度相对较小。总体来看，2014—2024 年全国大米年均虚拟水为净出口，历年净出口额约为 14. 75 亿立方米。综上所述，我国虚拟水出口的主要载体是大米，大米虚拟水出口的地方主要集中在我国传统的粮食主产区，大米虚拟水进口地区主要集中在东部发达省份。

未来十年，我国小麦虚拟水以进口为主，而其出口仅占较小份额。表 5-33 显示，2014—2024 年我国绝大多数省份以小麦虚拟水净进口为主，小麦虚拟水进口较多的省份包括广东、山东和江苏，年均净进口量分别为 37. 44 亿立方米、11.91 亿立方米和 11.57 亿立方米。2014—2024 年我国虚拟水净出口省份仅有天津、北京、吉林和陕西 4 个，年均净出口量都较小，分别为 0.55 亿立方米、0.49 亿立方米、0.03 亿立方米和 0.01 亿立方米。从全国总量来看，我国属于小麦虚拟水净进口国，2014—2024 年小麦虚拟水净进口量由 41.98 亿立方米增加到 164.43 亿立方米，年均增速为 26.52%，反映未来十年中，我国粮食进口虚拟水的载体较大一部分是小麦。

表 5-32　**大米进出口虚拟水净额量预测**　单位：亿立方米

省份	2014	2015	2017	2018	2019	2020	2021	2022	2023	2024
北京	2.26	3.47	5.9	7.12	8.33	9.55	10.76	11.97	13.19	14.4
天津	0.01	0	-0.03	-0.04	-0.05	-0.06	-0.07	-0.08	-0.09	-0.1
河北	0.07	0.1	0.15	0.17	0.2	0.22	0.25	0.27	0.3	0.32
山西	3.78	5.03	7.55	8.81	10.07	11.33	12.59	13.85	15.1	16.36
内蒙古	16.77	22.38	33.61	39.22	44.84	50.45	56.06	61.68	67.29	72.9
辽宁	-4.92	-6.16	-8.65	-9.89	-11.13	-12.37	-13.62	-14.86	-16.1	-17.34
吉林	-8.16	-10.19	-14.25	-16.28	-18.31	-20.34	-22.37	-24.4	-26.43	-28.46
黑龙江	-22.87	-28.6	-40.05	-45.78	-51.5	-57.23	-62.96	-68.68	-74.41	-80.14
上海	0.65	0.84	1.24	1.44	1.64	1.84	2.04	2.24	2.44	2.64
江苏	-1.15	-1.52	-2.26	-2.63	-3	-3.37	-3.74	-4.11	-4.48	-4.85
浙江	4.31	5.73	8.58	10	11.42	12.84	14.27	15.69	17.11	18.54
安徽	-0.61	-0.76	-1.07	-1.22	-1.37	-1.53	-1.68	-1.83	-1.98	-2.14
福建	1.34	1.67	2.34	2.68	3.01	3.35	3.68	4.02	4.35	4.68
江西	-5.45	-6.81	-9.52	-10.88	-12.24	-13.59	-14.95	-16.31	-17.66	-19.02
山东	0.01	0.01	0.02	0.02	0.02	0.03	0.03	0.03	0.03	0.04
河南	-11.87	-15.83	-23.74	-27.7	-31.66	-35.61	-39.57	-43.53	-47.48	-51.44
湖北	-0.08	-0.1	-0.13	-0.15	-0.17	-0.18	-0.2	-0.22	-0.24	-0.25
湖南	0.02	0.03	0.05	0.06	0.06	0.07	0.08	0.09	0.1	0.11
广东	15.82	19.78	27.69	31.64	35.6	39.55	43.51	47.46	51.42	55.37
广西	0.61	0.82	1.24	1.44	1.65	1.86	2.07	2.27	2.48	2.69
海南	-0.04	-0.05	-0.07	-0.08	-0.09	-0.1	-0.11	-0.12	-0.13	-0.14
重庆	-0.45	-0.6	-0.9	-1.06	-1.21	-1.36	-1.51	-1.66	-1.81	-1.96
四川	-0.86	-1.08	-1.51	-1.72	-1.94	-2.15	-2.37	-2.58	-2.8	-3.01
贵州	0.01	0.02	0.03	0.03	0.04	0.04	0.05	0.05	0.06	0.06
云南	0.61	0.77	1.07	1.22	1.38	1.53	1.68	1.84	1.99	2.14

表5-32(续)

省份	2014	2015	2017	2018	2019	2020	2021	2022	2023	2024
西藏	0	0	-0.01	-0.01	-0.01	-0.01	-0.01	-0.01	-0.01	-0.01
陕西	-0.02	-0.02	-0.03	-0.04	-0.04	-0.05	-0.05	-0.06	-0.06	-0.07
甘肃	0.89	1.19	1.79	2.09	2.39	2.68	2.98	3.28	3.58	3.88
青海	0	0	0	0	0	0	0	0	0	0
宁夏	0	0	0	0	0	0	0	0	0	0
新疆	-1.19	-1.49	-2.09	-2.39	-2.68	-2.98	-3.28	-3.58	-3.88	-4.18
总量	-10.51	-11.37	-13.05	-13.93	-14.75	-15.59	-16.44	-17.29	-18.12	-18.98

表 5-33　　小麦进出口虚拟水净额量预测　　单位：亿立方米

省份	2014	2015	2017	2018	2019	2020	2021	2022	2023	2024
北京	-0.13	-0.2	-0.35	-0.42	-0.49	-0.56	-0.63	-0.7	-0.77	-0.84
天津	-0.25	-0.31	-0.43	-0.49	-0.55	-0.61	-0.67	-0.73	-0.79	-0.85
河北	1.5	2	3.01	3.51	4.01	4.51	5.01	5.51	6.01	6.51
山西	0	0	0	0	0	0	0	0	0	0
内蒙古	0.51	0.69	1.04	1.21	1.39	1.56	1.74	1.91	2.09	2.27
辽宁	-0.05	-0.02	0.02	0.04	0.06	0.08	0.1	0.12	0.15	0.17
吉林	-0.04	-0.04	-0.04	-0.04	-0.03	-0.03	-0.03	-0.03	-0.03	-0.03
黑龙江	11.69	15.58	23.38	27.27	31.17	35.07	38.96	42.86	46.76	50.65
上海	0.24	0.3	0.42	0.48	0.54	0.6	0.66	0.72	0.78	0.84
江苏	4.34	5.79	8.68	10.12	11.57	13.01	14.46	15.9	17.35	18.79
浙江	1.52	1.85	2.5	2.83	3.16	3.49	3.81	4.14	4.47	4.8
安徽	-0.04	0.07	0.29	0.4	0.51	0.62	0.73	0.84	0.95	1.06
福建	0.18	0.2	0.25	0.27	0.29	0.32	0.34	0.36	0.39	0.41
江西	0	0	0	0	0	0	0	0	0	0
山东	4.5	5.98	8.95	10.43	11.91	13.4	14.88	16.36	17.85	19.33
河南	0.63	0.85	1.27	1.48	1.7	1.91	2.12	2.34	2.55	2.76
湖北	0	0	0	0	0	0	0	0	0	0
湖南	0.01	0.01	0.01	0.02	0.02	0.02	0.02	0.02	0.03	0.03
广东	17.18	21.24	29.34	33.39	37.44	41.49	45.54	49.59	53.64	57.69
广西	0.08	0.11	0.17	0.19	0.22	0.25	0.28	0.3	0.33	0.36
海南	0	0	0	0	0	0	0	0	0	0
重庆	0	0	0	0	0	0	0	0	0	0

表5-33(续)

省份	2014	2015	2017	2018	2019	2020	2021	2022	2023	2024
四川	0	0	0	0	0	0	0	0	0	0
贵州	0	0	0	0	0	0	0	0	0	0
云南	0.02	0.03	0.05	0.06	0.07	0.07	0.08	0.09	0.1	0.11
西藏	0	0	0	0	0	0	0	0	0	0
陕西	0	-0.01	-0.01	-0.01	-0.01	-0.01	-0.01	-0.01	-0.01	-0.01
甘肃	0.02	0.03	0.04	0.04	0.05	0.05	0.06	0.06	0.07	0.07
青海	0	0	0	0	0	0	0	0	0	0
宁夏	0	0	0	0	0	0	0	0	0	0
新疆	0.07	0.1	0.14	0.17	0.19	0.22	0.24	0.26	0.29	0.31
总量	41.98	54.25	78.73	90.95	103.22	115.46	127.69	139.91	152.21	164.43

未来十年，我国玉米虚拟水以进口为主，玉米虚拟水出口占较小份额。表5-34 显示，2014—2024 年我国绝大多数省份为玉米虚拟水净进口地区，玉米虚拟水净进口量较多的省份包括吉林、辽宁和内蒙古，它们的虚拟水年均净进口量分别为 66.44 亿立方米、26.24 亿立方米和 16.83 亿立方米；玉米虚拟水净出口的省份仅包含陕西和甘肃，它们的虚拟水年均净出口量分别为 0.07 亿立方米和 0.04 亿立方米。从全国总量来看，我国属于玉米虚拟水净进口国，2014—2024 年玉米虚拟水净进口量由 66.62 亿立方米增加到 270.71 亿立方米，年均增速为 27.85%，反映未来十年中，我国粮食虚拟水进口中玉米占有一定的份额。

未来十年，我国大豆虚拟水进口占主导地位，大豆虚拟水出口仅为零星部分。表 5-35 显示，2014—2024 年我国绝大多数省份属于大豆虚拟水净进口地区，进口量较多的省份包括：山东、辽宁、江苏、广西、天津、广东和福建，它们的虚拟水年均净进口量分别为 1 668.85 亿立方米、679.37 亿立方米、674.85 亿立方米、584 亿立方米、572.27 亿立方米、542.43 亿立方米和 525.1 亿立方米。大豆虚拟水净出口的地方包含北京、海南和甘肃，其中北京大豆虚拟水净出口量稍多，年均出口量为 49.67 亿立方米；海南和甘肃大豆虚拟水出口量相对较小，年均出口量为 0.002 亿立方米和 0.005 亿立方米。从全国总量来看，我国属于大豆虚拟水净进口国，2014—2024 年大豆虚拟水净进口量由 2 636.26 亿立方米增加到 6 444.01 亿立方米，年均增速为 13.13%，反映我国粮食虚拟水进口量的主要载体是大豆。

表 5-34　　玉米进出口虚拟水净额量预测　　单位：亿立方米

省份	2014	2015	2017	2018	2019	2020	2021	2022	2023	2024
北京	2.19	2.77	3.93	4.51	5.09	5.67	6.24	6.82	7.4	7.98
天津	0.28	0.35	0.49	0.57	0.64	0.71	0.78	0.85	0.93	1
河北	1.28	1.72	2.59	3.02	3.46	3.89	4.33	4.76	5.2	5.63
山西	0.16	0.22	0.34	0.4	0.46	0.52	0.57	0.63	0.69	0.75
内蒙古	6.28	8.39	12.61	14.72	16.83	18.94	21.06	23.17	25.28	27.39
辽宁	9.93	13.19	19.72	22.98	26.24	29.51	32.77	36.03	39.29	42.56
吉林	24.62	32.98	49.71	58.08	66.44	74.8	83.17	91.53	99.9	108.26
黑龙江	2.13	2.84	4.27	4.98	5.69	6.4	7.11	7.82	8.53	9.24
上海	3	3.75	5.24	5.98	6.72	7.47	8.21	8.96	9.7	10.45
江苏	3.04	3.8	5.32	6.08	6.84	7.6	8.36	9.12	9.88	10.64
浙江	2.2	2.75	3.84	4.39	4.94	5.49	6.04	6.58	7.13	7.68
安徽	0.06	0.07	0.09	0.11	0.12	0.13	0.14	0.15	0.16	0.17
福建	1.79	2.24	3.13	3.58	4.03	4.47	4.92	5.37	5.81	6.26
江西	0.06	0.07	0.1	0.11	0.13	0.14	0.15	0.17	0.18	0.19
山东	0.1	0.12	0.15	0.17	0.18	0.2	0.22	0.24	0.25	0.27
河南	0	0	0	0	0	0	0	0	0	0
湖北	0	0	0	0	0	0	0	0	0	0
湖南	0.04	0.05	0.07	0.08	0.09	0.1	0.11	0.12	0.13	0.14
广东	5.34	6.67	9.35	10.68	12.02	13.36	14.69	16.03	17.37	18.7
广西	1.57	1.96	2.74	3.14	3.53	3.92	4.31	4.7	5.09	5.48
海南	0.16	0.2	0.27	0.31	0.34	0.38	0.41	0.45	0.49	0.52
重庆	0	0	0	0	0	0	0	0	0	0
四川	1.04	1.29	1.8	2.06	2.31	2.56	2.82	3.07	3.33	3.58
贵州	0.79	0.98	1.37	1.57	1.77	1.96	2.16	2.36	2.55	2.75
云南	0.6	0.66	0.78	0.84	0.89	0.95	1.01	1.07	1.13	1.19
西藏	0	0	0	0	0	0	0	0	0	0
陕西	-0.04	-0.05	-0.06	-0.07	-0.07	-0.08	-0.09	-0.09	-0.1	-0.11
甘肃	0	0	0	0	0	-0.01	-0.01	-0.01	-0.01	-0.01
青海	0	0	0	0	0	0	0	0	0	0
宁夏	0	0	0	0	0	0	0	0	0	0
新疆	0	0	0	0	0	0	0	0	0	0
总量	66.62	87.02	127.85	148.29	168.69	189.08	209.48	229.9	250.31	270.71

表 5-35　　大豆进出口虚拟水净额量预测　　单位：亿立方米

	2014	2015	2017	2018	2019	2020	2021	2022	2023	2024
北京	-17.38	-23.84	-36.76	-43.21	-49.67	-56.13	-62.59	-69.04	-75.5	-81.96
天津	193.93	231.76	307.43	345.27	383.1	420.93	458.77	496.6	534.44	572.27
河北	116.61	124.01	138.81	146.21	153.61	161.01	168.41	175.81	183.21	190.61
山西	17.03	20.96	28.81	32.74	36.67	40.59	44.52	48.45	52.38	56.3
内蒙古	6.28	8.39	12.61	14.72	16.83	18.94	21.06	23.17	25.28	27.39
辽宁	236.38	280.68	369.28	413.58	457.87	502.17	546.47	590.77	635.07	679.37
吉林	79.54	99.3	138.82	158.59	178.35	198.11	217.87	237.63	257.39	277.15
黑龙江	0.22	0.27	0.37	0.43	0.48	0.53	0.58	0.64	0.69	0.74
上海	51.29	61.58	82.15	92.44	102.72	113.01	123.3	133.59	143.87	154.16
江苏	360.6	392.02	454.87	486.3	517.72	549.15	580.57	612	643.42	674.85
浙江	105.55	120.05	149.06	163.57	178.07	192.57	207.08	221.58	236.09	250.59
安徽	6.85	8.52	11.86	13.53	15.2	16.87	18.55	20.22	21.89	23.56
福建	196.33	229.2	294.96	327.84	360.71	393.59	426.47	459.34	492.22	525.1
江西	9.08	11.29	15.7	17.9	20.11	22.32	24.52	26.73	28.94	31.14
山东	636.92	740.12	946.5	1 049.7	1 152.89	1 256.08	1 359.27	1 462.47	1 565.66	1 668.85
河南	45.52	49.24	56.68	60.41	64.13	67.85	71.57	75.3	79.02	82.74
湖北	17.21	21.44	29.89	34.11	38.34	42.56	46.79	51.01	55.24	59.47
湖南	1.44	1.74	2.34	2.63	2.93	3.23	3.53	3.83	4.12	4.42
广东	284.2	310.02	361.67	387.49	413.32	439.14	464.96	490.79	516.61	542.43
广西	234.1	269.09	339.07	374.06	409.05	444.04	479.03	514.02	549.01	584
海南	0	0	0	0	0	0	0	0	-0.01	-0.01
重庆	19.89	20.94	23.03	24.07	25.12	26.16	27.21	28.26	29.3	30.35
四川	20.92	24.48	31.61	35.17	38.74	42.3	45.86	49.43	52.99	56.55
贵州	0	0	0	0	0	0	0	0	0	0
云南	2.85	3.54	4.91	5.6	6.29	6.97	7.66	8.35	9.04	9.72
西藏	0	0	0	0	0	0	0	0	0	0
陕西	9.1	10.1	12.1	13.1	14.1	15.1	16.1	17.1	18.1	19.1
甘肃	0	0	0	0	0	-0.01	-0.01	-0.01	-0.01	-0.01
青海	0	0	0	0	0	0	0	0	0	0
宁夏	0	0	0	0	0	0	0	0	0	0
新疆	1.8	2.13	2.8	3.13	3.47	3.8	4.13	4.47	4.8	5.13
总量	2 636.26	3 017.03	3 778.57	4 159.38	4 540.15	4 920.88	5 301.68	5 682.51	6 063.26	6 444.01

5.6 结论及启示

通过以上研究，虚拟水与粮食生产、贸易及粮食生产水资源效率的关系得到进一步的澄清，可以得到如下结论：

（1）按照人口粮食需求核算，我国粮食自给率基本能满足，多数省份粮食及虚拟水富余，可以进行省际间贸易，补缺其他地区缺口。

（2）全国稻谷生产虚拟水消耗量最多，西南地区粮食生产虚拟水消耗最多，黑龙江省粮食生产虚拟水消耗最多。

（3）全国虚拟水净进口量呈逐年上升趋势，全国进口大豆虚拟水最多，江苏省、黄淮海地区进口粮食虚拟水最多；全国出口大豆虚拟水最多，江苏省、东北地区出口粮食虚拟水最多。

（4）全国整体虚拟水贸易符合 H-O 理论，省际和区域虚拟水国际贸易不符合 H-O 资源禀赋理论。

（5）我国粮食生产用水效率与技术效率处于较低水平，粮食生产用水效率最低的是华北地区；粮食生产用水效率越高，有利于小麦和玉米虚拟水净进口量的减少，有利于大米和大豆虚拟水净进口量的提高。

（6）我国粮食生产用水生态效率和环境效率较差，环境效率更差，虚拟水出口较少的区域生态效率较高，虚拟水进口较多的区域环境效率较低。

（7）未来十年，我国粮食及虚拟水供需处于紧平衡状态，粮食生产虚拟水消耗最多的是玉米和小麦，大米、小麦、玉米和大豆均处于虚拟水净进口状态，大豆是虚拟水进口的核心载体。

根据上文分析及结论，可以得到如下启示：

（1）不能以单一的国际贸易理论指导我国虚拟水利用，应该结合省情和区情，综合利用国内外虚拟水贸易，确保嵌入水的国内外流动，从而缓解区域水短缺和粮食供需紧张状态。

（2）确保粮食生产用水效率、环境效率和生态效率的同步提高，不能以牺牲国内水资源的生态环境，换回国外的虚拟水补给，因而国内生态环境和国际贸易需要同等重视。

（3）把握我国虚拟水生产和贸易的产品、省份与区域规律，应该结合我国粮食消费结构和粮食进出口结构，制定粮食安全供应和虚拟水巧用相结合的方案。

6 气候变化关联水资源的利用及其效率影响分析

6.1 引言

气候是一种自然资源，当气候在合理范围内时，气候资源对人类生产生活是有利的，此时气候是我们直观理解的真正意义上的有利资源；当气候超出合理的承载能力时，气候资源对人类生产生活是有害的，此时气候资源演变为气候灾害。气候变化关联最为紧密的就是水文及水资源，此时气候变化通过水资源媒介造成水灾害，这将影响粮食生产，表现为气候变化后温度、湿度和降雨改变影响粮食产出，极端天气如极端降雨影响粮食生产，干旱洪涝影响粮食生产等。现有研究主要关注气候变量、极端天气和气候风险管理与粮食生产及安全间的关系。

6.1.1 气候影响农业生产及粮食安全研究

IPCC（2013，2012）研究表明，农业对气候改变的长期趋势和短期的降雨与温度及发生的干旱、洪涝、热浪、霜冻等均特别敏感。IPCC（2012）指出，气候改变尤其挑战粮食生产系统和自然资源的持续性。Grafton & Keenan（2014），Chartres & Noble（2015）指出，未来气候变化最主要的是气候变量影响下增加的极端天气事件对粮食产量供给的影响。

6.1.2 极端天气影响粮食安全研究

MacMahon et al.(2015)研究认为澳大利亚的粮食是安全的，但2010—2011年的洪涝灾害使粮食安全受到重要影响。Doward et al.（2014）研究英国后指出，2014年洪涝增加了主要农场的脆弱性尤其明显。Cai et al.（2015）认为较为严重的洪涝风险未来尤其将增加。Wei et al.（2015）就中国假设两种极端情景，降雨量最小和降雨量最大，并研究农民通过市场的同步应对措施，采用可计算的一般均衡模型进行粮食安全预测。结果显示，极端降雨情景就国际层面来说对中国粮食的影响不是特别严重。

6.1.3 气候变化关联水资源管理影响粮食安全研究

气候变化下的水资源风险管理研究，总体上主张采用全盘管理和整合管理。如：Lal（2015）基于气候改变和自然资源需求增长，主张采用整合和全盘的联系方法管理水、土壤和污染物等以保证全球粮食安全。Parvin et al.（2015）认为，气候改变、洪涝、粮食安全和人类健康等是相互联系的议题，需要合并应对处理。Keppen et al.（2015）基于美国加利福尼亚州 2014—2015 年的大旱对西部农业生产的重要影响，推荐了两个增加水供应弹性和可靠性的工具：调解和整合的解决方案由各利益相关者产生；增加水储存基础设施。笔者（working paper，2016）针对中国以水旱为主的自然灾害提出，为保障粮食可持续安全需要进行整合的水资源管理、开发应对气候变化工具和补充基础水利设施缺口投资及建设。

需要说明的是，我们认为的效率一般是正向效率，如水资源通过灌溉直接对粮食生产产生正向影响；而我们较为忽视水资源通过气候变化影响后，对粮食生产产生负向影响，此时的效率是负向的，即气候变化关联水资源容易对粮食生产产生负向的效率影响。

6.2 气候变量对粮食产出的影响分析

以 2013 年为例，省际的温度、湿度、降雨与粮食产量间存在一定的相关性。图 6-1 显示不同的温度、湿度和降雨量的两两组合，可以得到高低不同的粮食产量。其中，图 6-1（a）显示温度湿度与粮食产量配对情况，粮食产量高且集中的湿度需求在 50%~80%之间、温度需求约在 5℃上下或 15℃上下（且以 15℃上下温度的产量居多，下同）。图 6-1（b）显示降雨湿度与粮食产量的配对情况，粮食产量高且集中的湿度需求为 50%~80%、降雨量在 500 毫米和 1 500 毫米之间。图 6-1（c）显示降雨温度与粮食产量的配对情况，粮食产量高且集中的降雨需求为 500 毫米和 1 500 毫米之间、温度需求约为 5℃上下和 15℃上下。综合以上温度、湿度、降雨与粮食产量的配对关系，发现适合我国粮食产量的气候变量区间值，它们分别是：温度——5℃上下、15℃上下（15℃上下为主）；湿度——40%和80%之间；降雨量——500毫米和1 500毫米之间。

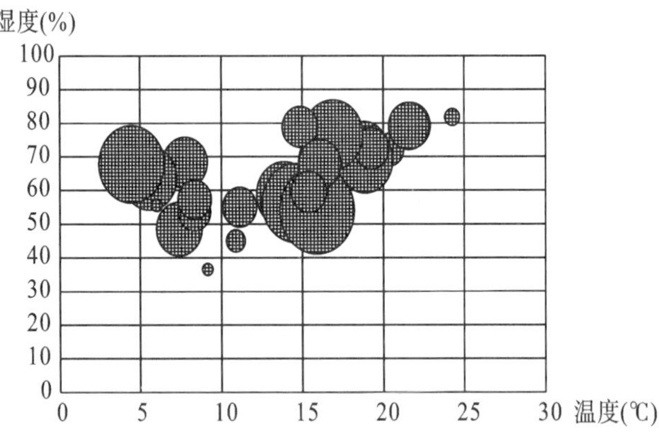

图6-1(a) 温度、湿度与粮食产量

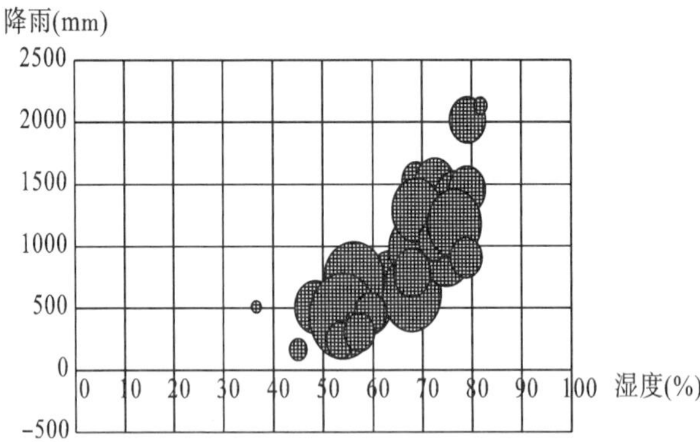

图6-1(b) 湿度、降雨与粮食产量

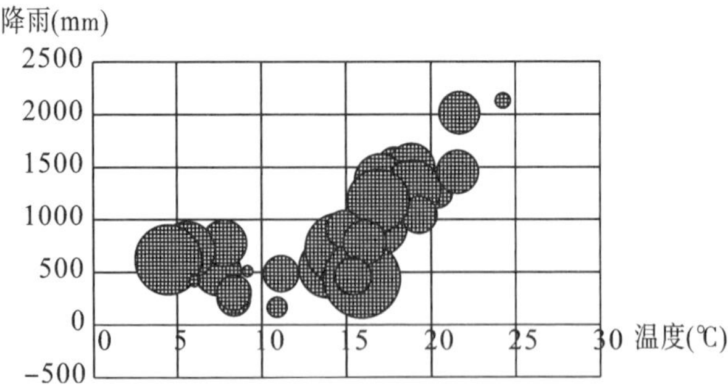

图6-1(c) 温度、降雨与粮食产量

由此发现有两个途径可以提高粮食产量。第一，依据各省地理位置条件，对气候变量进行一定的把控，进行相应粮食作物的生产，尽量让粮食作物处在天然的能保持粮食高产的温度、湿度和降雨环境中，尤其是气候条件适宜的地区，应该挖潜粮食生产能力。第二，打破地理位置的局限，实现科学种田，对气候变量进行控制，人工智能化制造出适宜粮食作物生产的温度、湿度和降雨量环境，提升粮食潜在的产出水平。

6.3　极端天气对粮食产出的影响及预测

6.3.1　数据来源及处理

省际粮食总产量、人均粮食总产量、省际降雨量相关数据均来源于2000—2014年的《中国统计年鉴》和《中国环境统计年鉴》。表6-1反映了省际的粮食产量、人均粮食产量和降雨量的基本情况。人均粮食产量等于总粮食产量除以省际人口量；省际年降雨量由省会城市年降雨量替代。其中，粮食产量最大省份年产6 242.19万吨，最小省份年产量仅为58万吨，均值偏离最大值较大，为1 662.563万吨，标准差也较大为1 340.843，这说明我国不同省份的粮食生产能力差距比较大。同样，人均粮食的最大值、最小值、均值和标准差之间的差距相对较小，说明我国各省人均粮食产量间的差距较小。比较粮食总产量与人均粮食产量指标的总体趋势，得出我国粮食主产省份也是人口相对密集的省份、粮食非主产省份的人口相对稀少，进一步反映出我国种粮仍然是人口密集型的行业，离转移农村富余劳动力、实现科技种粮仍有一定的差距。与此同时，省际降雨量呈现出比较极端的差值，最大省际年降雨量为2 628.2毫米，最小省际年降雨量为148.8毫米；且细致比较2000—2014年省份内部的极端降雨情况，发现15年中各省内部的极端降雨量最大值与最小值至少相差100毫米，反映出我国降雨量在气候影响下发生了较大的波动。

表6-1　　变量的统计描述

变量	平均值	标准差	最小值	最大值
粮食产量	1 662.563	1 340.843	58	6 242.19
人均产量	0.383 1	0.239 2	0.029 7	1.628 5
降雨量	886.068 7	508.946 1	148.8	2 628.2

数据来源：由《中国环境统计年鉴》《中国统计年鉴》整理得到。

6.3.2 模型建立、分析及预测

理论上粮食保持高产有最佳降雨量区间，当降雨不足时，粮食产量减少；降雨过多时，粮食产量也将减少；降雨量达到一个最佳值时，粮食产量达到最大值，这一关系符合倒 U 形曲线。假设粮食产量与降雨量间是倒 U 形曲线关系，初步观察发现：图 6-2（a）为省际粮食总产量与降雨量的关系，明显符合倒 U 形曲线假设；图 6-2（b）为省际人均粮食产量与降雨量的关系，也与倒 U 形曲线的右侧下降部分相吻合。

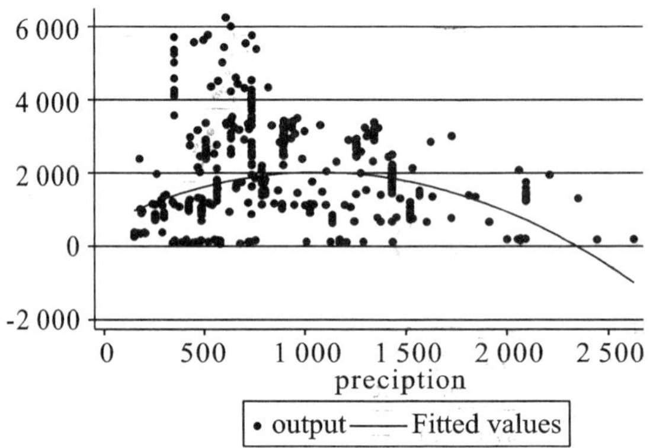

图 6-2(a)　全省粮食产量与省会城市降雨

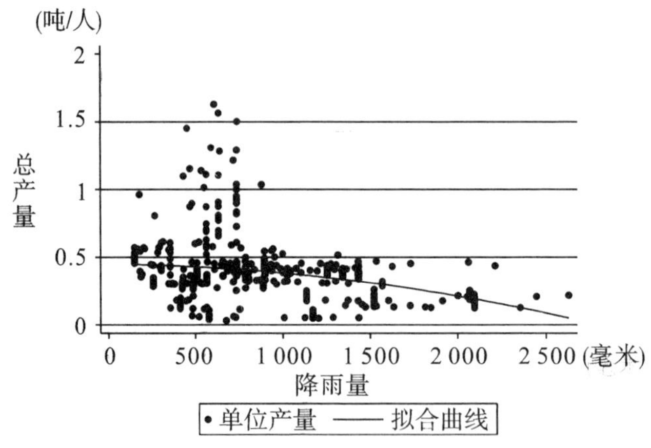

图 6-2(b)　全省人均粮食产量与省会城市降雨

以粮食总产量与降雨量为例，得到如下二次曲线拟合模型：

$$output = 612.3845 - 0.0012 precipitation^2 + 2.6451 precipitation + \varepsilon \tag{6-1}$$

相关检验表明：整体方程（6-1）通过了显著性水平检验，各参数估计均通过了5%的显著性水平检验，方程也具有一定的拟合优度。这说明粮食总产量与降雨量间的倒U形曲线关系假设成立。

依据方程（6-1）并考虑到前15年的历史性极端降雨有复发的可能性，据此可以对2025年的粮食产量进行预测。表6-2显示，当各省均处在历史最大降雨量时，各省平均粮食产量为1 648.667 3万吨；当各省均处在历史最小降雨量时，各省平均粮食产量为1 640.317 0万吨，与最大降雨时的均值粮食产量差别不大。这说明极端降雨情景对我国粮食的平均产量影响不大，未来2025年，中国粮食产量受极端降雨的影响较少，粮食产量仍在合理的稳定区间。

表6-2　2025年极端降雨情景下的粮食产量预测

省份	Max	Min	省份	Max	Min
北京	1 906.673 1	1 606.447 9	湖北	1 937.671 352	2 054.150 612
天津	1 925.654 8	1 400.882 0	湖南	1 740.162 8	2 035.594 8
河北	1 874.891 4	1 532.565 4	广东	190.572 3	1 905.297 8
山西	1 796.936 5	1 438.336 1	广西	1 808.096 9	2 046.806 4
内蒙古	1 723.280 2	1 043.194 4	海南	-724.686 0	1 098.053 9
辽宁	2 064.847 7	1 605.104 5	重庆	2 058.761 4	2 058.256 5
吉林	2 009.882 8	1 588.071 1	四川	2 000.201 5	1 780.437 5
黑龙江	1 913.333 0	1 562.804 9	贵州	2 051.466 8	1 908.439 2
上海	2 059.615 5	1 936.393 1	云南	2 004.839 1	1 724.826 5
江苏	2 020.195 2	1 988.019 7	西藏	1 724.053 8	1 380.295 7
浙江	1 990.262 4	1 598.734 1	陕西	1 892.753 1	1 518.012 9
安徽	2 014.697 5	2 017.620 3	甘肃	1 286.126 7	1 051.834 4
福建	1 280.199 4	2 068.498 3	青海	1 553.557 4	1 462.136 9
江西	594.209 3	2 069.949 7	宁夏	1 106.997 0	979.405 7
山东	1 975.094 9	1 729.061 1	新疆	1 396.753 8	1 263.661 0
河南	1 931.585 8	1 396.933 5	平均值	1 648.667 3	1 640.317 0

注：Max和Min分别代表各省历史上的最大和最小降雨量。

6.4 洪涝和干旱灾害对粮食产出影响分析

6.4.1 引言

主流气候变迁渐成全球共识[①]，气候变迁引致水旱灾害频发危及我国农业生产及粮食安全。依据《中国环境统计年鉴》，2013 年我国自然灾害累计受灾面积为 31 349.8 千公顷，农作物绝收面积为 3 844.4 千公顷；其中，洪涝和干旱为主的灾害（简称水旱灾害）造成受灾面积约占总受灾面积的 81.43%，造成农作物绝收面积约占总绝收面积的 84.41%[②]。假设水旱灾害的绝收面积均种植粮食，按 1 亩地可生产小麦 500~700 斤、玉米 700~900 斤、水稻 700~900 斤进行平均估算，2013 年粮食损失量在 1 541.4 万吨和 2 109.29 万吨之间；按每人每年消耗 240 斤口粮估算，2013 年粮食损失量可养活人口在 1.28 亿人次和 1.76 亿人次之间。以上说明水旱灾害成为我国农业气候灾害主力且严重破坏粮食安全。为深入研究水旱灾害对粮食安全的影响及应对措施，本书发现我国 1995—2014 年代表水旱灾害和粮食安全的指标（水旱灾害面积和粮食产量）存在反向走势关系，同期代表水利基础设施的指标（水利投资和水库容量）呈现出向上走势（图 6-3）。那么水利基础设施、水旱灾害与粮食安全三者是否存在必然联系，三者间的作用逻辑和作用大小程度如何？研究并解答此问题，对防治气候灾害确保我国粮食可持续安全具有较为重要的启示意义。

国内外水旱灾害、水利基础设施和粮食安全三方面关系的研究成果丰富[③]。第一，水旱灾害一直反向影响粮食安全，国家应对水旱灾害能力较弱。Ye et al.（2012），Wei et al.（2015），Yang et al.（2015）研究表明中国粮食产量与自然灾害间存在一定负向关系。Kijne et al.（2003），Viala（2008），Simelton et al.（2012）研究表明发展中国家应对自然灾害确保粮食安全的能力较差。第二，水利基础设施调控灾害影响，国家应加强水利基础设施投资和建设。Wisser et al.（2010），Komatsu et al.（2010），Nunes et al.（2015）研究表明水坝调整水资源时空分布能有效应对干旱。Berkhout（2015），Linnerooth-Bayer（2015）研究说明，欧盟需对防洪堤、水库和其他基础设施增加投资，

---

① 全球变冷在 20 世纪 70 年代初成为学术主流，认为气候的暖期接近尾声，全球变冷的高峰期将出现在 2050 年左右。

② 数据收集和整理来源于《中国环境统计年鉴（2014）》。

③ 本书考察的水利基础设施是指水利基础设施投资和水利基础设施建设两部分；本书界定的粮食安全主要指粮食生产安全，粮食产量可以作为衡量生产安全的核心替代指标。

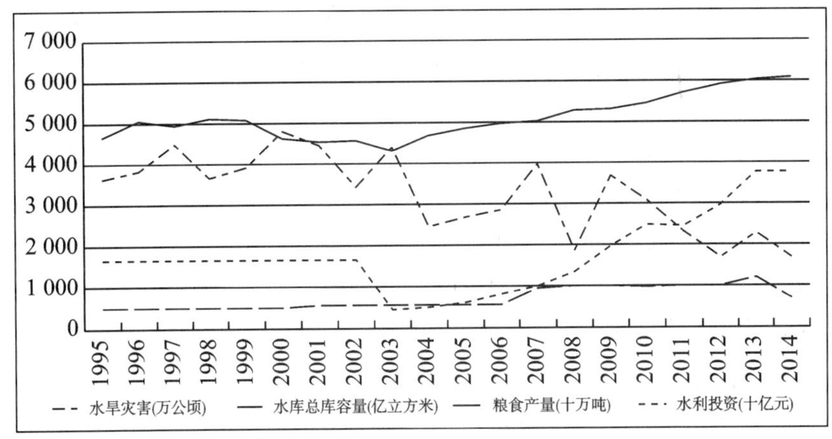

图 6-3　水旱灾害、水利基础设施与粮食产量走势

以应对因主流气候变化而增加的水旱风险。我国学者丁德章（2011）、陈云鹏等（2011）和曾福生（2014）研究表明，农田水利基础设施对水旱灾害问题的解决具有重要影响。第三，水利基础设施利于粮食安全，国家应重视水利基础设施绩效和管理。Shah et al.（2008）针对水坝建设的利弊之争，指出大型水利设施建设利于维护国家水情和降低粮食价格。Gasteyer（2008），Li（2012），Clark et al.（2014）研究证实调水工程利于国家粮食安全。Mishra et al.（2009），Su et al.（2012）研究表明小型灌溉工程的绩效和水基础设施的管理利于区域粮食安全。综上所述，水旱灾害不利于粮食安全生产、水利基础设施有利于控制水旱灾害风险并保障粮食生产安全。

本书分析三者的内在关联关系和外在逻辑关系，建立结构方程模型，运用时间序列和面板数据综合分析三者之间的相互作用及响应程度，对丰富粮食安全管理理论，对减轻气候灾害实现粮食可持续生产均具有较为重要的意义。

6.4.2　理论模型与研究方法

6.4.2.1　理论基础

（1）水旱灾害、水利基础设施和粮食安全统一于整合的水资源管理方法①

整合的水资源管理方法可以对三者进行统筹管理。表现在：第一，整合水

① 自然资源管理方法包括生态路径、整合方法和可持续发展。整合的自然资源管理概念由 Mitchell（1986）首先提出，该管理方法包括四个独立的特点：一是整合需要计划或项目实现不止一个目标，且目标的实现需要参与合作者利用多样的工具和多样的策略。二是整合需要混合不同的资源部门。三是整合强调资源管理作为一种社会和经济改变的利用机制。四是在整个管理过程中需要各方尽力调解和妥协。

资源管理中包含三者的内容及其实现策略。如欧盟整合水资源管理中均包含水旱灾害、水利基础工程和粮食安全等内容与实现策略，管理内容和策略的多样性详见《欧盟共同农业政策》《欧盟水框架指令》《欧盟洪水指令》《欧盟水资源短缺和干旱战略》等（Berkhout et al.，2015）。第二，管理部门相同。三者管理部门均是气象灾害部门、水利部门和自然资源与农业部门等部门的整合。第三，管理目标相同。三者的目标均是促进经济与社会发展。第四，管理程序相同。三者均需要相关卷入者的相互沟通和协调。据此，三者统一于整合的水资源管理方法是指它们从管理内容及策略、管理部门、管理目标和管理程序均符合整合的水资源管理方法。

（2）水利基础设施是一种应对主流气候变迁及其灾害影响的重要工具

一种观点认为大坝建设改变局部气候会引发气候灾害；另一种观点认为大坝建设总体利于经济社会长远发展。不同观点争论中，较少有研究实证分析水利基础设施对防治气候灾害的有利影响。本书支持后一种观点并认为水利基础设施具有应对气候灾害的功能。如上文研究表明，水利基础设施制衡水旱灾害影响，但制衡程度值得进一步商榷。因自然灾害不以人的意志为转移，水利基础设施即使在制衡灾害影响方面能力较强，但作为一种工具仅能缓解气候灾害影响，根治气候灾害需要人类保护环境和减少温室气体排放。

（3）水利基础设施在剔除灾害影响后最终合力依然能较大提升粮食安全生产

水利投资及建设通过直接和间接传导作用维护粮食安全。第一，水利投资直接增强粮食安全。因水利投资可看成农业资本投入，而资本增加将直接增加粮食产量。第二，水利投资通过间接传导作用增强粮食安全。水利投资用于增强水利基础建设后，借助完善的水利设施可维护粮食安全生产。第三，水利投资通过降低粮食安全风险保障粮食安全。水利投资可直接减轻水旱灾害风险，也可通过水利投资完善水利设施减弱水旱灾害风险，而水旱灾害风险减弱将降低粮食安全的风险。因此，综合灾害不利影响和水利基础设施有利影响，粮食安全生产能力最终将提高。

6.4.2.2　模型及研究方法

基于上述理论，为探讨三者间的互动关系，建立三者间的基本作用关系的结构方程模型：

$$\begin{cases} \ln p = \alpha + \beta \ln(ci) + \varepsilon \\ \ln(wd) = \varphi + \varphi \ln(ci) + \mu \\ \ln p = \gamma + \lambda \ln(wd) + \nu \end{cases} \tag{6-2}$$

其中，p，wd，ci 分别代表粮食产量、水旱灾害面积和水利基础设施投资或建设，α，φ，γ 为常数项，ε，μ，ν 为误差修正项。依据理论分析，联立方程系数$\beta > 0$、$\varphi < 0$、$\lambda < 0$，且$\beta + \varphi\lambda \gg 0$。此外，结构方程中可纳入水利基础设施投资与建设关系的回归方程。本书的结构方程估计均采用单一方程估计法，且方程估计均符合普通最小二乘法。

6.4.3 数据处理及统计描述

基于数据可得性，全国时间序列考察时段和省际面板数据考察时段分别选择1995—2014年和2004—2013年。数据来源于《中国环境统计年鉴》《中国农村统计年鉴》《中国统计年鉴》和国家统计局网站。样本数据主要指标包括水库座数、除涝面积、水库容量、水利设施投资、水旱灾害面积和粮食产量。其中：水利设施投资（I）利用水利、环境和公共设施管理业全社会固定资产投资替代；水利设施建设（V）利用水库库容量替代；水旱灾害面积（WD）由水灾受灾面积与旱灾受灾面积加总表示；粮食产量（P）由大米、小麦、玉米、大豆和薯类产量加总表示。因全国水利设施投资额1995—2002年数据缺失和水库座数、水库容量、除涝面积2014年数据缺失，省际水旱灾害总面积2004—2007年数据缺失，缺失数据均采用线性插值法补齐。另外，个别省份个别年份库容量、水旱灾害面积为无效零值，赋其值为0.0001。结合表6-3进行样本数据统计描述。

表6-3　样本数据的统计描述

变量	最小值	最大值	均值	标准差	数据层面
水库数量(座)	5 769.00	6 544.00	5 866.37	162.28	全国
水库容量(亿立方米)	501.90	1 216.47	710.21	244.49	全国
水灾受灾面积(千公顷)	4 718.00	22 292.00	10 743.15	4 926.47	全国
旱灾受灾面积(千公顷)	9 340.00	40 541.00	21 878.95	9 114.45	全国
水利设施投资(亿元)	4 365.80	37 663.90	17 779.63	9 408.68	全国
农作物受灾面积(千公顷)	24 891.00	54 688.00	42 951.45	9 322.77	全国
除涝面积(千公顷)	1 126.89	1 260.80	1 200.03	29.98	全国
粮食产量(10万吨)	4 306.95	6 070.26	5 108.73	509.99	全国
水旱灾害面积(千公顷)	0.000 1	6 442.10	843.26	765.40	省际
水库容量(亿立方米)	0.000 1	1 216.47	216.89	185.86	省际
水利设施投资(亿元)	7.18	2 571.41	549.59	500.87	省际
粮食产量(万吨)	70.20	6 004.10	1 716.55	1 391.04	省际

资料来源：笔者根据相关资料计算。

（1）水利投资快速增长，水利设施建设加快。全国水利投资强劲反弹，1995年投资额约为16 733.1亿元，2014年投资额约为37 663.9亿元，20年水利投资总额增长2.25倍。全国水库数量平稳增加，1995年全国拥有5 817座水库，2013年拥有6 544座水库，1995—2013年水库数量年均增速约为0.66%。全国水库库容量强势增长，1995年全国水库总库容量为504亿立方米，2013年全国水库总库容量上升为1 216.47亿立方米，1995—2013年全国水库总库容量年均增速为7.44%。总体上，水利投资增速最快，水库容量增速快于水库数量，水库建设呈现大中型化的趋势。

（2）自然灾害受灾面积稳降，水利设施功效日益凸显。一方面，农作物受灾面积逐年下降。1995年全国农作物受灾面积为45 821千公顷，2014年下降为24 819千公顷，受灾面积年均降速为2.28%。其中，全国水旱灾害面积分别由1995年的12 731千公顷、23 455千公顷下降到2014年的4 718千公顷、12 271千公顷，水旱灾害面积年均降速分别为3.15%和2.38%。另一方面，水利设施减灾和稳定粮食增长作用显现。如全国除涝面积缓慢增加，1995年除涝面积为1 190千公顷，2013年除涝面积为1 260.8千公顷，除涝面积年均增速0.31%；全国粮食产量不断攀升，1995年粮食产量为46 661.8万吨，2014年粮食产量为60 702.61万吨，粮食产量年均增速为1.5%。总体上，我国灾害下降速度明显快于粮食增产速度。

（3）省际水旱灾害、水利基础设施和粮食产量均存在较大差异。个别省份个别年份水库库容量和水旱灾害面积最小值接近0；水库库容量和水旱灾害面积最大值分别为1 216.47亿立方米和6 442.1千公顷。同时，省份间水旱灾害面积、水库容量、水利设施投资和粮食产量的标准差均较大，分别为765.4、185.86、500.87和1 391.04，反映省份间此四类指标内部存在较大差异。总体来看，我国不同省份应对灾害和维护粮食生产的能力存在较大差距。

6.4.4 实证结果分析

为进一步说明三者间的作用关系及大小程度，在结构方程的基础上分别运用时间序列和面板数据对三者间的作用关系进行实证检验和结果综合分析。相关检验步骤大体为单位根检验、协整检验和因果关系检验。

6.4.4.1 时间序列分析

（1）单位根检验

表6-4显示，原始序列和一阶差分序列单位根检验均采用包含截距项、不包括时间趋势项的一阶滞后检验类型。发现Ln(p)、Ln(wd)、Ln(v)和Ln(i)的

ADF 统计量均大于 5%的显著水平的临界值，因而接受原假设，原始序列存在单位根为非平稳序列；一阶差分后的 ADF 统计量均小于 5%的显著水平临界值，说明一阶差分序列均拒绝原假设，一阶差分序列不存在单位根为平稳序列。

表 6-4 ADF 平稳性检验

变量	检验类型	ADF 检验值	5%的显著水平临界值	P 值	是否平稳
Ln(p)	(c,0,1)	-0.246 3	-3.030 0	0.916 3	否
Ln(wd)	(c,0,1)	-0.802 3	-3.040 4	0.794 2	否
Ln(v)	(c,0,1)	-1.381 3	-3.030 0	0.569 2	否
Ln(i)	(c,0,1)	-0.836 5	-3.030 0	0.785 3	否
ΔLn(wd)	(c,0,1)	-4.198 8	-3.065 6	0.005 9	是
ΔLn(v)	(c,0,1)	-3.705 0	-3.040 4	0.013 6	是
ΔLn(i)	(c,0,1)	-3.659 5	-3.040 4	0.014 9	是
ΔLn(p)	(c,0,1)	-4.351 6	-3.040 4	0.003 7	是

注:(c,0,1)分别表示检验类型中的截距项、时间趋势和滞后阶数。

（2）协整检验

由于变量均满足一阶差分平稳，对两两变量之间进行协整关系检验。表 6-5 显示，方程④中，水库容量与水旱灾害面积存在负相关关系，相关系数为 -0.576 0，且通过 1%的显著水平检验；方程拟合优度较低为 31.9%，杜宾沃森值为 1.942 0；方程残差的 ADF 统计量小于临界值，且通过 5%的显著性水平检验，残差序列为平稳序列，说明方程变量间存在协整关系。即水库容量对粮食产量产生微弱正向影响，且此影响为长期稳定关系。其他方程间不存在协整关系。

表 6-5 方程变量协整关系判断过程

方程形式	系数(p 值)	R^2和 W.D 值	ε 的 ADF 统计量(p 值)与临界值(α%)	ε 平稳性及协整关系
①$Lnp=a_0+a_1\ln(wd)+\varepsilon_1$	$a_0=4.460\ 3(0.000\ 0)$ $a_1=-0.215\ 9(0.000\ 3)$	$R^2=52.67\%$ W.D=0.851 0	-2.196 3>-2.655 2 (0.213 6)(10%)	非平稳 非协整
②$Lnp=b_0+b_1\ln v++\varepsilon_2$	$b_0=3.082\ 2(0.000\ 0)$ $b_1=0.220\ 6(0.000\ 3)$	$R^2=52.90\%$ W.D=0.755 9	-1.250 0>-2.655 2 (0.629 9)(10%)	非平稳 非协整
③$Lnp=C_0+C_1\ln i++\varepsilon_3$	$C_0=3.320\ 5(0.000\ 0)$ $C_1=0.121\ 2(0.000\ 2)$	$R^2=52.90\%$ W.D=0.755 9	-1.621 8>-2.660 6 (0.451 6)(10%)	非平稳 非协整
④$Ln(wd)=d_0+d_1\ln v+\varepsilon_4$	$d_0=0.319\ 0(0.000\ 0)$ $d_1=-0.576\ 0(0.009\ 5)$	$R^2=31.90\%$ W.D=1.942 0	-3.262 0<-3.081 0 (0.036 2)(5%)	平稳 协整

表6-5(续)

方程形式	系数(p 值)	R^2和 W.D 值	ε 的 ADF 统计量(p 值)与临界值(α%)	ε 平稳性及协整关系
⑤$Ln(wd)=e_0+e_1 lni+\varepsilon_5$	e_0=4.041 9(0.000 0) e_1=-0.172 5(0.179 0)	R^2=9.80% W.D=1.128 1	-2.459 6>-2.655 2 (0.140 1)(10%)	非平稳 非协整
⑥$Lnv=f_0+f_1 lni+\varepsilon_6$	f_0=2.031 3(0.000 0) f_1=0.250 4(0.039 6)	R^2=21.47% W.D=0.435 2	-1.632 7>-2.655 2 (0.447 4)(10%)	非平稳 非协整

注：数据均由笔者根据相关资料计算得到；时序方程①至方程⑥结果将与下文的面板数据方程①至方程⑥结果进行综合比较分析。

因方程④通过协整检验，则其误差修正模型如（6-3）式：

$$\Delta\ln(wd)=\beta_0+\beta_1\Delta\ln v+(\beta_2-1)ecm_{t-1}+\varepsilon_t \tag{6-3}$$

其中，$\Delta\ln(wd)$ 受两方面影响：一是受自变量短期波动 $\Delta\ln v$ 的影响；二是受误差修正项 ecm_{t-1} 的影响。对式(6-3)进行估计得到误差修正方程(6-4)：

$$\begin{aligned}\Delta\ln(wd)=&-0.006\,9+0.322\,5\Delta\ln v-0.982\,3ecm_{t-1}\\ &(0.024\,2)\quad(0.310\,5)\quad(0.236\,7)\\ &(0.778\,8)\quad(0.314\,4)\quad(0.000\,8)\end{aligned} \tag{6-4}$$

$R^2=56.53\%\qquad W.\ D=1.665\,9$

误差修正方程（6-4）显示：水利建设与水旱灾害存在长期稳定的负相关关系。短期内，水利建设增加1%使水旱灾害增加0.325 5%；长期内，水利建设增加使误差修正项以0.982 3%的速率反向作用，使水旱灾害风险下降到均衡水平。

（3）因果关系检验

方程④通过协整检验可对其进行因果关系检验。表6-6显示，以检验原假设 ΔLn（wd）不是 ΔLn（v）的格兰杰原因为例，F 统计量没有通过显著性水平检验，不能拒绝原假设，说明 ΔLn（wd）不是 ΔLn（v）的格兰杰原因。同理，可对两变量进行反向因果关系检验。总体 Granger 因果关系检验表明，水库建设是水旱灾害变化的原因，但水旱灾害不是水库建设变化的原因。

表6-6　变量间的 Granger 因果关系检验

变量	零假设	F 统计量	P 值	结论
ΔLn(wd)	ΔLn(wd)不是 ΔLn(v)的格兰杰原因	0.262 1	0.773 7	不能拒绝原假设
ΔLn(v)	ΔLn(v)不是 ΔLn(wd)的格兰杰原因	3.500 9	0.063 4	拒绝原假设

6.4.4.2 面板数据分析

（1）单位根检验

表6-7显示，在Levin，Lin & Chu检验、Im，Pesaran and Shin W-stat检验、ADF-Fisher检验和PP -Fisher检验过程中，原始面板样本的统计值至少通过了5%的显著性水平检验，表明原始面板数据均不存在单位根，原始面板数据均是平稳的。

表6-7 面板数据单位根检验过程

检验方法	Lnp		Ln(wd)		Lnv		Lni	
	统计值	P值	统计值	P值	统计值	P值	统计值	P值
Levin，Lin & Chu检验	-5.224 1	0.000 0	-4.154 4	0.000 0	-5.510 5	0.000 0	-8.653 0	0.000 0
Im,Pesaran,Shin W-stat检验	-2.923 9	0.001 7	-2.243 5	0.012 4	-2.053 0	0.020 0	-4.191 3	0.000 0
ADF-Fisher检验	100.641	0.001 4	87.282 6	0.018 9	86.625 1	0.021 2	17.244	0.000 0
PP -Fisher检验	201.870	0.000 0	186.248	0.000 0	177.195	0.000 0	161.798	0.000 0
检验结论	不存在单位根→平稳		不存在单位根→平稳		不存在单位根→平稳		不存在单位根→平稳	

（2）模型检验、确定及协整检验和因果关系检验

确定两两面板数据样本间的回归模型时，需进行Hausman检验。表6-8显示，Lnp与ln（wd）、lnp与lnv和lnp与lni的关系模型中，卡方值均为负值，分别为-1.36、-1.84和-1.36，说明它们之间均适用于固定效应模型；ln（wd)与lnv和ln（wd）与lni的关系模型中，卡方值均为正值，分别为50.52和5.29，且分别通过1%和5%的显著性水平检验，说明这两组模型均适合使用固定效应模型；lnv与lni的关系模型中，卡方值为正值2，但没有通过显著性水平检验，说明该组模型适合采用随机效应模型。

表6-8 HAUSMAN检验过程

	(p,wd)模型	(p,v)模型	(p,i)模型	(wd,v)模型	(wd,i)模型	(v,i)模型
Hausman检验	卡方值	卡方值	卡方值	卡方值	卡方值	卡方值
	-1.36	-1.84	-0.47	50.52 (0.000 0)	5.29 (0.017 0)	2.00 (0.157 0)
适用模型	FE	FE	FE	FE	FE	RE

注：FE代表固定效应模型，RE代表随机效应模型；括号值为p值。

依据HAUSMAN检验确定面板数据方程。表6-9显示，方程①反映水旱灾害与粮食产量关系系数为-0.011 6，且通过1%的显著性水平检验，同时方程整体上通过1%的显著性水平检验，说明水旱灾害与粮食产量间的负向关系成

立，水旱灾害每增加 1%，粮食产量减少 0.011 6%。方程③反映水利投资和粮食产量间的关系系数为 0.079 9，且通过 1%的显著性水平检验，同时方程整体上通过 1%的显著性水平检验，说明粮食产量与水利投资间的正向关系成立，水利投资每增加 1%，粮食产量增加 0.079 9%。方程④⑤分别反映水利建设和水利投资与水旱灾害的影响。它们的系数均为负值，且均通过 5%的显著性水平检验，两个方程整体上均通过 5%的显著性水平，说明它们之间的负向关系成立，水利建设和水利投资每增加 1%，水旱灾害分别减少 0.347 3%和 0.283 8%。方程⑥反映水利投资与水利建设关系系数为 0.175 5，通过 1%的显著水平检验，且 Wald 卡方值通过 1%的显著水平检验，说明水利投资与水利建设的正向关系成立，水利投资每增加 1%，水利建设增加 0.175 5%。

表 6-9　　面板数据方程的确立

面板方程	常数项	系数项	F 值	P 值
① $\ln p=3.0426-0.0116\ln(wd)+\varepsilon_{p,wd}$	0.003 9 （p=0.000）	0.010 2 （p=0.003）	8.85	0.003 2
② $\mathrm{Ln}p=2.9839+0.0138\ln v+\varepsilon_{p,v}$	0.021 1 （p=0.000）	0.009 9 （p=0.163）	1.96	0.163 0
③ $\mathrm{Ln}p=2.8128+0.0799\ln i+\varepsilon_{p,i}$	0.016 6 （p=0.000）	0.006 6 （p=0.000）	148.33	0.000 0
④ $\mathrm{Ln}(wd)=3.2628-0.3473\ln v+\varepsilon_{wd,v}$	0.317 4 （p=0.000）	0.148 5 （p=0.020）	5.47	0.020 0
⑤ $\mathrm{Ln}(wd)=3.2372-0.2838\ln i+\varepsilon_{wd,i}$	0.307 3 （p=0.000）	0.121 6 （p=0.020）	5.44	0.020 3
⑥ $\mathrm{Ln}v=1.6818+0.1755\ln i+\varepsilon_{v,i}$	0.151 7 （p=0.000）	0.047 2 （p=0.000）	（chi2） 13.84	0.000 2

注：括号为系数的统计显著性水平；方程②因系数项和整体方程均没通过显著性水平检验需剔除。

对面板数据模型的残差进行单位根检验。表 6-10 显示，方程残差的 v-Statistic 检验其统计值均没有通过显著性水平检验，而 Panelrho-Statistic 检验、PP-Statistic 检验和 ADF-Statistic 检验的统计值均通过 10%的显著性水平检验。整体检验显示：方程①③④⑤的残差序列是平稳的，变量间均是协整关系，即变量间存在长期稳定的关系。

表 6-10　　　　面板数据方程变量的协整检验

残差值	$\varepsilon_{p,wd}$	$\varepsilon_{p,i}$	$\varepsilon_{wd,v}$	$\varepsilon_{wd,i}$
检验方法	统计量(p 值)	统计量(p 值)	统计量(p 值)	统计量(p 值)
v-Statistic 检验	-1.574 3 (0.942 3)	1.048 4 (0.147 2)	-1.449 9 (0.926 5)	-1.917 8 (0.972 4)
Panelrho-Statistic 检验	-2.745 4 (0.003 0)	-3.730 1 (0.000 1)	-1.516 2 (0.064 7)	-2.402 1 (0.008 2)
PP-Statistic 检验	-8.080 8 (0.000 0)	-9.845 2 (0.000 0)	-9.586 8 (0.000 0)	-9.810 6 (0.000 0)
ADF-Statistic 检验	-6.245 8 (0.000 0)	-4.882 1 (0.000 0)	-6.647 6 (0.000 0)	-5.325 6 (0.000 0)
检验结论	协整	协整	协整	协整

注:因方程⑥没有通过面板协整检验,故检验过程略掉。

对存在协整关系的面板方程变量进行格兰杰因果关系检验。表 6-11 显示,以 lnp 与 ln(wd)存在单向因果关系为例,原假设是 Ln(wd)不是 lnp 的格兰杰原因,因统计量 6.579 5 通过 1%的显著性水平检验,因而拒绝原假设,说明 Ln(wd)是 lnp 的格兰杰原因。同理,可对其他变量间的关系进行假设和检验。Granger 因果关系检验总体表明:水旱灾害是粮食产量变化的原因,粮食产量不是水旱灾害变化的原因;粮食产量是水利建设变化的原因,水利建设是粮食产量变化的原因;水利建设与水旱灾害均不是对方变化的原因;水利投资不是水旱灾害变化的原因,水旱灾害是水利投资变化的原因。

表 6-11　　　　面板数据方程变量的 Granger 因果关系检验

变量	零假设	统计量	P 值	结论
Lnp Ln(wd)	Ln(wd)不是 lnp 的格兰杰原因	6.579 5	0.001 6	拒绝原假设
	Lnp 不是 ln(wd)的格兰杰原因	0.333 5	0.716 8	不能拒绝原假设
Lnp Lni	Lni 不是 lnp 的格兰杰原因	3.603 0	0.028 7	拒绝原假设
	lnp 不是 lni 的格兰杰原因	2.569 0	0.078 7	拒绝原假设
Ln(wd) Lnv	Lnv 不是 ln(wd)的格兰杰原因	0.205 7	0.814 2	不能拒绝原假设
	Ln(wd)不是 lnv 的格兰杰原因	0.182 2	0.833 5	不能拒绝原假设
Ln(wd) Lni	Lni 不是 ln(wd)的格兰杰原因	1.432 2	0.240 8	不能拒绝原假设
	Ln(wd)不是 lni 的格兰杰原因	14.280 1	1.E-06	拒绝原假设

6.4.4.3　模型结果的综合分析

三方综合作用的结果显著提高了粮食产量，降低了气候灾害风险。时间序列分析中，水利投资和建设各增加1%，它们各直接正向增加粮食产量0.121 2%和0.220 6%；因水利建设库容量增加可减少水旱灾害风险，水旱灾害风险减少将增加粮食产量。因此，水利基础设施每增加1%，粮食产量最终将增加0.121 2%+0.220 6%+0.576 0%×0.220 6%=0.343%。面板数据分析中，水利投资和建设各增加1%，可直接增加粮食产量0.079 9%；因投资可增加水利建设库容量，水利建设库容量增加将减少水旱风险，水旱风险减少将增加粮食产量，则水利投资每增加1%间接增加粮食产量0.175 5%×（0.011 6%×0.347 3%+0.283 8%×0.011 6%）≈0。因此，水利基础设施每增加1%，粮食产量最终增加0.079 9%+0=0.079 9%。综合时间序列和面板数据分析，水利基础设施每增加1%，粮食产量最终的综合生产能力平均约增加（0.343%+0.079 9%）/2=0.211 5%。同理，综合两类数据分析，水利建设每增加1%，水旱灾害风险平均约减轻0.461 7%。以2013年我国粮食产量和水旱绝收面积为基期，国家水利基础设施每增加1%的投入，粮食产量可增加127.31万吨，将增加10多万人一年的口粮；同时可减少绝收粮食量约8万吨，将节约近70万人一年的口粮。总体来看，我国水利基础设施每增加1%，将增加约80万人一年的口粮。另外，综合时间序列和面板数据的因果关系检验发现三者间的Granger因果关系不明显。

6.4.5 结论及政策建议

基于内在关联关系和外在逻辑关系的理论分析，建立三者关系的结构方程模型，利用时间序列和面板数据，实证综合分析得到三者间的互动关系及响应程度，对同步认清多方问题并维护粮食可持续安全具有较为重要的价值。本书得出如下有益结论：水旱灾害、水利基础设施与粮食安全的内在关联联系表现在它们的管理内容、管理部门、管理目标和管理程序均符合整合的水资源管理方法。三者外在的逻辑关系是水旱灾害制约粮食生产、水利基础设施制衡水旱灾害影响、水利基础设施增强粮食安全，三者作用的合力关系最终表现为水旱灾害降低、粮食产量提高。定量分析显示，水利建设每增加1%，水旱灾害风险平均约减少0.461 7%，且两者具有协整关系，证明水利建设具有长期稳定减轻水旱灾害风险的功效；水利投资及建设每增加1%，减除水旱灾害影响后，粮食产量平均约增加0.211 5%，证明三者互动关系的合力为正且显著提高了粮食综合生产能力。

依据上述结论，本书提出如下政策主张：

（1）采用整合的水资源管理方法协同解决气候灾害问题、水利问题和粮食安全问题。以往我国制订规划较注重某一重大问题的单一规划和解决方案，缺乏协同创新解决系列问题的思路和方法。因而，亟须依据整合的资源管理理论，分国家和区域层面，从整合管理策略、管理部门、管理目标和管理路径等方面制订综合治理水旱灾害问题、水利基础设施问题和粮食安全生产问题的总体规划及方案。

（2）开发应对气候灾害的实用工具，以管理效率带动工程效率。因发展中国家应对自然灾害能力较弱，需借鉴发达国家经验，开发利用灾害防治工具。例如：控制源头碳排放，对超标排放征收环境税；建立省际农业气象中心，对灾害影响进行监控发布；提高农民文化素质，对其进行灾害防治知识培训；加大农民受灾补贴，对其生产损失和生活进行同步补贴。现有工具已发挥出调解水旱灾害影响的作用，今后更应注重利用管理效率带动其工程效率。

（3）加强大中小微型水利设施同步建设，完善农村农田水利设施网。水利投资及建设有效减轻水旱灾害风险和提高粮食安全的分析，证实了我国大坝、水库是成功的。以往我国较注重大中型水利工程设施建设，小微型配套水利工程建设存在较大缺口，农村农田水利基础设施也较为薄弱。因此，在加强大中型水利工程建设的同时，加强小微型辅助型水库、村塘、河堰、沟渠及农田水利设施网建设，对维护我国农业可持续性及粮食安全具有长远的意义。

6.5 气候框架下的粮食安全 CGE 模型

测算中国水缺口及对应的粮食缺口时，需要用到可计算的一般均衡模型，借鉴 Grafton et al.（2015）的全球粮食水模型，建立如下气候影响下粮食安全与水资源利用的 CGE 模型式（6-5）：

$$\begin{cases} D = p \times d \\ S = y \times (ld + li) \times v \\ W = r \times li \times e \end{cases} \tag{6-5}$$

其中，D 代表总的粮食需求，S 代表总的粮食供给，W 表示水资源需求量。P 表示未来人口的预测量，d 表示未来人均粮食消费量，ld 表示干旱土地量，li 表示灌溉土地量（历年各省的土地面积一定，但因气候变化干旱土地和灌溉土地量在此消彼长），y 代表作物亩均产量，v 代表作物生产提高水平，r 表示灌溉率，e 表示灌溉效率。依据供需平衡即 $D = S$，可得到最终的水资源需求量，粮食需求量及它们与现实的缺口量。同时，测算中国各省水缺口及对应粮食缺口时，也可借助该模型，则 D 为省际粮食需求，S 为省际粮食供给，W 为省际水需求，其他变量也是对应的省际值变量。依据省际粮食供需平衡 $D=S$，可得到相应的省际水需求量、粮食需求量及它们与现实的缺口量。

CGE 模型中应该准确纳入气候要素，但气候要素较难定量衡量，一般通过气候变量（温度、湿度和蒸发等）、极端天气（极端降雨）和洪涝干旱灾害（发生面积或造成损失）等方面来量化气候要素。因这些量化要素均与水资源密切关联，因而可以近似采用水资源影响粮食安全的 CGE 模型来反映气候变化对粮食安全的影响。但该模型也需要完善，在此 CGE 模型中，如何纳入气候要素？气候要素对水资源需求量的作用过程如何？需在今后的研究中进一步明确。

6.6 结论及对策

气候是农业及粮食生产中必不可少的自然资源，确保农业生产及粮食安全的气候变化管理必不可少。总体来看，气候资源通过气候变量、极端天气、洪涝干旱等变化影响粮食生产及安全。以上的研究大体可以得出如下结论：

（1）气候变量影响粮食生产及安全，气候变量可控。气候变量中的温度、湿度、降雨量与粮食产量之间有一定的配比规律，温度在 5℃或 15℃上下、湿度在 40%和 80%之间、降雨量在 500 毫米和 1 500 毫米之间时，粮食可保障一个较高水平的产出。这些气候变量可以通过自然条件配比选择得到，也可以通过人工智能实现科学种田得到。

（2）极端天气影响各省粮食安全，极端天气对中国粮食收获影响不大。以极端降雨量为例，2025 年中国如发生历史上的极端降雨量天气，则各省不论降雨量最大还是降雨量最小，总的粮食产出水平波动不大。造成这一现象的原因，是我国地理分布线较为宽广，各省的极端降雨差异较大，不同省份的极端降雨对粮食产出的拉大和减小作用可以相互抵消，最终粮食产量仍然维持在一个稳定的水平。值得注意的是，虽然极端降雨对粮食产出影响不大，但考虑到未来十年我国人口增长，粮食刚需仍然较为旺盛，粮食产量仍维持现在的产出水平恐怕较难适应未来需求，所以针对极端降雨过剩时，可以采取作物避雨技术，减轻饱和过剩雨水对粮食生产的负向影响；极端降雨过少时，可采用灌溉技术，加大农田灌溉使作物吸收接近饱和的水分，利于农作物生长。

（3）洪涝干旱等灾害影响各省粮食安全，其不利影响通过管理和技术能有效熨平。以洪涝干旱为主的灾害对农作物歉收、绝收影响较大，已成为气候相关灾害的主要灾害源，因此针对洪涝干旱灾害应该采取重点整治和防范。前文研究发现，水利基础设施投资及建设对干旱洪涝灾害的减轻效果较为明显，且发挥出维护农业及粮食生产的水利基础设施供给保障功能。因而，在工程技术上加大水利投资及建设对维护粮食安全仍有一定空间。同时，依靠行政管理，开发气候灾害的预警、防治、培训等相关工具和技能，可以有效减轻将要发生或已经发生的气候灾害的负向影响。

（4）气候变化 CGE 模型可估算中国省际粮食供需缺口，将在政策制定影响中发挥重要作用。以往粮食安全模型较少纳入气候对粮食生产及需求的影响，一方面在于气候变化是一个较新的国际前沿议题，将气候变化纳入粮食安全考察中也是一个新颖的课题；另一方面，气候变化是一种综合作用力，正如前文分析的气候变化包括气候变量、极端天气、洪涝干旱灾害等。如何将气候变化进行综合量化后，再纳入 CGE 模型中，也是国内外亟待解决的一大难题。本书只进行了肤浅的探索，建立的省际 CGE 模型，是在水资源与粮食安全关系模型的基础上，考虑到气候变化与水资源关联最为密切，因而在该模型的变量中，变量的大小值由气候决定而不再是已知给定的值，这样也只是较为牵强的考虑了气候变化对粮食安全的影响。但这一探索不失为开发更好气候 CGE 模型的尝试，未来更好的气候 CGE 模型将被开发、且会对粮食安全进行政策制定指导，因此这一工具也将在未来体现出重要的价值。

依据上文结论，提出如下应对气候变化的对策：

（1）控制气候变量提升粮食产量。依据各省地理位置条件，对气候变量进行一定的把控，进行相应粮食作物的生产，尽量让粮食作物处在天然的能保持粮食高产的温度、湿度和降雨环境中。尤其是气候条件适宜的地区，应该挖潜粮食生产能力。同时，打破地理位置的局限，实现科技种田，对气候变量进行控制，人工智能化制造出适宜粮食作物生产的温度、湿度和降雨量环境，提升粮食潜在的产出水平。

（2）应对省际极端天气尤为重要。极端天气总体上对我国粮食收获损失影响不大，各省应该因地制宜的针对降雨量的大小，采用雨养和灌溉比重的方式，进行相辅相成的补水或泄水措施。当雨养不足时，进行有效灌溉补充；当雨养过剩时，进行有效排水，防治水浸、漫灌等对土壤及粮食作物的湮灭和破坏。

（3）行政管理和工程技术齐发治理洪涝干旱。首先，开发应对气候灾害的实用工具，以管理效率带动工程效率。因发展中国家应对自然灾害能力较弱，需借鉴发达国家经验，开发利用灾害防治工具。例如：控制源头碳排放，对超标排放征收环境税；建立省际农业气象中心，对灾害影响进行监控发布；提高农民文化素质，对其进行灾害防治知识培训；加大农民受灾补贴，对其生产损失和生活进行同步补贴。现有工具已发挥出调解水旱灾害影响的作用，今后更应注重利用管理效率带动其工程效率。其次，加强大中小微型水利设施同步建设，完善农村农田水利设施网。水利投资及建设有效减轻水旱灾害风险和提高粮食安全的分析，证实了我国大坝、水库是成功的。以往我国较注重大中型水利工程设施建设，小微型配套水利工程建设存在较大缺口，农村农田水利基础设施也较为薄弱。因此，在加强大中型水利工程建设的同时，应加强小微型辅助型水库、村塘、河堰、沟渠及农田水利设施网建设。

（4）运用科学的气候 CGE 模型进行政策支持。加大对农业研究和科学团队的支持，利于早日产生适宜我国的成熟的气候 CGE 模型，并能成功运用到政策的制定和预测中；我国不同于国外的因素包括省际因素、区域因素，因而探索自身的省际或区域 CGE 模型，力争在国际前沿研究中能占有一席之地，同时也为气候变化贡献中国智慧和中国方案提供了优良土壤，未来的决策将更加准确和科学。

7 其他自然资源利用及其效率分析

7.1 引言

随着我国经济发展和人民生活水平的提高，粮食需求的数量和质量也同步提高。在此新形势下，粮食生产及其质量的安全问题日益凸显。而能源是粮食生产中不可或缺的生产要素，因而，能源对确保粮食生产数量的稳定起到一定作用；同时，粮食生产中投入更多的清洁能源和有机能源，将保证产出的粮食的质量更为安全。我国农药、化肥等化石形式的能源过度使用，产生了较严重的环境污染（包括非期望的碳排放），农业领域的节能减排刻不容缓。

相关农业能源的研究文献可以作为分析粮食安全用能的理论基础：

能源在农业中利用的研究。国外较多学者研究了农业能源的利用，认为农业能源包括各种矿物燃料、农药、化肥、农机用能、灌溉用能和生物能等。例如：Piero & Mario（1997）研究了不同国家农业部门的化石能源利用情况，并在土地和劳动力禀赋受约束下评估化石能源的相对重要性，发现如果一个国家土地禀赋相对于劳动力禀赋较差时，其化石能源需求相对强劲。Wendell（2000）研究了美国的农业能源使用，他认为到餐桌上的食物经过了较多的能源密集投入，农作物生产中的机械用能、灌溉用能、化学肥料等归为能源密集投入的部分。Paul（2003）研究了热带地区的农业能源及 CO_2 排放，发现农业机械、灌溉、施肥、化学农药等农业能源的利用仅占该区域商用能源量的3.9%，且农业能源中化学肥料占到70%。Josef（2012）研究了欧洲农业生产中使用的生物质能，他发现生物质能在低温环境下如不添加化学剂，其燃烧不充分从而造成能源浪费。

农业能源消耗量的测算方法。国际上核算能源消耗的指标主要是能量法（Pimental，1983；Cleveland，1995；Refsgaard，1998；Dalgaard，2001）和能值法（Odum，1986、1987；Lan，1998；Jiang，2007；Chen et al.，2009）。其中，能量法是将各个能源投入量乘以相应能耗系数，能耗系数一般为热值单位吨标准煤或千卡，加总各个标准煤或千卡从而得到总能源消耗量（Locheretz，1980）。例如，矿物燃料主要包括汽油、柴油、燃料油、液化石油气、天然气、软质煤和硬质煤（Cervinka，1980），各个能源消耗量等于具体投入的能源物质数量乘以其相应的能耗系数。农用机械能量，一般采用农业机械千克重量乘以相应的能耗系数（Pimental，1976）。同样，化肥和农药的能耗量按其物质使用量乘以相应的能耗系数得到。能值（Emergy）是指为形成一定的焦耳能量所需要吸收的太阳能焦耳数量（Odum，1971，1987）。例如，矿物燃料煤、石油、天然气等虽然物质不同，但它们均是吸收太阳能转变而来，用太阳能焦耳量可以把不同质的能源换算为同质的太阳能。能值法即是按照各资源对应的能值转化率，将不同度量单位的物质转化为能值单位太阳能焦耳。能量法较为简单，相应的能量数据可以直接或间接得到，但其把不同质的能源换算为相同的热量值缺乏一定的理论依据；能值法把不同质的能源归为同质的太阳能来计算能源消耗，有一定的理论依据，但其计算相对复杂（Mark et al.，2004；Hau et al.，2004）。

农业能源效率的测度。测量农业能源效率的工具较为多样。传统的 DEA（data envelopment analysis，DEA）方法的生产前沿面是非随机的，忽略测量误差和其他统计噪声的影响，得出的能源效率存在偏误。继 Ferrier 和 Lovell（1990）提出随机前沿分析（stochastic frontier analysis，SFA）计算效率后，Fare et al .（1994）在考虑生产前沿面未知情况下，采用包括误差项的随机生产前沿函数模型代表未知的前沿面，且误差项包含真实噪声和无效率项两部分，估计参数模型及其误差项可以得到准确的能源效率。但传统 DEA 方法和 SFA 方法均忽略非期望产出。现有文献，纳入非期望产出的估算能源效率的方法有 SBM（slacks-based measure，SBM）和超效率 DEA（super efficiency data envelopment analysis，SE-DEA）。SBM 模型克服传统 DEA 模型中各要素变化只能是径向和角度的弊端，它通过在目标函数中引入各投入和产出的松弛变量，从而构造变量变化的非径向、非角度的基于松弛的效率评价模型（Tone，2001，2003）。Hu and Wang（2006）定义全要素能源效率（total factor energy efficiency，TFEE）实际上为方向距离函数后，较多学者用包含非期望产出的 SBM 方向距离函数来测算全国、区域和行业层面的全要素能源效率（Azadehd，2007；Wei，2007；雷鸣，2013）。而经扩展的 DEA 方法中的超效率 DEA 模型（Tone，2002；武春友等，2009），它克服了 SBM 模型中效率值为 1 的决策单元不能进一步判断哪个单元更为有效的缺陷。

不同于以往研究的是，本研究考虑粮食生产中直接和间接的化石燃料消耗及碳排放，运用包含非期望碳排放的SE-DEA模型评估粮食安全生产的能耗及其效率，据此深入探讨粮食安全生产范围内的节能空间和减排空间。

7.2 能源在农业中利用的基本情况

7.2.1 能源消费状况

改革开放以来，我国农业用能消费的主力能源是煤炭、石油和电力。消耗比率如下：

煤炭：1.81%。

石油：1980—2007年为5.76%，2008—2010年为3.07%。

电力：1980—2007年为9.38%，2008—2010年为3.36%。

长期来看，农业能源消费中的煤炭比重下降趋势不甚明显，而石油和电力消费比重上升趋势较为明显。

7.2.2 能源投入产出弹性

改革开放以来，我国农业用能源的投入产出波动较大，反映农业能源的效率改进不甚平稳。投入产出的异常值与正常值波动情况如下：

异常值：1997—1998年和2007—2008年，多为较大的负值。

正常值：石油、电力2000—2002年和2005—2006年大于1，其他年份在0和1之间波动；煤炭2004—2005年大于1，其他年份在0和1之间波动。

总体来看，我国农业的能源消耗效率有待提高和进行较为平稳的效率控制。

7.2.3 农业用能的结构

我国农业用能结构呈现多元化的特点。总体来看包括以下四大类：

第一类，以煤消耗为主，主要以原煤为代表；

第二类，以油品消费为主，主要包括汽油、柴油和液化石油气；

第三类，以气消费为主，主要是天然气；

第四类，以电力消耗为主，主要是以煤电为主的农业用电。

与此同时，我国农业用能结构呈现出地域化的特点：

天然气，主要是重庆、四川、陕西，零星天然气用能的是湖南、新疆；
热力，主要是内蒙古、河南，零星热力用能的是宁夏和新疆；
非四大类主流能源的其他能源，主要是湖南和福建。

7.2.4 农业用能的趋势

图 7-1 显示，随着农业产值的逐年增加（如下图 GD），我国农业用能量和农业用能能效整体呈现逐年上升的态势（见下图 ER 与 AV）。

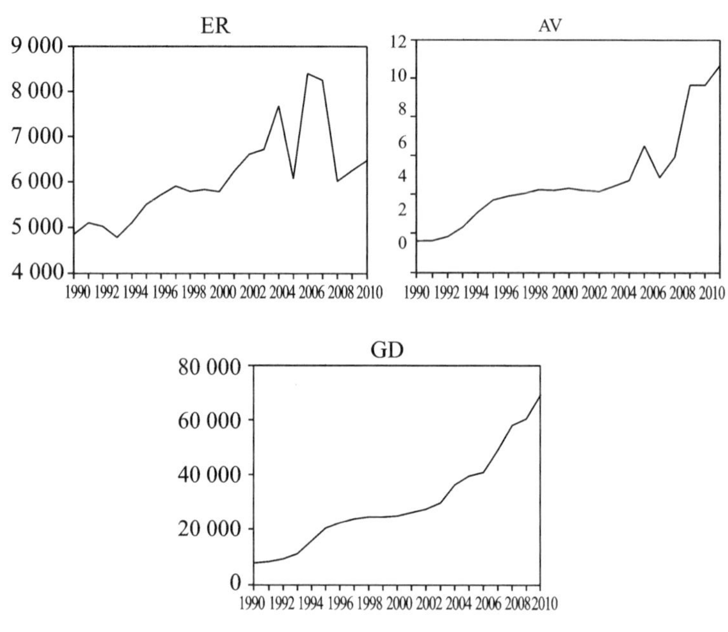

图 7-1 农业能源走势

注：农业能效用农业产值除以农业总用能量得到。

7.3 农业能源消耗及其碳排放量特征分析

通过化石燃料（f）及其碳排量（fc）、农用电力（g）及其碳排量（gc）、机械灌溉设施（m）及其碳排量（mc）、农药（p）及其碳排量（pc）、化肥（c）及其碳排量（cc）的数据统计发现，我国农业能源消耗及其碳排放的总体结构特征是：电力消耗是总能源消耗的主体，机械碳排量是能耗排放量的主导。具体特征如下：

（1）化石燃料。农业中消耗的化石燃料归纳为四类能源消耗：煤耗以原煤为主、油耗以柴油为主、气耗以天然气为主和其他能源。其中，原煤、柴油、天然气标准煤折算系数分别为 0.714 3 万吨标准煤/万吨、1.457 1 万吨标准煤/万吨、13.3 万吨标准煤/亿立方米。化石燃料碳排放计算按 IPCC 准则，原煤、柴油、天然气和其他能源的碳折算系数分别为 2.69、3.228 、20.9、2.772 5。省际农业矿物能源消耗量=煤耗+油耗+气耗+其他能源；省际农业矿物能源碳排量=煤耗碳排+油耗碳排+气耗碳排+其他能源碳排。2000—2012 年，矿物能耗总量较为平稳，历年均值为 4 588.36 万吨标准煤，占历年能耗总值的比例为 4.98%。2000—2012 年，矿物碳排放总量呈加速上升趋势，历年均值为 12 824.19 万吨，2012 年较 2000 年排放量上涨 69.04%。总体来看，农业矿物燃料消耗总量较小，碳排放量基数小但增速相对较快。

（2）农用电力。农业电力主要来源于以火电为主的外购电力，包括农、林、牧、渔、水利用电。2000—2012 年，农业电力消耗量高位缓慢上升，年均消耗量为 76 796.532 万吨标准煤，年均增长率为 3.82%，年均能耗占总农业能耗的 83.63%；2000—2012 年，电力碳排放量占次主导地位，年均排放量为 295 046.5 万吨，年排放量约占总排放量的 19.53%。总体来看，农业电力是农业能源的主体，其间接的碳排放量仅次于机械能。

（3）机械、灌溉设施。农机总动力包括农用机械和灌溉设施。其中，机械类含大中小型拖拉机及其配套农具、联合收割机和机动脱粒机；灌溉类含农用排灌电动机、排灌柴油机、水泵和节水灌溉类机械。整机的原料来源、整机生产及维修均需消耗能源。假设农忙时节 5、6、10 月份，农机动力每天工作 10 小时，则每台动力机械每年工作 900 小时。根据 IPCC 标准，整台动力机械工作 1 小时的标准煤折算系数为 1.229。2000—2012 年，机械和灌溉能总量平稳上升，历年均值为 7 344.873 万吨标准煤，年均上涨率约为 7.31%；2000—2012 年，机械和灌溉碳排放量较大，历年均值为 513 296.4 万吨，年均排放量约占总排放量的 76.4%。总体来看，农机灌溉能基数较大、仅次于电力能耗，其碳排放量占主导地位。

（4）农药、化肥。农用化肥施用包括氮肥、磷肥、钾肥和复合肥。氮磷钾肥的热值转化率分别为：5 740 千卡/千克、2 030 千卡/千克、2 150 千卡/千克；复合肥由氮磷钾肥混合生成，热值转化率为三者的均值：3 306.67 千卡/千克。农用化肥能量=∑各肥料施用量×各自热值转化率。农药使用量标准煤折算：1 千克农药=24 000 千卡，1 千克标准煤=7 000 千卡。2000—2012 年，农药消耗量处于较低位平稳上升的态势，年均消耗量为 525.633 5 万吨标准煤，年均增长率为3.17%；化肥消耗量处于相对低位稳定状态，年均消耗量为2 895.045万吨标准煤，约占年总能源消耗量的3.18%。2000—2012年，农药碳排放量处于低位缓慢上升阶段，年均碳排放量为755.998 4万吨；化肥碳排放量处于较低位缓慢抬升阶段，年均碳排放量为2 592.802万吨。总体来看，农药消耗量和碳排放量处于最低水平，化肥消耗量和碳排量处于较低水平。

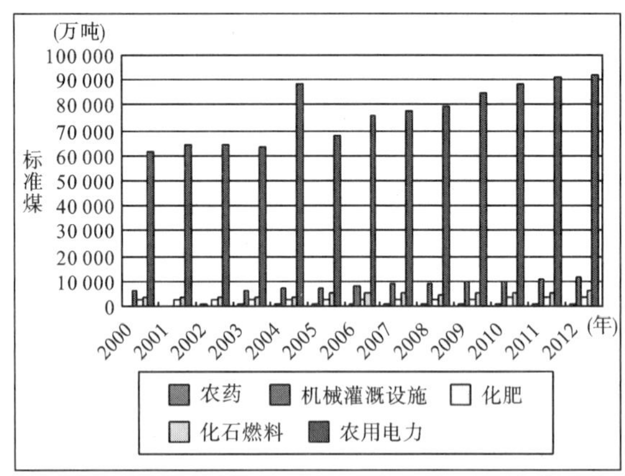

图7-2(a)中国农业能源消耗量

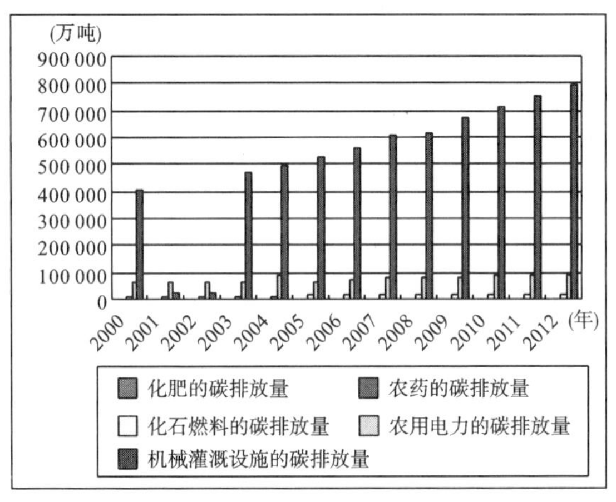

图7-2(b)中国农业能源碳排放量

7.4 农业能源消耗效率及节能减排空间实证分析

7.4.1 数据来源和变量选择

选取样本为2000—2012年中国30个省、市、自治区（西藏除外）。数据来源于历年《中国统计年鉴》《中国能源统计年鉴》、部分省份的统计年鉴和国泰安数据库。选取的主要考察变量见表7-1。从最终生成的390个样本指标中可以看出：省际农业总产值和劳动力投入均存在较大的数量差异。农业强省最大农业产值为7 938.112亿元，农业弱省最小农业产值为56.98亿元；农业劳动力充沛省份人员投入量最大为331.90万人，农业劳动力不足省份人员投入量最小为36.30万人。省际能源消耗和资本存量均存在相对较小的数量差异。历年各省农业资本存量平均值为511.43亿元；历年各个省份能源消耗平均值为188.577 7万吨标准煤。

表7-1　主要变量与统计量

变量	样本量	平均值	标准差	最小值	最大值
农业总产值（亿元）	390	1 619.58	1 417.21	56.98	7 938.11
能源能耗（万吨/标准煤）	390	188.58	123.98	7.95	680.96
资本存量（亿元）	390	511.43	406.13	17.31	1 765.48
劳动力投入（万人）	390	1 986.66	1 827.89	4.64	10 526.78

数据来源：《中国统计年鉴》和《中国能源统计年鉴》及国泰安数据库。

（1）农业总产值（Y）

省际农业总产值由省际农、林、牧、渔产值代替。各省产值以2000年为基期水平，分别利用各省农、林、牧、渔价格指数进行数值平减。

（2）能源消耗（E）

农业用能主要包括煤耗、油耗、气耗、电力和其他能源。其中，总煤消耗以原煤为主，按1万吨原煤=0.714 3万吨标准煤折算；总油消耗以农用柴油为主，按1万吨柴油=1.457 1万吨标准煤折算；农业气耗为天然气，按1亿立方米天然气=13.3万吨标准煤换算；农业用电，按1亿千瓦小时=1.228 4万吨标准煤换算。则统一转化为热值单位万吨标准煤后，省际农业总能源消耗量=煤耗+油耗+气耗+电力+其他能源。

（3）资本存量（K）

农业部门的资本存量估计根据张军等（2004）采用的永续盘存法估算：

$$K_{it} = K_{i,\ t-1}(1 - \delta_{it}) + I_{it} \tag{7-1}$$

其中，K_{it} 代表 i 省第 t 年的资本存量，$K_{i,\ t-1}$ 为该省上一期的资本存量，I_{it} 为 i 省第 t 年的农业固定资产原值。其计算方法是农村居民家庭拥有农业生产性固定资产原值（单位：元/户）乘以乡村户数（单位：万户）。固定资产 δ_{it} 为该省第 t 年的经济折旧率，根据张军估算的中国省际固定资产总额的年均折旧率为9.6%，假设该值也符合农业固定资产的年均折旧水平。各省农业资本期初值利用 Harberger（1978）的假定思想得到，即基于稳定状态的产出增长率与资本存量的增长率相等。本书采用下式估计期初农业资本存量（单位：亿元）：

$$K_{i0} = I_{i0}/(g_i + \delta) \tag{7-2}$$

$$g_i = \sqrt[n]{Y_{it}/Y_{0t}} - 1 \tag{7-3}$$

其中：K_{i0} 代表 i 省的期初资本存量，I_{i0} 代表期初固定资产投资，δ 代表经济折旧率；g_i 代表实际产出增长率，也是资本增长率，Y_{it} 代表 i 省计算期农业总产值，Y_{0t} 代表该省期初农业总产值，n 代表计算年份与期初的时间间隔。

利用式（7-2）和式（7-3）估算省际农业资本存量期初值（见表7-2）。利用式（7-1）估算省际其他年份农业资本存量值。按本书的需要假定以2000年农业资本存量为期初值，后续值均以2000年不变价格水平为基准，并运用各省各年的固定资产投资价格指数进行相应折算。

表7-2　　省际农业资本存量估算值

年份	山东	河北	黑龙江	吉林	浙江	广东	江苏	福建	天津	海南
2000	3 917.54	2 999.06	1 001.86	923.43	2 347.62	1 711.70	2 314.32	762.10	241.37	182.15
2012	4 206.24	2 243.06	2 441.12	1 428.15	1 358.06	1 078.01	1 210.16	729.06	112.61	165.57
年份	河南	湖北	湖南	山西	陕西	江西	重庆	辽宁	北京	上海
2000	3 767.15	854.54	1 360.17	745.36	661.57	750.08	574.39	1 027.63	135.95	190.26
2012	2 774.78	1 395.84	1 275.98	616.67	611.44	981.35	1 094.31	2 218.06	92.34	30.32
年份	四川	云南	贵州	广西	新疆	安徽	内蒙古	青海	甘肃	宁夏
2000	2 620.72	1 299.86	867.74	894.97	631.66	2 345.57	1 113.36	173.46	739.40	228.87
2012	3 475.23	2 259.55	1 036.91	1 551.42	1 264.02	2 354.88	1 622.74	228.74	1 001.79	242.98

数据来源：笔者根据相关资料计算。

（4）劳动力投入（L）

农业劳动力由农、林、牧、渔劳动力人数替代。因农业劳动力人口存在流动，计算公式如下：

$$L = (L_{i,\ t-1} + L_{i,\ t})/2 \tag{7-4}$$

其中，L 代表当年农业农、林、牧、渔劳动力数量，i 代表省份，t 代表时期。式（7-4）表示当年特定省份农业劳动力投入即为上一年末的人数与当年末人数的平均值。

7.4.2 研究方法

（1）农业能源效率测算主要采用 SE-DEA 方法

假设考察的决策单元 MDU 个数恒定，每个考察单元有 m 个输入变量和 n 个输出变量，x_{ik} 表示第 k 个决策单元的第 i 个输入变量；y_{jk} 表示第 k 个决策单元的第 j 个输出变量。建立基于松弛测量的投入产出线性规划数学模型：

$$Min\theta$$

$$s.t.\begin{cases}\sum\limits_{\substack{j=1\\ j\neq L}}^{m} X_j\lambda_j + S_i^- = \theta X_0, X_k = (x_{1k}, x_{2k}, \cdots, x_{mk})m,\ i = 1,2,\cdots,m \\ \sum\limits_{\substack{j=1\\ j\neq L}}^{n} Y_j\lambda_j - S_r^+ = Y_0, Y_k = (y_{1k}, y_{2k}, \cdots, y_{nk}),\ r = 1,2,\cdots,n \\ S_i^- \geqslant 0, S_r^+ \geqslant 0, \lambda_j \geqslant 0\end{cases}$$

其中，θ 表示能源单元的技术效率。L 表示能源投入产出要素单元。X_0，Y_0 代表放弃能源要素单元前生产前沿面上的最佳投入和最佳产出。λ_j 代表放弃能源要素单元后，重新构造的有效决策单元组合中第 j 个决策单元的组合比例；S_i^-，S_r^+ 分别代表投入松弛向量和产出松弛向量。模型测度能源效率的含义是：当 MDU 有效时，$S_i^- = S_r^+ = 0$ 成立，此时 $\theta \geqslant 1$；当 MDU 无效时，松弛向量均不为零，此时 $\theta < 1$。

（2）基于 DEA-BCC 模型计算节能减排潜力

节能与减排分别采用基于投入方向和产出方向的规模报酬可变的 BCC 模型测算决策单元技术效率。同步计算决策单元效率时，得到两组投入和产出变量的初始值、径向移动、松弛移动和规划值。按照节能原则和减排原则，决策单元的节能量和减排量为：

$$\Delta input_{energy} = E_{original} - E_{project} \tag{7-5}$$

$$\Delta output_{carbon} = 1/(1/C_{project} - 1/C_{original}) \tag{7-6}$$

式（7-5）的左侧代表节约的能源量，右侧代表初始能源投入与规划能源投入的差额；式（7-6）的左侧代表碳排放节约量，右侧代表正向最佳碳产出（倒数表示）与正向实际碳产出（倒数表示）的差额的倒数。则相应的节能空间和减排空间可表示为式（7-7）和式（7-8）：

$$E' = (E_{original} - E_{project})/E_{original} \tag{7-7}$$

$$C' = [1/(1/C_{project} - 1/C_{original})]/C_{original} \tag{7-8}$$

7.4.3 结果分析

（1）包含非期望碳排放的 DEA 效率

用包含非期望碳排放的 SE-DEA 模型测算各省农业能源利用效率，得到表 7-3 所示结果。表 7-3 显示，从全国来看，2000—2012 年效率值由 0.15 上升到 0.62，全国农业能源效率依然较低，但呈现上升的趋势。从省际来看，各省效率普遍偏低，但呈上升趋势，效率稍高的省份主要集中在东部工业区，效率最低的省份集中在西部农业区。截至 2012 年年底，农业能源效率有效的省份包含上海、江苏，效率值分别为 1.08 和 1.04；效率稍高的省份包含辽宁、四川、湖北、吉林和黑龙江，它们的效率均等于或超过 80%，其他省份的农业能效均低于 80%。

（2）节能减排空间核算

农业生产用能中较大一部分是用于粮食生产，粮食在一定安全产值范围内可以相应地缩减能源的投入和碳排放量。表 7-4 和表 7-5 可近似看成粮食生产中的节能潜力和减排潜力。从总体来看，粮食生产中不同省份的节能和减排潜力具有较大差异，全国范围内仍具有一定的节能潜力和减排潜力。

表 7-4 显示，2000—2012 年我国 30 个省份农业能源的最佳规划水平。其中，除北京、上海、海南和青海外，其他省份历年均存在较大的节能潜力。节能空间在 80%以上的省份包括重庆、陕西和甘肃，它们每年分别可节约标准煤 18.56 万吨、24.67 万吨和 47.80 万吨；节能空间在 60%和 80%之间的省份包括广西、云南、安徽、宁夏、河南、湖南、湖北、山西和贵州，它们每年分别可节约标准煤 12.49 万吨、10.86 万吨、20.60 万吨、6.31 万吨、61.23 万吨、33.21 万吨、32.72 万吨、26.23 万吨和 14.18 万吨；节能空间在 0 和 60%之间的省份包括天津、辽宁、新疆、吉林、江苏、广东、四川、浙江、内蒙古、山东、河北和黑龙江，它们每年分别可节约标准煤 15.53 万吨、5.75 万吨、8.45 万吨、3.28 万吨、30.98 万吨、24 万吨、11.50 万吨、13.11 万吨、10.14 万吨、40.91 万吨、44.02 万吨和 8.90 万吨。从全国来看，平均每年可节约标准

煤 554.94 万吨。

表 7-5 显示，2000—2012 年我国 30 个省份农业用能非期望碳排放的最佳规划水平。其中，除山西、福建、江西、湖北、湖南、广西、重庆和陕西外，其他农业省份均不具有碳减排潜力。碳减排潜力较高的省份是江西和湖北，年均减排空间分别为 57%和 52%，年均减排量分别为 458.05 万吨和 433.94 万吨；具有一定减排潜力的省份包括山西、福建、湖南、广西、重庆、陕西和甘肃，它们的年均减排量分别为 125.55 万吨、7.74 万吨、320.74 万吨、110.42 万吨、34.61 万吨、142.66 万吨和 250.27 万吨。从全国来看，平均每年可减的碳排放量为 1 883.98 万吨。

表 7-3 农业能源的利用效率

年份	2000	2001	2002	2003	2004	2005	2006	2007	2008	2009	2010	2011	2012
北京	0.31	0.37	0.38	0.48	0.55	0.53	0.44	0.49	0.55	0.55	0.65	0.72	0.75
天津	0.24	0.26	0.28	0.32	0.38	0.39	0.34	0.37	0.41	0.44	0.55	0.61	0.58
河北	0.13	0.14	0.14	0.16	0.20	0.22	0.21	0.27	0.30	0.32	0.41	0.50	0.51
山西	0.07	0.08	0.06	0.10	0.08	0.12	0.09	0.12	0.13	0.22	0.26	0.34	0.30
内蒙古	0.15	0.15	0.15	0.18	0.21	0.30	0.29	0.35	0.40	0.44	0.50	0.60	0.65
辽宁	0.22	0.22	0.26	0.29	0.34	0.38	0.39	0.49	0.56	0.65	0.78	0.94	0.94
吉林	0.18	0.17	0.19	0.26	0.29	0.32	0.37	0.46	0.48	0.59	0.89	1.02	0.80
黑龙江	0.12	0.13	0.16	0.19	0.21	0.31	0.31	0.39	0.44	0.52	0.59	0.75	0.82
上海	0.33	0.37	0.39	0.43	0.47	0.44	0.50	0.64	0.70	0.73	0.84	1.96	1.08
江苏	0.19	0.20	0.22	0.23	0.29	0.37	0.40	0.49	0.58	0.64	0.86	1.30	1.04
浙江	0.17	0.18	0.20	0.20	0.25	0.29	0.29	0.36	0.40	0.44	0.66	0.75	0.65
安徽	0.11	0.11	0.12	0.13	0.16	0.19	0.19	0.25	0.29	0.33	0.62	0.76	0.48
福建	0.24	0.25	0.27	0.29	0.34	0.40	0.40	0.47	0.55	0.56	0.82	0.92	0.77
江西	0.11	0.12	0.13	0.13	0.16	0.19	0.21	0.25	0.30	0.32	0.49	0.67	0.55
山东	0.14	0.15	0.16	0.18	0.23	0.27	0.29	0.35	0.41	0.44	0.54	0.60	0.59
河南	0.09	0.10	0.10	0.10	0.13	0.18	0.18	0.21	0.26	0.28	0.45	0.51	0.38
湖北	0.15	0.15	0.16	0.19	0.25	0.25	0.26	0.33	0.44	0.47	0.60	0.80	0.83
湖南	0.11	0.11	0.12	0.13	0.16	0.17	0.17	0.22	0.28	0.27	0.33	0.58	0.40
广东	0.19	0.19	0.20	0.25	0.27	0.25	0.26	0.28	0.33	0.34	0.43	0.72	0.50
广西	0.12	0.12	0.13	0.16	0.21	0.23	0.27	0.33	0.39	0.37	0.58	0.78	0.54
海南	0.31	0.34	0.39	0.33	0.40	0.40	0.39	0.44	0.52	0.52	0.61	0.99	0.77
重庆	0.10	0.11	0.12	0.13	0.25	0.26	0.27	0.27	0.40	0.43	0.78	0.92	0.69
四川	0.15	0.17	0.18	0.23	0.27	0.29	0.31	0.45	0.56	0.53	0.85	1.10	0.87

表7-3(续)

年份	2000	2001	2002	2003	2004	2005	2006	2007	2008	2009	2010	2011	2012
贵州	0.08	0.09	0.09	0.10	0.11	0.12	0.13	0.22	0.28	0.31	0.76	0.94	0.51
云南	0.11	0.12	0.12	0.13	0.17	0.20	0.20	0.24	0.28	0.34	0.49	0.63	0.51
陕西	0.09	0.09	0.09	0.10	0.12	0.14	0.15	0.18	0.23	0.25	0.37	0.65	0.44
甘肃	0.07	0.07	0.08	0.08	0.10	0.12	0.12	0.14	0.16	0.18	0.22	0.25	0.27
青海	0.06	0.07	0.08	0.09	0.10	0.11	0.12	0.14	0.19	0.19	0.25	0.28	0.30
宁夏	0.07	0.08	0.09	0.10	0.14	0.14	0.15	0.18	0.23	0.26	0.36	0.43	0.42
新疆	0.21	0.21	0.22	0.29	0.31	0.33	0.35	0.41	0.42	0.46	0.65	0.62	0.66
全国	0.15	0.16	0.18	0.20	0.24	0.26	0.27	0.33	0.38	0.41	0.57	0.75	0.62

数据来源：笔者根据相关资料计算。

表 7-4　　2000—2012 年各年农业节能量与节能空间

省份	能源初始值（吨标准煤）	能源规划值（吨标准煤）	节能量（吨标准煤）	节能空间（%）
北京	204 353.8	204 353.8	0	0
天津	106 998.7	91 467.42	15 531.25	15
河北	836 190.5	395 968.3	440 222.1	53
山西	340 931	78 639.62	262 291.4	77
内蒙古	219 523.1	118 082	101 441.1	46
辽宁	261 644.2	204 158.6	57 485.65	22
吉林	95 563.53	62 773.01	32 790.52	34
黑龙江	165 876.6	76 877.06	88 999.58	54
上海	120 933.7	120 933.7	0	0
江苏	828 073.2	518 227.7	309 845.5	37
浙江	292 535.9	161 403.4	131 132.4	45
安徽	327 905.8	121 863.4	206 042.4	63
福建	248 498.2	103 614.2	144 884	58
江西	365 763.5	75 944.35	289 819.1	79
山东	812 346.1	403 195.9	409 150.2	50
河南	895 705.5	283 424.7	612 280.8	68
湖北	439 685.1	112 441.6	327 243.4	74
湖南	454 127.3	122 036.2	332 091.1	73
广东	559 520.3	319 495.1	240 025.2	43

表7-4(续)

省份	能源初始值（吨标准煤）	能源规划值（吨标准煤）	节能量（吨标准煤）	节能空间（%）
广西	207 704.8	82 806.89	124 897.9	60
海南	31 160.09	31 160.09	0	0
重庆	226 773	41 218.14	185 554.8	82
四川	256 127	141 175.4	114 951.6	45
贵州	183 029.6	41 252.11	141 777.5	77
云南	176 589.5	68 011.99	108 577.5	61
陕西	293 148.6	46 438.46	246 710.1	84
甘肃	522 224.6	44 194.65	478 029.9	92
青海	22 770.55	22 770.55	0	0
宁夏	100 375	37 230.05	63 144.97	63
新疆	288 932	204 464.9	84 467.07	29
总量	9 885 010.77	4 335 623.29	5 549 387.04	—

资料来源：笔者根据相关资料计算。

表 7-5　　2000—2012 年各年农业碳减排量及减排空间

省份	碳减排初始值（吨）	碳减排规划值（吨）	碳减排量（吨）	减排空间（%）
北京	1 772 035.67	1 772 035.67	0	0
天津	1 399 954.88	1 399 954.88	0	0
河北	17 833 544.66	17 833 544.66	0	0
山西	5 841 150.96	4 585 633.61	1 255 517	21
内蒙古	5 126 663.64	5 126 663.64	0	0
辽宁	4 890 499.74	4 890 499.74	0	0
吉林	3 575 072.26	3 575 072.26	0	0
黑龙江	6 286 575.25	6 286 575.25	0	0
上海	1 093 616.57	1 093 616.57	0	0
江苏	11 274 901.77	11 274 901.77	0	0
浙江	5 354 777.35	5 354 777.35	0	0
安徽	9 318 124.83	9 318 124.83	0	0
福建	3 643 674.99	3 566 249.93	77 425.06	2

表7-5(续)

省份	碳减排初始值（吨）	碳减排规划值（吨）	碳减排量（吨）	减排空间（%）
江西	8 090 487.6	3 510 000.41	4 580 487	57
山东	20 294 392.65	20 294 392.65	0	0
河南	18 829 676.73	18 829 676.73	0	0
湖北	8 338 249.4	3 998 825.17	4 339 424	52
湖南	9 572 274.4	6 364 912.64	3 207 362	34
广东	7 470 860.47	7 470 860.47	0	0
广西	5 292 238.37	4 188 027.67	1 104 211	21
海南	852 383.98	852 383.98	0	0
重庆	3 033 899.61	2 687 854.26	346 045.4	11
四川	6 328 086.04	6 328 086.04	0	0
贵州	3 622 080.98	3 622 080.98	0	0
云南	4 541 648.44	4 541 648.44	0	0
陕西	4 522 439.06	3 095 831.15	1 426 608	32
甘肃	6 247 815.49	3 745 127.6	2 502 688	40
青海	801 453.29	801 453.29	0	0
宁夏	1 572 751.71	1 572 751.71	0	0
新疆	4 081 419.12	4 081 419.12	0	0
总量	190 902 749.9	172 062 982.5	18 839 767.46	—

资料来源：笔者根据相关资料计算。

表7-6显示，不同区域的节能与减排空间。其中，黄淮海和长江中下游地区的节能空间最大，年均节能量分别为166.8万吨标准煤、125.9万吨标准煤。节能空间大的区域减排空间不一定大，减排空间最大的区域是长江中下游、西北地区，年均碳减排量分别为1 212.7万吨、392.9万吨。

表7-6　2000—2012年八大区域年均节能量和减排量分布

	黄淮海	长江中下游	西北	西南	华南	东北	华北	东南
节能量（吨标准煤）	1 667 696	1 258 999	872 352	550 861.4	364 923.1	280 716.9	277 822.7	276 016.4
碳减排量（吨）	0	12 127 273	3 929 296	346 045.4	1 104 211	0	1 255 517	77 425.06

数据来源：笔者根据相关资料计算。

7.5 结论及启示

以上分析表明，农业能源对粮食生产有正产出，而且不合理利用也将产生较多污染环境的碳排放。本研究具体得到关于农业能源利用的如下结论：

（1）农业能源虽然占全国总能源消耗的比率较小，但有自身的消耗结构，总体以化石能源利用为主。

（2）全国能源效率普遍偏低，省际能源效率间差距较大，全国和省际能源效率均有上升的趋势，全国和区域能源效率均呈现收敛趋势，高能源效率的省份大多集中在东部地区，西部大多省份处于较低能源效率区。

（3）省际分布情况中，农业能源消耗的节能空间整体大于减排空间，节能空间最大的区域是黄淮海地区，减排空间最大的区域是长江中下游地区。

依据上文分析及相关结论，保证粮食安全生产的能源利用应注重以下几点：

（1）重视农业能源利用及改进，推广运用较清洁的能源在农业中的利用。随着农业持续发展，现代化与机械化程度的加深，能源促进农业短期增长的效果显著，依靠智慧能源和清洁能源，将能保证农业长期可持续发展。

（2）发展替代能源和依靠技术进步是提高农业能源效率的有效措施。节约化石能源，发展生物质能在农业中的利用；依靠先进技术掌握国内外能源信息、提高能源热值及燃烧程度；制定农业能源效率标杆，争取达到同等产值消耗同等能源的国际平均水平。

（3）减少农业碳排放和加大农业碳封存。农业能源是农业活动中的人为碳排放因素，减少碳排放量，除转变石油化学农业的发展模式外，还应在固碳或碳封存方面做文章。其中，发展碳交易市场，把农业碳排量纳入交易中，是解决农业碳问题的有效市场方案。

8 国外资源利用管理的经验借鉴——以水资源为例

8.1 引言

粮食产量与灌溉水之间存在密切联系。一种观点认为，灌溉用水增加利于粮食生产。亚洲季风区的稻谷生产，随着灌溉率的增加，单位亩产的稻谷产量最终将增加（Taniyama，2002）。另一种观点认为，不充分灌溉（deficit irrigation）或减少粮食生产水足迹（water footprint of grain production）对粮食生产更有利。如运用不充分灌溉技术并配合适当的不充分的灌溉水量，能潜在的增加水的利用效率，事实上能增加谷物产量（Yang & Zhang，2010），减少粮食生产的水足迹可以保护粮食安全和缓解水短缺（Davies，2014）。事实上，我国粮食生产高度依赖灌溉用水，宏观灌溉上应保证供水充足，微观灌溉上应利用不充分灌溉技术。同时，国外有较为明确的用水管理模式：印度的参与式灌溉管理（participatory irrigation management）和澳大利亚的灌溉管理（irrigation management transfer）（Poddar et al.，2014）；欧盟注重水资源生产率和效率提高的目标管理（Oelmann & Czichy，2013）；美国倾向水资源的市场化管理等（Mosheim，2014）。而中国水管理模式较为模糊。如何借鉴国外的水资源利用及管理经验为我国水资源利用服务，需要我国对国外水资源利用进行合理的学习和经验借鉴。

8.2 美国、欧盟、印度和澳大利亚的水资源管理经验

8.2.1 美国水资源及管理经验

美国大陆年均降雨量约 760 毫米，东部多雨、西部少雨。降雨量约含 2/3 的水量经过蒸发、重返大气；剩余约含 1/3 的水量、绝大部分入海（约占 90%），其他部分中，国内利用消耗水量约为 1 464 亿立方米，水库蒸发损失 207 亿立方米。美国人均水资源量为 12 000 立方米，是人均水资源量较丰富的国家。美国水资源大力开发阶段结束、注重高效管理、强调提高水效率和防治水污染。水资源利用管理呈现出如下特点：

（1）以联邦政府规划监督、以州为主体的水资源管理制度。联邦政府相关部门进行大量水利基础设施建设，协调规划制订并监督州级分水协议等。水权属于州所有，以州立法和州际协议为准则，各州分设水利局，负责区域内各行业用水，对供水、排水和污水等统筹管理。

（2）水资源利用市场机制完善。水资源配置、设施建设、治理等其供求均按照市场价值规律，均是有偿运行。水权也可以继承、流转、交易等，美国西部有水银行的水权交易制度，将水资源按水权分成若干股，以股份形式对水资源进行管理。

（3）节水和护水尤其重视。美国工农业用水经过前期调整，用水量在下降，生活和服务业用水在上升，微观家庭、企业等的节水规定较为细致，且有相应补贴。同时，针对江河污染和水生态系统进行较为严格的监测评价和实施保护措施。

（4）新兴技术积极服务于水资源管理。全美建立较为广泛的水资源观测点，运用卫星遥感技术、互联网、地理信息系统等对水资源进行动态的评价、规划、监控和预测等；并运用相关数量模型进行地下水量及水质的监测评估等。

（5）供水与污水处理的私有化革新。因管道老化和成本增加，供水业企望依靠私人资本注入提高其效率；同时，美国的许多污水企业也属社区所有，存在资金不足、人才匮乏等窘境，也迫切希望通过私有化趋势来提高活力。相关研究表明，美国供水业和污水处理业的私有化将带来优势资金、工作效率和优质服务。

8.2.2 欧盟水资源及管理经验

欧盟28个成员国（2013年），国土面积为242万平方千米，人口3.5亿，水域面积占3.08%。20世纪60年代以来，欧洲经济社会得到长足发展，但以环境质量牺牲为代价，水稀缺和水质恶化危及经济发展和公众健康。其原因包括：工业化和城市化发展对水需求增加，同时各类废水排放导致水质污染；现代农业发展中使用大量的农药、化肥，相当一部分流入水体中，造成水体富营养化和地下水污染等；各国寻求发电及洪水控制，过量的大坝和水库建设减缓了水体的自净能力，影响了水生生物的生存环境，造成生态灾难；各国采用各种工程技术手段，加剧了水资源体系的脆弱性。针对以上问题，各国的管理机构及行政部门反应较为迟钝，迫切需要管理模型的改变。

（1）从部门分割到较为整合的水资源管理。传统上，水资源各部门相互分割独立运行；整合的水资源管理，对供水、防洪、发电、农业、航运、渔业、旅游等统筹考虑，发挥水资源价值最大化。尤其以2000年为代表的《欧盟水框架指令》的制定，为各国基于整体考虑和基于流域考虑的管理战略提供了法律依据。管理手段市场化，包括定价、税收、水权等。

（2）欧盟较为注重流域管理。欧盟内部的水资源管理机构存在不同模式，其中许多国家采用以行政区划式的管理系统。以法国为例，其环境部水资源司是国家级的水资源行政管理机构，主要负责水质保护；其次是其水资源管理委员会，在水资源法律规章起草方面发挥重要作用；最后是其各大河流的流域管理委员会和水资源管理局，前者是有各种利益相关者组成的“议会”，后者是提供有偿服务进行商业化运作的公共机构。

（3）欧盟水管理注重经济手段。多数欧盟国家规定地表水和地下水抽取收取税费。特别是地下水抽取成本较低，较多国家倾向使用地下水。针对农业化肥农药使用的污染，欧盟许多国家制定了肥料税，实现了污染付费。生活用水方面，采用计量收费和价格递增相结合的水价结构，保障穷人用水。工业用水价格遵循高于生活用水原则，各国污水处理采用生活污水和工业废水分开收费的原则，农业用水的收费水平相对较低。水资源私人参与的空间加大，尤其水资源服务管理和污水处理的私人资本进入较多。公众参与度提高，欧盟强调环境信息公开，鼓励利益相关者参与、制定、监督、管理水资源及环境的方方面面。

8.2.3 印度的水资源利用及管理

印度是一个相对缺水的国家，用占全球4%的淡水资源养活占世界17%的人口。印度中央水资源委员会测算，2050 年印度常年的耗水量为 11 800 亿立方米，约为现在水平的 3 倍，届时人均饮用水量将下降近一半。针对水资源日益稀缺，印度探索出以社区为基本单位的参与式水资源分配及管理。

（1）各利益相关者参与到水资源规划、控制和管理中。印度水资源管理日益成为普通民众关心和热议的话题，政府的水资源管理弊端也日益凸显，为寻求现代化的管理，众多参与者给出了民意和参与到水资源管理中。其中，包括工程师、政府官员、社区、普通用水户等。同时，民意显示印度的中小型水坝建设应该取代大型水利建设，同时民众认为在资金约束下没有必要同时开工一些水坝建设。

（2）宏观层面上发展跨流域调水工程和实行渠系联网。印度自古以来就有优良的灌溉农业，在水资源开发利用问题突出的情境下，注重建设大坝、跨流域调水、实现全国渠系的纵横交错互联互通。且针对国内各省用水争端和国际跨流域用水争端，努力运用水事法庭和国际合作机制进行协调解决。

（3）微观农业灌溉上由大水漫灌向渠道配水田间灌溉转变。针对水资源不足，印度实行田间节水技术，种植低耗水作物，提高水分生产率；探索了水资源供求平衡管理，立足已有可获得的水资源，综合利用沟渠、雨水、地下水及地下水补给，以此平衡水资源供求差额。

8.2.4 澳大利亚的水资源利用及管理

澳大利亚水资源总量较少而人均占有量较多。其总水量为 3 430 亿立方米、人均水量为 18 743 立方米，人均水量居世界前 50 名。但澳大利亚也存在水资源地区分布不均、降水年内和年际分布不均的特点。澳大利亚也遇到过经济社会发展中水资源的相关问题，如主要河流的水质问题、新水的分配问题、灌区的次生盐碱化问题等日益显露出来，迫切需要政府转变思路，对水资源利用进行科学管理。

（1）较为完善的水资源管理体系。水资源国家所有、区域管理与流域管理并行，管理机构区分为联邦、州和地方三级。其中，联邦政府水资源管理委员会负责水资源规划，州政府负责水资源权属管理并对本州用户发放有法律效力的取水许可证，地方政府设有水务局负责水资源相关事务的日常工作。政府建立了可交易的水权制度，对水资源许可的形式进行分配并允许其按价值自由流转。取水单位获得取水资格需进行较为严格的审批。联邦政府对跨洲的河流进行以分水为主要内容的流域综合管理。近年来，澳政府进一步推行水资源分配和水权综合管理体系的建立，并设立旨在完善水利基础设施、水资源数据库、水资源技术和水资源基金。

（2）依靠经济手段提高水资源效率。澳政府积极推行水价制度改革，供水企业的总收入中，水费收入由原来的15%提高到60%，且工业用水近5年中降低了16%。澳大利亚的水权交易制度和水权交易市场在政府支持下形成和发展起来，澳的灌溉工程逐步由政府管理转为私人企业管理，并加快了工程的良性运转。

（3）澳政府重视科研开发，重点整治污水和节水。澳政府在普通家庭推广自动化污水处理设备，回收的污水具有成本低、方便草坪灌溉等功效。澳政府普遍采用较为先进的节水灌溉设备，极大地提高了农业用水效率，并开发了较为先进的雨水净化设备，可以净化雨水。澳政府实行用水管制，建立起节水社会，农业用水也需计量和缴费。例如，农户向上一级供水站申请购水，供水站向上一级的州水供应管理组织购水。

8.3 国外水资源管理经验对我国的启示

国外水资源利用科学管理的政策研究。认为科学水管理措施包括：提高农用水生产力、废水的循环利用、海水的淡化、洪水的利用、虚拟水的进口（Demin，2014）；发展节水农业，减少粮食生产的蓝水足迹（Fang et al.，2010；Hu et al.，2010）；减少灌溉排水浪费（Azim & Allam ，2005；Khater et al.，2014）；回收利用雨水（Wallacel，2002）；以水电项目为导向的水资源开发战略需要再评估和重新调整（Ran et al.，2013）；重新设计水的管理制度（Biermann et al.，2012；Galaz et al.，2012；Wiek et al.，2014）；整合协调水政策与农业政策（Villarejo et al.，2014）。这些水管理措施均适合对我国水资源进行科学管理。同时借鉴国外水管理经验可以得到如下启示：

（1）明晰水资源产权。国外产权私有和水资源权属匹配土地权属、水资源产权下放到州和社区；我国水资源属于国有资源，跨省跨流域的水资源也是国家所有、不是各省所有和水资源使用者所有，因而在产权归属较为宽泛的前提下，对水资源利用及保护的激励机制显得较为脆弱。水资源产权应该更加向下级下沉，使水资源权属更加细化和具体。

（2）建立全面的水资源价格机制。国外水资源无论开发、传送、使用、保护等各个方面均需要付费，水资源流转和分配上也建立了较为合理的价格机制。我国水资源尤其城市用水采用了市场付费原则，而农业水资源、野外水资源、地下水资源等基本上是零费用使用，因此，节约保护水资源时，建立全行业的价格机制可以作为未来水资源改革的探索。

（3）实现区域管理、流域管理和整合的水资源管理。国外对水资源管理时，按照各州进行分水管理，且由于跨流域普遍存在，建立了各流域管理的流域管理委员会专门管理流域，基本上实现水资源区域管理与流域管理相结合。同时，因水资源功能的多样，国外普遍实现整合的水资源管理，兼顾各方利益。我国实行了最严格的水资源管理制度，但在探索流域管理、整合的水资源管理等方面，无论从机构部门、职能设置、具体方案等均待完善。

（4）依靠科学研发和科技进步推动水资源利用。国外较为注重水资源开发、利用效率、污水净化等方面的科学研究，并采用了较先进的卫星遥感技术、电脑信息技术、工程数量技术等监督管理水资源，微观农场、家庭、企业等有先进的净水节水设备推广等。我国注重水资源的开源节流，农业生产中也使用了一些水利技术和微灌技术。今后，我国应该更加注重水资源方面的科学研究探索、开发先进的设备和技术来满足全行业的高效用水、节水和净水需求。

9 粮食安全与自然资源利用协调发展的措施

9.1 自然资源效率低下的原因解析

9.1.1 资源禀赋分布的效率影响

我国自然资源的天然禀赋特性，较大程度上决定了自然资源的利用效率水平。第一，自然资源存在时空分布差异。我国粮食生产北多南少、土地资源北多南少、水资源南多北少，因此我国北方粮食生产，在土地上天然保持一定利用效率优势，在水资源上天然存在利用效率劣势。我国降雨主要月份集中在6~9月，而我国分秋季粮食和夏季粮食两个播种收获期，雨水补充期与粮食生产收获期不完全相吻合，这就决定了不同时段我国自然资源的利用效率存在天然的时间性差异。第二，自然资源品质参差不齐。我国粮食主产区多位于江河冲积平原，东北有较好的土壤品质和日照时长、西北部土壤均较为贫瘠，而不同的土壤品质直接决定了粮食的产量及质量。我国中西部地区工业相对较弱，沿海城市地区工业相对发达，中西部地区的水污染较沿海一带相对轻，因此中西部水资源品质相对较高，其灌溉生产的粮食更多使用绿水和蓝水，生产的粮食相对健康。第三，资源内部结构比例失调。现有耕地中，包括涝洼地占4%，盐碱地占6.7%，水土流失地占6.7%，红壤低产地占12%，次生潜育性水稻土占6.7%，总体上超过1/3的耕地处于天然的低效地。水资源中，由于人类活动及其碳排放缘故，原先无污染的绿水蓝水均有灰水化的趋势，水资源整体上有人为致使其效率恶化的趋势。因此，自然资源的禀赋特性自身决定着资源效率水平的发挥。

9.1.2 产权制度安排的效率影响

我国自然资源的产权制度安排决定了自然资源的使用效率水平。第一，公有产权的效率约束。对公共物品来讲，产权公有制对使用者来说是最为有效的；而对于非公共物品来讲，公有产权一般会导致效率低下。我国土地和水资源均属于国家所有，耕地属于集体所有制，本质上均属于公有产权。公有产权较容易造成“搭便车”行为、无序利用和造成环境负外部性等问题，因此我国自然资源的公有产权属性天然存在效率内乱的病根。第二，私有产权的效率滥用。私有产权不同于公有产权在于，私有产权下资源的利用效率一般都较高，但容易造成道德风险问题。以能源为例，农业生产中的化肥、农药属于私人农户购买，可以因地制宜的使用提高土壤肥力并提升粮食产量。如果农户一味追求高产而过量施用农药、化肥，最后将导致土壤盐碱化和土地板结。第三，混合产权的效率逆向选择。我国自然资源的产权束中，所有权归国家或集体，使用权归集体或个人，收益权在国家、集体和个人间按比例分成。例如，以土地为例，所有权归国家所有，托管给集体，分配给个人使用，最终土地产出收益按一定比例上缴国家、留足集体、剩余归个人。因此，个人选择地块时，一般是按收益选择最佳地块并量产进行后期投入，如果预期最终收益不容乐观，个人很可能放弃或转租该地块。尤其当粮食生产的收益远不如其他经济作物的收益时，该地块很有可能从粮食生产转型为经济作物生产。我们也就不用置疑为何效率高的地块不在粮食生产上。因此，自然资源的产权制度安排一定程度上影响效率水平的发挥。

9.1.3 自然资源利用方式的效率影响

我国自然资源的粗放利用方式决定了资源利用效率的相对不足。第一，管理方式的效率影响。不同组织形式的土地利用方式，对土地利用效率产生较大影响。我国尚未全部实现欧美国家农场式的土地经营模式，但我国初步形成不同土地规模的种粮大户、家庭农场主和普通农户。这一革命性的变化，相比早期的家庭个体小规模经营生产是一个巨大的进步。事实上，众多学者研究表明，一定规模的土地集约利用相比零散化的土地利用更有效率。第二，技术方式的效率影响。我国水资源方面，不同的灌溉技术方式直接决定水资源效率。我国早期的大水漫灌方式，是对水资源的严重浪费；现今全国推广的集约式灌溉方式，如喷灌、滴管等是对水资源较好的节约和利用。因此，自然资源利用中管理方式和技术方式将对资源效率产生重要影响，自然资源利用方式也决定着资源效率水平的发挥。

9.2 粮食安全与自然资源协调发展的思考

9.2.1 粮食安全的一个框架

参照全书分析，初步提出中国粮食安全的资源利用思路。中国粮食生产供给安全包括粮食生产安全、粮食质量安全和粮食贸易安全三个方面。为达到这三个方面的粮食安全要求，总体思路是，综合利用两种资源、两个市场，达到资源效率与粮食安全的协同。两种资源：一是实体的自然资源水、土地、气候和能源；二是虚拟的自然资源，包括虚拟水、虚拟土地、虚拟能源和虚拟气候资源。两个市场：国内市场和国外市场。国内市场利用的主要是实体资源，国外市场利用的主要是虚拟资源。国内实体资源利用，主要是确保粮食生产安全和粮食质量安全，重点在提升整体资源的利用效率和各单独资源的利用效率；国外虚拟资源利用，主要是确保粮食贸易安全和质量安全，重点是通过国际贸易，利用国外粮食生产处于比较优势的嵌入资源（虚拟资源），弥补国内粮食生产处于比较劣势的实体资源。通过综合高效利用两种资源和两个市场，可以达到粮食安全与资源利用的协调发展。两者关系的具体框架图如图 9-1 所示。

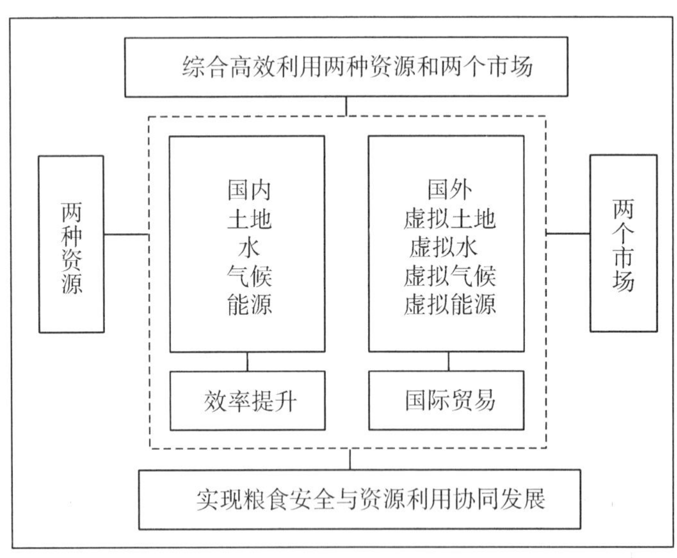

图 9-1 粮食安全与资源利用框架

9.2.2 粮食安全的三大原则

(1) 转变资源利用观看待粮食安全。过去较长一段时间内，我国追求粗放式的经济增长，经济发展依靠过量资源投入，以高能耗、高污染和牺牲环境为代价。农业经济依靠石油化学农业发展模式，虽取得粮食产量的增长，但土壤和水源受到严重污染，石油化学农业不具有可持续性。在此背景下，粮食数量和质量安全的实现，需要我们确立新的资源利用观。第一，确立两种资源观。过去，单单依靠我国本土自然资源进行粮食生产，显得较为吃力，仅实现了粮食生产和需求的紧平衡状态。现在，应认识到依靠国外自然资源进行粮食生产，也是利用境外资源的一种手段。按比较优势原理，我国劳动密集型农产品在国际上具有比较优势，土地密集型农产品、水耗密集型农产品和能耗密集型农产品在国际上具有比较劣势，因而，我们应该利用本国丰富的传统人力资源，同时利用国外优秀的自然资源（土地、水和能源），来服务我国的粮食安全。第二，集约利用国内自然资源。过去，粗放的资源利用方式不可持续，我国农业资源利用中，土地、水等资源处于稀缺、滥用和污染三者相杂合的情况，需要我们对农业资源进行再规划，农业自然资源（土地、水、能源和气候）应统筹规划，进行精细管理和集约利用。第三，利用境外虚拟自然资源。国外优秀的自然资源以虚拟资源的形式（虚拟水、虚拟能源、虚拟土地和虚拟气候）内嵌在粮食产品中，进行国外虚拟资源利用，需通过国际农产品贸易来实现。不同的粮食产品国际贸易，内嵌的虚拟资源各异，我国应该综合考虑本国粮食产品的消费习惯、本国粮食生产占劣势的资源和贸易粮食内含的虚拟资源，最终决定进口哪些粮食产品，这样既实现粮食需求，也利用了境外资源弥补国内资源的短板。

(2) 提升自然资源效率保障粮食安全。过去，一味依靠资源的粗放投入来实现粮食产量和牺牲环境的做法不可取，必须让粮食生产走上资源节约和环境友好的可持续发展道路，而实现此目标，最切实可行的办法就是提升资源利用效率。首先，综合提高整体资源的技术效率。我国农业自然资源与工业资源利用和城镇化资源利用形成日益竞争的局面，与此同时，我国整体农业自然资源利用效率较低，省份间的效率差异较大，效率的提升缓慢，效率出现地区固化的现象。因而，建立比较一体的农业自然资源管理信息系统，如气候、土地等，进行统一管理和动态监测，将有利于资源的区分、配置和效率提升。同时，鼓励现有和引进先进农业技术在农业领域的推广与运用，是提高农业资源效率的捷径。打破自然资源因地理位置固定而难以流转配置的低效局面，建立比较齐全的土地、水和气候资源流转市场及其相应的衍生工具，以此促进自然资源的虚拟流动配置和效率改进。在促进地区经济发展的同时，应对资源系列约束的体制进行松绑，以此削弱政府取代市场进行资源配置的痼疾。其次，提升单个自然资源的技术效率。我国气候灾害频发，土地、水资源和能源均属于世界贫乏国家，利用有限的资源维护粮食安全生计，需提高单独自然资源的利用效率，达到缓解我国资源短缺和粮食紧张的局面。一是提高土地、水、能源和气候资源单独的效率。利用随机前沿生产函数方法，确定全国土地、水、能源和气候资源利用效率的技术值，并与粮食生产技术效率值相比较，确定单独自然资源利用效率与粮食生产技术效率的大小关系；同时，利用包含非期望产出的 DEA 方法，测算单独自然资源利用的生态效率和环境效率；检验单独自然资源利用的效率、生态效率、环境效率与虚拟资源国际贸易的情况；并对单独虚拟自然资源的国际贸易进出预测。综合以上的分析，提出提高单独自然资源利用效率的途径。总体原则是，单独自然资源效率提升，应注重自身使用效率、生态效率和环境效率的统一，并掌握单独资源的效率优势所在，进行比较优势上的国际贸易。二是提高利用虚拟土地、虚拟水、虚拟能源和虚拟气候资源的效率。由于我国在土地、水、能源和气候资源方面均处于比较劣势，用自然资源生产等量粮食产品的机会成本，与国际等量粮食产品价格相比较，一般值大于 1；用传统资源生产等量粮食产品的机会成本，与国际等量粮食产品价格相比较，一般值小于 1。这说明利用国际粮食产品的内含虚拟资源成本更低，因而内含自然资源的粮食产品均应多进口，内含传统资源劳动力和资本的粮食产品均应多出口。

（3）利用国际贸易补充粮食安全。我国粮食总体能自给，粮食综合对外依存度达 28%，大豆产品对外依存度高达 80%；随着我国人口量的增长，生活水平提高，城镇化建设和体力劳工的增加，今后各类粮食产品消费有持续上涨的趋势。国内有限的资源维持增长的粮食需求，必然使资源和粮食双重紧张。事实上，加入 WTO 后，我国已成为农产品净进口国，维护国内粮食安全，在自给有余的前提下，进口粮食产品，是对我国粮食安全的有益补充。我国现今主要粮食产品进口国为发达的西方国家，以美国和欧盟为主，今后农产品应实现进口国家多元化。同时，进口的粮食产品仍应以内含我国较紧张的虚拟自然资源为主。

9.2.3　粮食安全的四点建议

（1）遵循农业生态文明力保粮食生产安全和自给能力。我国大量使用农药、化肥，对耕地、环境造成破坏；工业化和城镇化的生产、生活排放的污染物，对耕地、水造成污染（陈锡文，2014）。农业生产所排放的污染物差不多占到整个国家各种污染物排放的一半左右，农业环境的恢复和治理作为生态文明建设，已成为我国改革的重大任务之一（陈锡文，2014）。在农业环境治理中，典型的是对土地进行治理，尤其重金属超标的土地、占用湿地的农地、占用陡坡林地的耕地、地下水超标的面上土地等，均需休养生息，甚至退出生产（陈锡文，2014）。这意味着中国粮食生产的自然资源不仅不能增加，反而会减少，粮食生产的耕地和水资源可能进一步下降（陈锡文，2014）。在资源减少和受污染的情况下，高效利用自然资源是确保粮食生产安全及自己能力的有效途径。第一，加大自然资源治理。分别进行土壤、水资源、能源和气候的分项治理，做到土壤清洁、水源清洁、能源清洁和气候灾害可控。第二，重新规划自然资源生产利用。农业用地、商业用地、工业用地、宅基地、生态用地等土地利用途径要明晰，保障农业用地的同时，确保农业生产中的粮食生产用地安全；农业用水、生活用水、工业用水、生态用水等利用途径要明晰，保证农业用水途径的同时，确保农业中的粮食生产用水安全；农业能源、生活能源、工业能源、服务业能源等能源利用途径要明晰，保障农业能源利用的同时，确保粮食生产用能安全；建立专职的农业气象服务台网，监测预报农业气候变化，以便采取防控灾害发生的应急措施。第三，辅以先进技术提高自然资源利用效率。土地施肥利用人畜家禽和植物腐殖质等有机粪肥替代；作物灭虫抗病技术采用非化学类药物形式，采用物理、生物科技替代；作物全生命周期过程中采用生物燃料、生物质能作为动力替代化石能源；水资源利用中采取先进的采水、节水和灌溉技术；气候资源利用中主要采用卫星气象技术预判气象走势，防止气候灾害造成成灾和受灾面积的扩大。

（2）利用产业间贸易方式补给紧俏粮食产品进口。早期，发达的工业国家通过出口工业品，换回农产品，实现较大的利润“剪刀差”。现今，发达工业国家依靠熟练劳动、人力资本、先进技术、高额补贴等优势，已经成为农产品国际贸易的主角，不论进口还是出口，发达国家农产品贸易的数量和产值，均占有绝对优势，发达国家依然是农产品准顺差国。我国人口吃饭问题是主要矛盾，在农产品国际贸易中企图实现创汇和顺差，并不可取。我国农产品国际贸易，应该利用贸易来服务贸易。第一，用农业贸易中的非粮食产品贸易服务粮食产品贸易。农产品国际贸易，应该秉承贸易收支平衡的做法，利用我国具有劳动力密集比较优势的农产品出口（蔬果、水产品、茶叶等），置换回我国急需的粮食产品。第二，用工业贸易服务粮食贸易。国家应该利用工业及其工业产品外汇，来反哺农业及农产品进口。以上两种形式，粮食产品实现了置换性国际贸易，既有农业贸易自身创汇资金的支撑，也有国家其他外汇的支撑。具体做法：国家应该根据非粮食类农产品的总收支（顺差额），划拨等额数量的外汇资金，进口国内需要的紧俏型（资源投入密集型）粮食产品。这样，农产品实现了通过自身贸易解决自身问题，农产品贸易就具有一定的内在独立自主性。同时，在此独立自主的基础上，国家其他途径的外汇用来进行额外的粮食产品需求购买，是对紧俏粮食产品的有益补充。

（3）引导粮食产品消费结构变迁弱化口粮安全。第一，我国口粮消费结构变迁不影响口粮自给能力。我国北方人喜好面食（小麦），南方人喜爱大米（稻谷），这一传统消费习惯近年来有相互融合的趋势。促进口粮结构南北相互融合的原因，很大一部分在于不同地域人口的广泛流动性，受流动人口的影响，南方人消费的面食增加，北方人消费的大米增加。按口粮中的小麦和大米生产总数核算，人均年消费400斤粮食核算，我国口粮自给消费处于绝对安全区间，印证了我国口粮自给是安全的（陈锡文，2014）。国家应进一步消除口粮消费的地域性差异，普及口粮消费，让口粮惠及全民。第二，我国粮食短缺是结构性短缺，调整生产和消费结构即可缓解。随着人口数量增长，收入消费水平提高，粮食作为饲养原料向高端营养转化以及粮食的工业用途增加，粮食产品出现了需求紧张的局面，总的来说形成了人与人争粮食、畜与人争粮食和工业与人争粮食的情况，名义上加剧了人类消费的粮食的减少甚至是口粮的减少。尤其是我国大豆80%以上需求需要国际进口，凸显出我国粮食产品的结构弱势。缓解粮食结构性短缺，应该适当增加大豆的种植和补贴；减少粮食产品的工业用途，尽量使粮食用于人类的生存消费；让闲散粮食产品饲养牲畜，转化出更高端营养价值的“肉、禽、蛋、奶”；引导有能力的消费者，消费更多的高端营养产品。第三，我国主打粮食产品外的其他农产品消费是缓解粮食安全的有益补充。口粮是人类的基本食料，但随着家庭生活水准的提高，口粮消费在家庭食物消费量中所占的比例越来越小，率先增加的消费是高端的禽肉蛋奶，最后纤维性绿色蔬果将成为家庭健康生活的主打。提倡家庭食物消费结构的多元化，增加口粮外的其他食物消费，既健康营养也可缓解国家粮食供给压力。随着家庭收入提高，短期内粮食需求提高，对口粮造成压力，但长期内有利于家庭转向高端营养和绿色营养，反而可以缓解粮食压力。

（4）鼓励农业企业“引进来”和“走出去”夯实粮食安全。第一，开放农业投资领域，允许国外知名农业企业以入股方式进驻我国。目的是利用国外先进的生产方式和经营理念，提高我国粮食生产和贸易效率。外企入股方式可以多元化，资金、技术、产品、销售网络渠道等均可入股，入股份额应低于50%；本土农业企业入股份额应超过50%，以保证本土企业粮食生产及贸易的主体地位。第二，鼓励我国农业企业走出国门，进行境外粮食生产和贸易。我国农业企业直接投资国外，利用国外优质资源进行粮食生产，既缓解了国内资源压力，也可在国外进行粮食贸易，实现企业利润，弥补国内粮食进口逆差；本土境外企业生产的粮食，可率先出口中国，保证一定额度的国内粮食需求；并且本土境外农业企业网络，未来将成为我国进口国外粮食及其虚拟资源的优质渠道。第三，政府对引进来和走出去的企业进行一定的政策倾斜。引进来的外企，粮食生产活动中资源利用效率、生态环境效率高的企业，政府应给予一定的评级，对评级高的企业给予一定的税费抵免和适当的粮食收储价格保护。走出去的企业，政府应给予优惠的金融信贷扶持，政府与企业签订贷款与粮食抵免合同，让境外企业生产的粮食按国际价核算，用粮食产品实物抵消之前的信贷，以此壮大走出去企业的国际生存实力，期许其未来更好地为国内粮食安全服务。

9.3 自然资源效率提升的具体措施

（1）针对自然资源的特征多样性和地位凸显，应该做好如下措施：

第一，掌握水资源、土地资源等主要自然资源资产利用特点的区域分布，提出具有针对性的区域应对举措。一方面，耕地资源面积与粮食产量的非对称分布，说明我国粮食主产区不一定是依靠耕地摊派拉升粮食总产量；非粮食主产区甚至拥有更多的耕地面积，但粮食产量相对不足。这说明耕地的利用效率存在较大差异，需依赖耕地效率提升提高粮食产出。另一方面，我国水资源南多北少格局和灰水农业形态格局，不仅制约粮食产量，而且影响粮食质量。我国不论总水量、地表水和地下水量均表现出南多北少的分布形态，粮食主产区水资源拥有量相对不足，且非粮食产区的工业排放污水严重（外加上生活污水排放）并蔓延到粮食产区，因此我国主要粮食产区的粮食产量及质量受到潜在威胁，水资源利用效率（包括水资源生态环境效率）亟须提高，以促成粮食单位亩产量及总量供给跃升。故应该摸清家底，按资源禀赋特性匹配相应的效率提升措施。

第二，新常态下考虑到经济下行，尤其资源环境压力对粮食安全构成新挑战，因而前期粮食安全综合竞争力出现少许下降，但随着社会、经济、资源及生态环境的改善和消化，未来的粮食安全展露出向上拉升的趋势。其一，新常态中经济落后区域的粮食安全水平较高，而经济发达区域的粮食安全水平低。这说明经济环境对粮食安全的影响力已不占显著地位，过分强调经济增长对粮食安全的意义不大。其二，新常态下粮食生产率、进出口水平和居民实际购买力是影响粮食安全的核心指标。因此，加强以我为主的粮食自给能力、提高居民生活水平对粮食安全至关重要。其三，粮食安全情景中，粮食安全综合竞争力得分向上的概率仅有40%，但一旦控制贸易水平，产量、购买力和资源生态环境的任意改善都将显著提高粮食安全水平。这说明贸易、资源生态环境对粮食安全具有引导作用，今后注重资源生态改善和贸易环境改善，是新形势下加深粮食安全的两大辅助亮点。

（2）农业总体自然资源的利用对粮食生产具有重大影响，提升总体自然资源的利用效率至关重要

第一，我国农业自然资源利用整体表现出一定的特征。如从气候灾害对农业的影响面积可以判断，气候资源利用总体控制在一定程度；土地资源和水资源是相对需求比较旺盛的资源。在城镇化和工业化背景下，农业争地和争水的现象将日趋显现，如何缓解土地和水的紧缺对农业造成的不利影响迫在眉睫。如能在资源利用上做好防控工作，建立农业自然资源管理信息系统，如天气、土地和水资源管理GIS系统，进行统一管理和动态监测，将利于资源优化配置和效率提升。

第二，全国农业自然资源效率存在较大提升空间。从全国范围来看，虽然历年资源效率呈现增长趋势，但绝大多数年份的效率为无效水平。与此同时，历年自然资源的效率贡献中纯技术效率相比于规模效率来说贡献更大，几乎所有年份的资源投入与粮食产出的关系为规模报酬递增，相邻年份的资源效率变化中体现出技术创新在农业领域实质性发生。因保证和增加农业资源的合理投入量，鼓励现有和引进先进农业技术在农业领域的推广和运用，是提高农业资源效率的捷径。

第三，区域农业自然资源效率差异分明。多数年份多数省份的效率水平均为无效，且呈现出省域效率的“高者愈高，低者愈低”的动态局面，大多数省份的农业自然资源利用依然归属于中效率和低效率俱乐部行列，不论省域间还是区域间的效率水平都表现为发散，没有明显的收敛迹象。打破自然资源因地理位置固定而难以流转配置的低效局面，建立比较齐全的土地、水和气候资源流转市场，以此促进自然资源的虚拟流动配置和效率改进。

第四，自然资源效率与工业市场化水平、经济发展密切相关。总体来看，

经济发展水平明显促进自然资源效率提升，工业市场化水平明显阻碍自然资源效率改进，无论经济发达的东部还是经济相对落后的西部，自然资源效率均受到了区域优势的阻碍。应在不遗余力地发展本区域经济的同时，改革现存低效和落后的资源管理部门及系统，并对资源系列约束的体制进行松绑，以此削弱政府取代市场进行资源配置的痼疾。

（3）粮食生产与水资源利用的启示

第一，中国农业粮食生产总体上应该提高灌溉率，而非采用不充足灌溉。其一，整体上增加水资源投入，确实能增加中国整体粮食产量，因而提高灌溉率对中国粮食生产有利；其二，不充分灌溉虽然可以提高水的利用效率，但故意创造一个处方水的不充足，导致产量的下降（English et al.，1990），针对目前中国农业地区依然是粗放式供水和粗放式灌溉，农用水损失和浪费严重，水资源生产率不高，因此，中国提高灌溉率的本质是为农作物提供集约式饱和灌溉，全面提高灌溉水的生产率，全国范围内大力推广微灌系统，家庭农场可率先推行。

第二，水资源投入固然重要，但不能忽视粮食生产中其他资源的配合。事实上，省际除水资源投入可以标准化外，其他资源的投入均可标准化后进行比较，从中我们发现不同省份生产 1 标准单位粮食不仅投入的水有差异，农用物质、耕地、劳动等均存在差异。这说明，不仅水资源需要优化，而且其他资源与水资源的关系也应该得到优化，保证它们之间有一个最佳的投入比率。

第三，中国农业水资源管理应该在借鉴国外经验的基础上采用综合式灌溉管理模式。其一，管理重心的改变。逐步从过去以水电项目为导向的水资源开发供应管理，转向以水消费和利用的需求侧管理。其二，综合管理地表水与地下水。过去较重视江河湖泊地表水的治理，忽视地下水对农业灌溉的重要作用，致使地下水无序滥用、水位下降和水质下降。地表水和地下水需同步评估和监测，它们的相互替代性也需评估和监测。其三，灌溉参与主体拥有责权。过去较重视行政性开闸放水补给农田，忽视用水主体保护和利用水的主观能动性，建立政府、水利部门、水行业协会、集体村组、农户等广泛参与的水资源参与式管理，并明确各行为主体的责权。其四，水资源市场化趋势。水资源拥有一定公共产品属性，产权由国家和政府代管，鉴于水资源日益稀缺性，长远来看，建立水资源流转市场，便于水资源实体或虚拟流动，用价格机制来保护水资源。其五，水资源生产率和水资源效率技术管理。一方面，保障相同水资源投入能生产更多更饱满的粮食，需缩小地区间水资源生产率的差异，需要在干旱地区推广抗旱作物，对农业人员进行科学教育培训，对有利的水资源生产率技术进行支持等；另一方面，在灌溉网络及渠道末端的水供应较为短缺（Khater et al.，2014），保障水资源到达田间地头的“最后一千米”灌溉至关重要。农田灌溉水流失也较为严重。最近一项评估总灌溉水渠水平的研究显示，每年作物仅利用了灌溉水供应的47%，其他水随着排水系统流失（El-Agha et al.，2011）。因而，在重视供水渠道建立和修缮的前提下，建立排水系统及回收利用排水也较为关键。

第四，借鉴国外经验并改善水资源空间效率和影响因素。其一，水资源效率管理上，对三层效率（水资源生产率、灌溉效率、全要素水资源效率）需齐抓共管。水资源效率管理的三层目标是同步提高水资源生产率、灌溉效率和全要素水资源效率。借鉴西方管理经验，设定水资源三层效率量化标杆管理，编入农业补贴科目下，开设农业经营主体的水资源效率管理教育培训课程。其二，重点突破上，抓住影响水资源效率的“牛尾巴”。粮食主产区在水土一定的条件下，产量会慢慢受到约束，今后粮食增产的可能区域主要来自于水资源效率较低的地区。应对效率落后地区进行重点整治。黄淮海、东南、西南和长江中下游地区将是未来粮食产量提升的区域，它们的水资源效率提升将直接利于全国粮食产量的扩充。其三，制度设计上，扫清水资源及其利用技术外溢的障碍。粮食生产的资源利用应依靠市场来优化配置，让资源的实体及虚拟形态能自由流动。同时，资源利用技术也应该在空间范围内扩散。具体到水资源而言，学习西方健全水产权、水市场、水价格机制等来配置水资源，并在全国水利项目中推广既有先进的微灌技术，如滴灌、喷灌、精准配方灌溉等。其四，动态监测上，守住粮食生产水资源效率的“三条防线”。建立评估影响粮食安全的水资源效率指数：人均水资源指数、农业用水指数、教育水平指数等。以上效率核心指数及波动，较准确地反映了水资源效率改善状况，利于诊断水资源利用与粮食安全是否已达到了协调发展。

第五，水资源相联系的管理研究表明，水资源短缺议题应该受到全球各国的重视。水资源的点源和面源污染问题需要治理；整合的水资源管理利于社会、经济和人等各个方面；流域是更大范围的水资源管理，是水资源大系统的管理；气候变化影响水资源各个方面，进行水资源管理时需要考虑气候对其的影响。

（4）虚拟水与粮食安全的启示

第一，不能以单一的国际贸易理论指导我国虚拟水利用，应该结合省情和区情，综合利用国内外虚拟水贸易，确保嵌入水的国内外流动，从而缓解区域水短缺和粮食供需紧张状态。

第二，确保粮食生产用水效率、环境效率和生态效率的同步提高，不能以牺牲国内水资源的生态环境换回国外的虚拟水补给，因而国内生态环境和国际贸易需要同等重视。

第三，把握我国虚拟水生产和贸易的产品、省份与区域规律，应该结合我国粮食消费结构和粮食进出口结构，制订粮食安全供应和虚拟水巧用相结合的方案。

（5）应对气候变化关联水资源风险，可以有效应对粮食减产

第一，控制气候变量提升粮食产量。依据各省地理位置条件，对气候变量进行一定的把控，进行相应粮食作物的生产，尽量让粮食作物处在天然的能保持粮食高产的温度、湿度和降雨环境中，尤其是气候条件适宜的地区，应该在粮食生产能力上挖掘新潜力。同时，打破地理位置的局限，实现科技种田，对气候变量进行控制，人工智能化制造出适宜粮食作物生产的温度、湿度和降雨量环境，提高粮食潜在的产出水平。

第二，控制省际极端天气尤为重要。极端天气对我国粮食收获损失影响不大，各省应该因地制宜地针对降雨量的大小，采用雨养和灌溉比重的方式，进行相辅相成的补水或泄水措施。当雨养不足时，进行有效灌溉补充；当雨养过剩时，进行有效排水，防治水浸、漫灌等对土壤及粮食作物的湮灭和破坏。

第三，行政管理和工程技术齐发治理洪涝干旱。其一，开发应对气候灾害的实用工具，以管理效率带动工程效率。因发展中国家应对自然灾害能力较弱，需借鉴发达国家经验，开发利用灾害防治工具。例如，控制源头碳排放，对超标排放征收环境税；建立省际农业气象中心，对灾害影响进行监控发布；提高农民文化素质，对其进行灾害防治知识培训；加大农民受灾补贴，对其生产损失和生活进行同步补贴。其二，加强大中小微型水利设施同步建设，完善农村农田水利设施网。水利投资及建设有效减轻水旱灾害风险和提高粮食安全的分析，证实了我国大坝、水库是成功的。以往我国较注重大中型水利工程设施建设，小微型配套水利工程建设存在较大缺口，农村农田水利基础设施也较为薄弱。因此，加强大中型水利工程建设的同时，加强小微型辅助型水库、村塘、河堰、沟渠及农田水利设施网建设。

第四，运用科学的气候 CGE 模型进行政策支持。加大对农业研究和科学团队的支持，利于早日产生适宜我国的成熟的气候 CGE 模型，并能成功运用到政策的制定和预测中；我国不同于国外的因素包括省际因素、区域因素，因而探索自身的省际或区域 CGE 模型，力争在国际前沿研究中能占有一席之地，同时也为气候变化贡献中国智慧和中国方案提供了优良土壤，未来的决策将是更加准确和科学。

10 总结

粮食生产主要依靠水土，也不容忽视其他自然资源。在水土稀缺大背景下，我国粮食年年维持增收的趋势难以为继。尤其在工业化和城镇化加速发展过程中，工业与城镇的发展与农业争水争地的现象日益明显，且我国实现较为严格的耕地红线制度。因此，进一步依靠土地扩张拉升粮食产量的做法不可持续，唯一的可行途径就是只能依靠粮食单位亩产量的提高，进而提升粮食总体产量。据此，依靠土地作为载体，依靠水资源、能源、气候资源的进一步优化利用，可以达到粮食单位产量及总产量的跃升。

其他的自然资源对粮食产出均存在影响，其中水资源具有较重要的影响。第一，气候虽然也是粮食生产中不可或缺的因素，但真实的气候变化可能是2025年后，当前的气候作为一种外生变量，没有发生实质性的转变；同时，气候轻微变化最先有反应的是水文环境的变化，如气候变化中的温度、湿度、降雨甚至水灾等均与水资源有密切关联，因此气候变化后的作用力重心在水资源。由此可见，水资源相比气候资源来说，具有直接重要性。第二，能源虽然是拉升我国粮食产量的另外一种做法，但农业能源毕竟难以摆脱化石能源，本质上属于石油农业的命根。其中，化肥和农药的过量施用，短期内可以迅速提高单位产量及总产量，但长期过量的农药和化肥施用导致土壤板结、盐碱化，最终土壤肥力加剧下降，导致粮食单位产量及总产量加速下降，以农药和化肥为依据的投入对粮食保产再无回天之力，因此，能源对粮食产量的影响具有较大的两面性。第三，水资源自身是无害的，水资源作用粮食单位产量及总产量提高的机理表现在水资源利用具有资源禀赋、产品类型和技术手段三个特性。其一，资源禀赋丰富的地区，利用足量的雨水、灌溉水可以保证粮食高产，产生传统的雨育农业和灌溉农业；其二，粮食产品类型的不同需要的水资源存在差异，水稻对水的需求量最大，其次是玉米和小麦，针对不同的粮食作物进行配水显得尤为重要；其三，灌溉技术手段会影响水资源利用效率，微灌技术相比传统漫灌方式更高效利用了水资源。因此，不同区域的资源禀赋、产品类型和灌溉技术方式的相匹配，可以达到水资源优化高效利用，粮食产出问题也迎刃而解。

我国存在“资源效率低—粮食产量高”的发展悖论。尽管各个自然资源的效率走势均有向上的趋势，东部地区的资源效率比中西部地区相对较高，粮食主产区的资源效率较非主产区相对较高，但总体来看，我国资源效率水平仍属于低端层面区。本书研究表明，我国的农业自然资源整体利用方式较为粗放，具体的自然资源没有精细化利用，因而总的资源效率相比国外严重偏低，我国存在较为严重的“资源效率贫困”现象。

水资源在农业中的利用效率有其特点。第一，农业领域是水资源使用量最大的领域。我国超过60%的淡水资源用于农业生产，其中粮食生产用水占到45%左右。第二，我国农业水资源利用存在短缺、效率低和时空分布不均三个主要特性。其一，华北地区是我国粮食主产区，最严重的问题就是水短缺。只能依靠地下水进行灌溉，长期而言地下水位将下降、水质将恶化，这对该区粮食可持续发展是极为不利的。其二，水资源效率低表征为水资源尽管这几年的效率呈现上升趋势，但仍是效率低端区域，且不同省份的水资源效率存在较为明显的分异，因此总的效率表现为低端性的差异化。而考虑生态及环境因素后，发现水资源生态环境对粮食产量的影响日益增大，当前的水资源生态效率和环境效率均表现较差，不同省份的生态环境效率也存在较大的差异，表明我国生态环境也存在较大的区域不平衡，亟须引入协调均衡发展的理念，发展资源和环境。其三，水资源的时间分布存在差异，我国主要降雨集中在6~9月，其他月份的水资源较少，这与作物生长期不是完全相吻合；水资源的空间分布存在差异，我国南水北粮的格局说明，北方产粮多但水资源较少，南方水资源多但产粮较少，因此地域性的南水北调工程大有必要，相关的研究也表明我国南水北调工程是成功的。第三，水资源利用只具有当期效应。本书研究表明，水资源利用对上一期和下一期的粮食产量均没有显著的影响，而只对当期的粮食产量存在显著影响。因此，水资源问题需年年抓、月月抓，不能以一劳永逸的管理作风和方式处理粮食生产用水问题。第四，水资源效率具体可分为资源效率、灌溉技术效率、全要素水资源效率三大类。所有效率均有上升趋势但整体效率水平不高，效率不存在明显的空间外溢，水资源禀赋和农业用水结构影响所有效率的提升。因此，对三大类效率齐抓共管，依靠灌溉技术手段的推广，各省因地制宜争取最大的资源量，调整农业用水结构，实现农业用水效率提高。第五，我国利用虚拟水具有较大空间，虚拟水理论运用于实践有待加强。虚拟水可以作为水资源短缺的替代，国外的虚拟水以产品内嵌的形式流入到我国，我国的水资源相当于是增加了，可以节约更多的真实水用于生产生活。粮食产品虚拟水具有双重功效：其一，国外的粮食进口保证了我国有更多的粮食可以供给，缓解我国人口增长对粮食的需求增长；其二，国外的粮食内嵌的水资源流入到我国，我国缺水的地区可以率先进口这些粮食，缓释该区域水资源不足但仍需承担粮食主产的负担。本书研究发现，我国真实水效率低的地方没有较好地运用国外虚拟水进行短板弥合，今后真实水效率低的地区更应该进口更多的虚拟水及产品，以虚拟水产品为契机进行地区产业结构重构，变水资源劣势为产品结构优势。

国外资源利用的经验值得学习。以水资源为典型代表，美国属于成熟型市场化主导的水资源管理，市场化的影子覆盖了水资源的生产、分配、交换和消费各个环节，实现价格机制和衍生品市场对水资源进行交易。欧盟属于规范型法制化引导的水资源管理，欧盟制定了水资源利用及管理方面的诸多法律和指导性纲领，各成员国在不逾矩的前提下，自由发挥和安排自身的具体水资源管理。澳大利亚属于科研型技术化诱导的水资源管理，澳洲注重水资源利用技术方面的科学研究和开发，并积极致力于推广先进的用水节水技术到普通家庭和工厂等。印度属于政治型社区化主导的水资源管理，印度在水资源的分配中具有浓厚的行政色彩，水资源的消费以社区为单位，因而社区在水资源管理中充当参与者主体地位。以上国外的水资源管理方式及经验值得我国学习和借鉴。我国的水资源管理模式与其他国家有异同，我国有最严格的水资源管理制度，这与欧盟法律管理较为相近，但我国的法制执行力较弱；与美国相比，我国水资源的市场化程度极为低下，水价格、水市场、水衍生品交易等均处于萌芽期；与澳大利亚相比，我国水利技术只注重大型水利技术，忽视微观用水主体的水利用技术；与印度相比，我国水资源管理主体的实际地位是国家，既不属于社区也不属于个人，微观主体的水管理的参与形同虚设。因此，综合西方经验及我国自身管理的缺点，我国应该实行综合性全方位的资源改革及管理。今后应在市场、法律、制度和技术各个方面对资源进行变革和综合管理。

总之，资源利用在粮食安全中具有重要地位，确保我国粮食安全的资源利用及管理，需要遵循两种资源、两个市场的资源利用理念。协调好总体实体资源的利用效率，提高真实资源利用效率和虚拟资源利用效率，学习国外宏微观层面的资源管理经验，采用联系的、整合的和适应性的管理方式对我国自然资源管理进行革新。则我国自然资源问题与粮食安全问题能得到较好的解决，我国粮食可持续发展和安全指日可待。

参考文献

一、外文文献

[1] Shavkat Hasanov, Ahmed Mirza Nomman. Agricultural efficiency under resources scarcity in Uzbekistan: A data envelopment analysis [J]. BEH, 2011, (1): 81-87.

[2] C. A. Wongnaa, D. Ofori. Resource-use in cashew production in Wenchi municipality, Ghana [J]. Agris on-line Papers in Economics and Informatics, 2012 (4): 80-73

[3] A. Ayinde, D. Akerele, O. T. Ojeniyi. Resource use efficiency and profitability of fluted pumpkin production under tropical conditions [J]. International Journal of Vegetable Sience, 2011, 17: 75-82.

[4] Xiaochao Chen, Fanjun Chen, Yanling Chen. Modern maize hybrids in northeast China exhibit increased yield potential and resource use efficiency despite adverse climate change [J]. Global Change Biology, 2013, 19: 923-936.

[5] Sanzidur Rahman. Resource use efficiency under self-selectivity: The case of Bangladeshi rice producers [J]. The Australian Journal of Agricultural and Resource Economics, 2011, 55: 273-290.

[6] S. J. Balaji, K. Chandran. Crop production in rainfed agrarian environment: A study on resource use, costs and returns and constrains in Chilli production in Ramanathapuram district of Tamil Nadu [J]. Economic Affairs, 2013, 58 (4): 349-355.

[7] A. Muhammad-Lawal, I. J. Memudu, A. F. Ayanlere, A. B. Mohammad, M. E. Olajogun. Assessment of the economics and resource-use efficiency of rice production in Ogun State, Nigeria [J]. Agris on-line Papers in Economics and Informatics, 2013, 5: 35-43.

[8] Mingsheng Fan, Jianbo Shen, Lixing Yuan, Rongfeng Jiang, Xinping Chen, William J. Davies and Fusuo Zhang. Improving crop productivity and resource use efficiency to ensure food security and environmental quality in China [J]. Journal of Experimental Botany, 2012, 63 (1): 13-24.

[9] V. Karthick, T. Alagumani and J. S. Amarnath. Resource-use efficiency and technical efficency of Turmeric production in Tamil Nadu——A stochastic frontier approach [J]. Agricultural Economics Research Review, 2013, 26 (1): 109-114.

[10] Sunil Kumar Singh, S. B. Agarwal, B. S. Chandel. Resource use efficiency in buffalo milk production in Varanasi district of Uttar Pradesh India [J]. J. Dairying, Foods&H. S., 2012, 31 (4): 259-263.

[11] Behrouzi, F. G., S. Germchi, Yarnia, M. Effect of complete micronutrient fertilizer application on soybean yield and yield components [J]. American Journal of Agricultural and biological science, 2012, 7: 412-416.

[12] Dumitru Şoaita. Growth rsource efficiency and rebound effect environmental [J]. Scientific Bulletin of the Petru Maior, 2011, 8 (2): 196-199.

[13] Lucas Bretschger, ETH Zurich. Sustainability economics, resource efficiency, and the Green New Deal [J]. Int Econ Econ Policy, 2010, 7: 187-202.

[14] Klaus RENNINGS, Christian RAMMER. Increasing energy and resource efficiency through innovation: An explorative analysis using innovation survey data [J]. Finance a úvěr-Czech Journal of Economics and Finance, 2009, 59 (5): 442-459.

[15] Banker R D, Charmes A, Cooper W. Some models for restimating technical and scale in efficiencies: In data envelopment analysis [J]. Management Science, 1984, 30: 1078-1092

[16] Fare, R., Grosskopf, S., Lovell, C. A. K.. Production frontiers [R]. Cambridge University Press, 1994.

[17] Krugman, P. The myth of Asia's miracle [J]. Foreign Affairs, 1994, 73: 62-78.

[18] X. M. Gao, Anderson Reynolds. A structural equation approach to measuring technological change: An application to southeastern U. S. agriculture [J]. Journal of Productivity Analysis, 1994, 5 (2): 123-139.

[19] Arnberg. S., T. B. Bjorner. Substitution between energy, capital and labour within industrial companies: A micro panel data analysis [J]. Resource and Energy Economics, 2007, 29: 122-136.

[20] Anderson. P., N. C. Petersen. A procedure for ranking units in data envelopment analysis [J]. Management Science, 1993, 39 (10): 515-521.

[21] Wendell H. Wiser. Energy resources: Energy use in agriculture [M]. 978-1-4612-7050-8 (Print), 2000: 279-292.

[22] Tone K. Dealing with undesirable outputs in DEA: a slacks-based measure (SBM) approach [R]. GRIPS Research Report Series , 2003.

[23] Paul L. G. Vlek, Rolf Sommer. Energy use and CO_2 production in tropical agriculture and means and strategies for reduction or mitigation [J]. Environment, Development and Sustainability, 2004, 6: 213-233.

[24] Josef Marousek. Study on agriculture decision-makers behavior on sustainable energy utilization [J]. Agric Environ Ethics, 2012, (8): 1-11.

[25] Kaneko, S1, Tanaka K., Toyota T. Water efficiency of agricultural production in China: Regional comparison from 1999 to 2002 [J]. International Journal of Agricultural Resources, Governance and Ecology, 2004, 3: 231-251.

[26] Kopp, R. J. The measurement of productive efficiency: Reconsideration [J]. Quarterly Journal of Economics, 1981, 96: 44-60.

[27] Battese, G. E. and Coelli, T. J. Frontier production functions, technical efficiency and panel data: With application to paddy farmers in India [J]. Journal of Productivity Analysis, 1992, 3: 153-169.

[28] Allan. Virtual water: A strategic resource [J]. Ground Water, 1998, 36 (4): 545-546.

[29] Chapagain and Hoekstra. Chapagain, Ashok K., and Arjen Y. Hoekstra. Water footprints of nations [R]. Value of Water Research Report Series. Delft, Netherlands: UNESCO-IHE, 2004.

[30] Hanjra M A, Qureshi M E. Global water crisis and future food security in an era of climate change [J]. Food Policy, 2010, 35 (5): 365-377.

[31] Allan J A T. Water and Food Security: Food-water and Food Supply Value Chains [M] //The Water We Eat. Springer International Publishing, 2015: 17-34.

[32] Singh A. Review: Computer-based models for managing the water-resource problems of irrigated agriculture [J]. Hydrogeology Journal, 2015, 23 (6): 1217-1227.

[33] De Marsily G, Abarca-del-Rio R. Water and Food in the Twenty-First

Century [J]. Surveys in Geophysics, 2015: 1-25.

[34] Grafton R Q, Williams J, Jiang Q. Food and water gaps to 2050: preliminary results from the global food and water system (GFWS) platform [J]. Food Security, 2015, 7 (2): 209-220.

[35] Huang F, Liu Z, Ridoutt B G, et al. China's water for food under growing water scarcity [J]. Food Security, 2015, 7 (5): 933-949.

[36] Bleischwitz R, Johnson C M, Dozler M G. Re-Assessing resource dependency and criticality. Linking future food and water stress with global resource supply vulnerabilities for foresight analysis [J]. European Journal of Futures Research, 2014, 2 (1): 1-12.

[37] Forouzani M, Karami E. Agricultural water poverty index and sustainability [J]. Agronomy for Sustainable Development, 2011.

[38] Smilovic M, Gleeson T, Siebert S. The limits of increasing food production with irrigation in India [J]. Food Security, 2015, 7 (4): 835-856.

[39] Rosegrant M W, Cline S A, Valmonte-Santos R A. Global Water and Food Security: Megatrends and Emerging Issues [M]. Springer Berlin Heidelberg, 2010.

[40] Rahman R, Mondal M S. Role of Water Resource Management in Ensuring Food Security [M] //Food Security and Risk Reduction in Bangladesh. Springer Japan, 2015: 213-234.

[41] García-Tejero I F, Durán-Zuazo V H, Muriel-Fernández J L, et al. Water and Sustainable Agriculture [M]. Springer Netherlands, 2011.

[42] Sakadevan K, Nguyen M L. Factors Influencing Water Dynamics in Agriculture [M] //Sustainable Agriculture Reviews. Springer International Publishing, 2015: 145-180.

[43] Biro A. Water wars by other means: virtual water and global economic restructuring [J]. Global Environmental Politics, 2012, 12 (4): 86-103.

[44] Chapagain A K, Hoekstra A Y. Water footprints of nations [J]. 2004.

[45] Fröhlich M, Hinterberger F, Rosinski N, et al. Society's Metabolism. The Intellectual History of Materials Flow Analysis, Part II, 1970-1998 [J]. Journal of Industrial Ecology, 1999, 2 (4): 107-136.

[46] Kaneko S, Tanaka K, Toyota T, et al. Water efficiency of agricultural production in China: regional comparison from 1999 to 2002 [J]. International Journal

of Agricultural Resources, Governance and Ecology, 2004, 3 (3-4): 231-251.

[47] Tone K. A slacks - based measure of efficiency in data envelopment analysis [J]. European journal of operational research, 2001, 130 (3): 498-509.

[48] Berkhout F, Bouwer L M, Bayer J, et al. European policy responses to climate change: progress on mainstreaming emissions reduction and adaptation [J]. Regional Environmental Change, 1-11.

[49] Battese G E, Coelli T J. Frontier Production Functions, Technical Efficiency and Panel data: with Application to Paddy Farmers in India [M]. Springer Netherlands, 1992.

[50] Boscheck R, Clifton J C, Díaz-Fuentes D, et al. The regulation of water services in the EU [J]. Intereconomics, 2013, 48 (3): 136-158.

[51] Charnes A, Cooper W W, Rhodes E. Measuring the efficiency of decision making units [J]. European journal of operational research, 1978, 2 (6): 429-444.

[52] Sun C, Zhao L, Zou W, et al. Water resource utilization efficiency and spatial spillover effects in China [J]. Journal of Geographical Sciences, 2014, 24 (5): 771-788.

二、中文文献

[1] 陈锡文. 粮食安全面临三大挑战 [J]. 中国经济报告, 2014 (2): 43-45.

[2] 吕新业, 冀县卿. 关于中国粮食问题安全的再思考 [J]. 农业经济问题, 2013 (9): 15-24

[3] 裴敏欣. 中国土壤污染问题影响国际粮食安全 [EB/OL]. [2014-04-21] http://www.fortunechina.com/business/c/2014-04/21/content_202197.htm.

[4] 韩璐, 谢俊奇. 小波神经网络在土地利用效益中的应用——以兰州市为例 [J]. 资源科学, 2011 (1): 153-157.

[5] 中商情报网. 我国生活污水和工业废水处理系统建设现状分析 [EB/OL]. [2013-12-27] http://www.askci.com/.

[6] 王晓玲, 于惊涛, 武春友. 国际资源效率研究进展与演化趋势评述 [J]. 管理学报, 2013 (10): 1553-1560.

[7] 魏楚, 沈满洪. 水资源效率的测度及影响因素: 基于文献的评述 [J]. 长江流域资源与环境, 2014 (2): 197-204.

[8] 马海良, 黄德春, 张继国, 等. 中国近年来水资源效率的省际差异: 技术进步还是技术效率 [J] . 2012 (5): 794-801.

［9］国务院发展研究中心“中长期增长”课题组. 到2023年中国农业增长趋势预测［J］. 发展研究，2014（7）：4-9.

［10］湖州农村发展研究院课题组. 中国粮食安全战略转变：国内条件与国际情景［J］. 湖州师范学院学报，2014，36（1）：1-9.

［11］卢锋，杨业伟. 中国农业劳动力占比变动因素估测：1990—2030年［J］. 中国人口科学，2012（4）：13-24.

［12］闵锐，李谷成. “两型”视角下我国粮食生产技术效率的空间分异［J］. 经济地理，2013（3）：144-149.

［13］倪国华，郑风田. 粮食安全背景下的生态安全与食品安全［J］. 中国农村观察，2012（4）：52-58.

［14］邹文涛，吴乐. 论我国粮食安全与境外农业资源利用［J］. 海南大学学报：人文社会科学版，2012（4）：117-121.

［15］柯兵，柳文华，段光明，等. 虚拟水在解决农业生产和粮食安全问题中的作用研究［J］. 环境科学，2004，25（2）：32-36.

［16］龙爱华，徐中民，张志强. 虚拟水理论方法与西北四省（区）虚拟水实证研究［J］. 地球科学进展，2004，19（4）：577-584.

［17］刘渝，杜江，张俊飚. 湖北省农业水资源利用效率评价［J］. 中国人口资源环境，2007，17（6）：60-65.

［18］张俊飚. 中国水资源生态安全与粮食安全状态评价［J］. 资源科学，2010，32（12）.

［19］蔡昉. 城市化与农民工的贡献——后危机时期中国经济增长潜力的思考［J］. 中国人口科学，2010（1）：2-10.

［20］罗必良. 农地规模经营的效率决定［J］. 中国农村观察，2000（5）：18-24.

［21］陆文聪. 中国粮食供求变化趋势预测：基于区域化市场均衡模型［J］. 经济研究，2004（8）：94-104.

［22］吴绍洪，黄季焜，等. 气候变化对中国的影响利弊［J］. 中国人口资源与环境，2014，24（1）：7-13.

［23］韩俊. 中国“三农”问题的症结与政策展望［J］. 中国农村经济，2013（1）：3.

［24］陈锡文. 中国农业发展形势及面临的挑战［J］. 农村经济，2015（1）：1.

图表附录

附表 1　　省际粮食产量　　单位：万吨

	2003	2004	2005	2006	2007	2008	2009	2010	2011	2012
北京	58	70.2	94.9	109.2	102.1	125.5	124.8	115.7	121.8	113.8
天津	119.3	122.8	137.5	143.5	147.2	148.9	156.3	159.7	161.8	161.8
河北	2 387.8	2 480.1	2 598.6	2 702.8	2 841.6	2 905.8	2 910.2	2 975.9	3 172.6	3 246.6
山西	958.9	1 062	978	1 073.3	1 007.1	1 028	942	1 085.1	1 193	1 274.1
内蒙古	1 360.7	1 505.3	1 662.2	1 704.9	1 810.7	2 131.3	1 981.7	2 158.2	2 387.5	2 528.5
辽宁	1 498.3	1 720	1 745.8	1 725	1 835	1 860.3	1 591	1 765.4	2 035.5	2 070.5
吉林	2 259.6	2 510	2 581.2	2 720	2 453.8	2 840	2 460	2 842.5	3 171	3 343
黑龙江	2 512.3	3 001	3 092	3 346.4	3 462.9	4 225	4 353	5 012.8	5 570.6	5 761.5
上海	98.8	106.3	105.4	111.3	109.2	115.7	121.7	118.4	122	122.4
江苏	2 471.9	2 829.1	2 834.6	3 041.4	3 132.2	3 175.5	3 230.1	3 235.1	3 307.8	3 372.5
浙江	793.4	834.9	814.7	884	728.6	775.6	789.2	770.7	781.6	769.8
安徽	2 214.8	2 743	2 605.3	2 860.7	2 901.4	3 023.3	3 069.9	3 080.5	3 135.5	3 289.1
福建	713.2	736.5	715.2	701.5	635.1	652.3	666.9	661.9	672.8	659.3
江西	1 450.3	1 663	1 757	1 854.5	1 904	1 958.1	2 002.6	1 954.7	2 052.8	2 084.8
山东	3 435.5	3 516.7	3 917.4	4 048.8	4 148.8	4 260.5	4 316.3	4 335.7	4 426.3	4 511.4
河南	3 569.5	4 260	4 582	5 010	5 245.2	5 365.5	5 389	5 437.1	5 542.5	5 638.6
湖北	1 921	2 100.1	2 177.4	2 210.1	2 185.4	2 227.2	2 309.1	2 315.8	2 388.5	2 441.8
湖南	2 442.7	2 640	2 678.6	2 706.2	2 692.2	2 805	2 902.7	2 847.5	2 939.4	3 006.5
广东	1 430.4	1 390	1 395	1 387.6	1 284.7	1 243.4	1 314.5	1 316.5	1 361	1 396.3
广西	1 465.1	1 398.5	1 487.3	1 463.2	1 396.6	1 394.7	1 463.2	1 412.3	1 429.9	1 484.9
海南	204.6	190.1	153	185.6	177.5	183.5	187.6	180.4	188	199.5
重庆	1 087.1	1 144.5	1 168.2	910.5	1 088	1 153.2	1 137.2	1 156.1	1 126.9	1 138.5
四川	3 054.1	3 146.7	3 211.1	2 893.4	3 027	3 140	3 194.6	3 222.9	3 291.6	3 315
贵州	1 104.3	1 149.6	1 152.1	1 122.8	1 100.9	1 158	1 168.3	1 112.3	876.9	1 079.5
云南	1 471	1 509.5	1 514.9	1 542.2	1 460.7	1 518.6	1 576.9	1 531	1 673.6	1 749.1
西藏	96.6	96	93.4	92.4	93.9	95	90.5	91.2	93.7	94.9
陕西	968.4	1 040	1 043	1 087	1 067.9	1 111	1 131.4	1 164.9	1 194.7	1 245.1
甘肃	789.3	805.8	836.9	808.1	824	888.5	906.2	958.3	1 014.6	1 109.7
青海	86.8	88.5	93.3	88.3	106.2	101.8	102.7	102	103.4	101.5
宁夏	270.2	290.5	299.8	310.9	323.5	329.2	340.7	356.5	359	375
新疆	775.5	796.5	876.6	902.2	867	930.5	1 152	1 170.7	1 224.7	1 273

附表 2　　　　　　　　　　　　省际农药施用量　　　　　　　　　　单位：万吨

	2003	2004	2005	2006	2007	2008	2009	2010	2011	2012
北京	0.52	0.54	0.47	0.47	0.37	0.39	0.4	0.4	0.39	0.39
天津	0.25	0.31	0.33	0.34	0.35	0.38	0.38	0.37	0.38	0.38
河北	7.52	7.57	8.08	8.12	8.35	8.51	8.65	8.46	8.3	8.48
山西	1.95	2.07	2.28	2.3	2.32	2.4	2.53	2.61	2.84	2.98
内蒙古	1.06	1.15	1.48	1.61	1.75	1.91	2.23	2.43	2.45	2.99
辽宁	4.45	4.56	4.58	4.69	5.03	5.25	5.41	6.94	5.66	5.91
吉林	2.36	2.57	2.89	3.45	3.77	4.05	4.24	4.28	4.56	5.12
黑龙江	3.66	4.72	4.75	5.79	8.17	6.24	6.68	7.38	7.8	8.05
上海	0.85	0.66	0.84	0.83	0.81	0.81	0.73	0.7	0.63	0.58
江苏	8.79	9.23	10.33	9.86	9.68	9.38	9.23	9.01	8.65	8.37
浙江	6.17	6.34	6.56	6.62	6.49	6.58	6.55	6.51		6.29
安徽	7.88	8.46	9.48	9.54	9.91	11.15	11.04	11.66	11.75	11.67
福建	5.53	5.35	5.6	5.65	5.7	5.75	5.78	5.82	5.83	5.78
江西	5.35	6.63	7.53	7.6	8.88	9.67	9.76	10.65	9.95	10.04
山东	17.09	15.39	15.56	17.13	16.57	17.35	16.9	16.49	16.48	16.2
河南	9.87	10.12	10.51	11.16	11.8	11.91	12.14	12.49	12.87	12.83
湖北	9.99	11.26	11.02	13.17	13.56	13.84	13.89	14	13.95	13.95
湖南	9.54	10.95	11.33	11.12	10.91	11.28	11.54	11.88	12.04	12.3
广东	8.6	8.5	8.7	9.31	9.92	10.05	10.37	10.44	11.41	11.39
广西	4.98	5.08	5.33	5.46	6	6.2	6.22	6.45	6.62	6.78
海南	1.34	1.56	1.81	2.15	2.49	3.24	4.68	4.55	4.69	3.96
重庆	1.95	1.95	1.95	1.96	2.04	2.1	2.2	2.09	2.03	1.95
四川	5.39	5.54	5.63	5.83	6.03	6.08	6.19	6.22	6.19	6.03
贵州	0.9	0.95	0.98	1.06	1.07	1.29	1.25	1.29	1.45	1.45
云南	2.69	2.91	3.06	3.29	3.52	4.29	4.26	4.62	4.82	5.53
西藏	0.06	0.07	0.07	0.09	0.1	0.12	0.09	0.1	0.1	0.09
陕西	0.98	0.97	0.99	1.01	1.07	1.1	1.31	1.24	1.24	1.3
甘肃	1.27	1.63	2.08	2.17	3.53	3.65	3.99	4.46	6.84	7.37
青海	0.17	0.18	0.17	0.19	0.19	0.2	0.2	0.21	0.2	0.18
宁夏	0.16	0.18	0.16	0.19	0.22	0.24	0.24	0.26	0.27	0.27
新疆	1.21	1.23	1.46	1.56	1.66	1.84	1.81	1.82	1.93	1.98

附表 3　　省际化肥施用量　　单位：万吨

	2003	2004	2005	2006	2007	2008	2009	2010	2011	2012
北京	14.32	14.46	14.84	14.84	13.99	13.63	13.82	13.67	13.84	13.67
天津	17.8	22.85	23.29	24.56	25.82	25.88	25.96	25.54	24.39	24.45
河北	283.31	289.88	303.39	304.89	311.87	312.4	316.17	322.86	326.28	329.33
山西	89.91	93.44	95.7	98.27	100.83	103.4	104.32	110.37	114.57	118.28
内蒙古	93.19	104.35	116.72	128.51	140.29	154.1	171.42	177.24	176.94	189.04
辽宁	112.62	117.85	119.86	121.08	127.47	128.77	133.61	140.08	144.64	146.9
吉林	122.26	159.09	138.1	146.7	154.39	163.84	174.18	182.8	195.2	206.73
黑龙江	125.7	143.81	150.92	162.2	175.2	180.73	198.87	214.89	228.44	240.28
上海	15.87	15.02	14.44	14.53	14.08	14.32	12.56	11.84	11.97	10.99
江苏	334.67	336.8	340.81	342.01	342.03	340.76	344	341.11	337.21	330.95
浙江	90.38	93.34	94.27	93.98	92.82	92.98	93.6	92.2	92.07	92.15
安徽	281.28	277.56	285.67	294.29	305.02	307.35	312.79	319.77	329.67	333.53
福建	120.29	121.67	122.02	120.86	119.69	118.67	120.68	121.04	120.93	120.87
江西	110.98	123.53	129.39	132.58	132.65	132.97	135.76	137.62	140.77	141.26
山东	432.65	450.96	467.63	489.82	500.34	476.33	472.86	475.32	473.64	476.26
河南	467.89	493.16	518.14	540.43	569.68	601.68	628.67	655.15	673.71	684.43
湖北	270.32	281.92	285.83	292.48	299.9	327.66	340.26	350.77	354.89	354.89
湖南	188.33	203.18	209.87	214.72	219.58	223.38	231.6	236.57	242.49	249.11
广东	199.61	201.3	204.62	212.13	219.64	226.6	233.16	237.29	241.3	245.38
广西	183.69	195.22	201.25	210.66	220.84	222.58	229.32	237.16	242.71	249.04
海南	33.92	41.06	37.31	39.49	41.67	45.62	46.29	46.43	47.73	45.53
重庆	71.6	77.02	79.05	80.54	84.32	88.14	91.17	91.82	95.58	96.02
四川	208.39	214.71	220.92	228.16	238.17	242.84	247.97	248	251.23	253.03
贵州	74.92	74.31	77.41	80.23	82.05	83.09	86.54	86.53	94.08	98.17
云南	129.22	137.24	142.65	150.39	158.27	167.67	171.39	184.58	200.47	210.21
西藏	3.19	3.98	4.21	4.4	4.58	4.6	4.69	4.74	4.79	4.99
陕西	142.73	143.13	147.3	149.73	158.81	165.9	181.32	196.79	207.27	239.8
甘肃	69.57	72.39	75.92	76.5	80.14	81.37	82.9	85.26	87.24	92.13
青海	6.85	6.57	6.99	7.17	7.55	8.11	7.96	8.76	8.27	9.3
宁夏	25.36	27.61	29.93	31.92	34.63	34.75	35.54	37.93	38.24	39.44
新疆	90.74	99.17	107.77	119.65	131.52	148.89	154.98	167.56	183.68	192.7

附表 4　　省际机械总动力　　单位：万千瓦

	2003	2004	2005	2006	2007	2008	2009	2010	2011	2012
北京	365.87	340.02	337.71	325.51	300.48	267.05	271.54	276	265.2	241.1
天津	601.66	608.13	611.94	608.42	604.9	596.6	595	587.79	583.87	568.13
河北	7 764.54	8 135.63	8 487.21	8 795.77	9 134.53	9 525.38	9 861.12	10 151.3	10 349.19	10 553.81
山西	1 928.21	2 186.48	2 288.7	2 364.75	2 440.79	2 509.9	2 655.04	2 809.17	2 927.3	3 056.09
内蒙古	1 616.61	1 772.29	1 922	2 065.64	2 209.27	2 779.44	2 891.64	3 033.58	3 172.7	3 280.56
辽宁	1 542.33	1 619.47	1 918.05	1 995.3	1 941.69	2 042.68	2 142.93	2 248.66	2 399.89	2 526.89
吉林	1 230.56	1 319.76	1 471.3	1 572.33	1 678.33	1 800	2 001.13	2 145	2 355.04	2 554.65
黑龙江	1 807.74	1 952.17	2 234.04	2 570.6	2 785.3	3 018.36	3 401.27	3 736.29	4 097.84	4 552.93
上海	112.61	105.15	96.46	97.23	97.68	95.32	99.23	104.06	105.68	112.73
江苏	3 029.1	3 052.51	3 135.33	3 278.53	3 392.44	3 630.86	3 810.57	3 937.34	4 106.11	4 214.64
浙江	2 039.66	2 026.74	2 111.27	2 293	2 331.63	2 343.45	2 384.03	2 427.46	2 461.25	2 489.4
安徽	3 544.66	3 784.44	3 983.83	4 239.93	4 535.3	4 807.46	5 108.85	5 409.78	5 657.08	5 902.77
福建	951.91	981	1 000	1 031.54	1 063.08	1 112.47	1 175.01	1 206.16	1 250.81	1 286.8
江西	1 220.52	1 465.2	1 781.26	2 137.09	2 506.32	2 946.43	3 358.93	3 805	4 200.03	4 599.68
山东	8 336.7	8 751.9	9 199.33	9 555.28	9 917.79	10 350	11 080.66	11 628.97	12 098.25	12 419.87
河南	6 953.17	7 521.12	7 934.23	8 309.13	8 718.71	9 429.27	9 817.84	10 195.89	10 515.79	10 872.73
湖北	1 661.75	1 763.61	2 057.37	2 263.15	2 551.08	2 796.99	3 057.24	3 371	3 571.23	3 842.16
湖南	2 664.45	2 923.92	3 189.86	3 437.15	3 684.43	4 021.14	4 352.39	4 651.54	4 935.59	5 189.24
广东	1 788.8	1 798.73	1 782.09	1 814.66	1 847.23	2 093.91	2 190.18	2 345.28	2 414.82	2 496.68
广西	1 696.3	1 814.34	1 909.65	2 011.03	2 127.2	2 373.56	2 550.93	2 767.67	3 033.15	3 195.91
海南	221.62	243.94	268.21	298.37	328.53	373.06	396.07	425.24	444.33	479.66
重庆	695.67	728.31	775.96	820.01	860.31	903.15	967.41	1 071.09	1 140.3	1 162
四川	1 891.06	2 006.78	2 181.7	2 344.87	2 523.05	2 687.55	2 952.66	3 155.13	3 426.1	3 694.03
贵州	761.99	797.18	1 011.52	1 207.19	1 411.74	1 537.5	1 606.42	1 730.31	1 851.4	2 106.65
云南	1 542.91	1 608.48	1 666.05	1 763.98	1 861.91	2 013.92	2 159.4	2 411.05	2 628.39	2 874.45
西藏	181.19	191.63	230.86	280.14	329.42	349.64	358.44	378.06	427.9	464.95
陕西	1 228.08	1 307.01	1 406.27	1 452.43	1 576.07	1 709.88	1 832.98	2 000	2 182.85	2 350.17
甘肃	1 255.38	1 321.25	1 406.92	1 466.34	1 577.27	1 686.32	1 822.65	1 977.55	2 136.48	2 279.08
青海	292.43	325.76	327.34	335.07	348.56	355.68	388.68	421.31	430.69	434.99
宁夏	486.34	528.49	555.14	592.2	629.78	657.89	702.55	729.12	768.73	787.28
新疆	972.72	1 046.47	1 116.25	1 195.5	1 274.74	1 375.56	1 503.31	1 643.67	1 796.69	1 968.93

附表 5　　省际农、林、牧、渔劳动力　　单位：万人

	2003	2004	2005	2006	2007	2008	2009	2010	2011	2012
北京	61.82	58.715	58.24	62.12	63.595	61.68	61.35	60.495	59.085	58.05
天津	80.72	80.85	80.045	78.91	77.625	76.63	75.99	74.775	73.515	73.18
河北	1 656.105	1 630.335	1 576.59	1 532.895	1 496.04	1 478.635	1 475.365	1 465.415	1 445.75	1 433.17
山西	652.2	643.145	638.88	636.56	634.8	635.885	634.735	632.03	637.935	643.43
内蒙古	525.03	519.08	526.48	531.525	536.215	532.65	527.465	534.36	541.43	542.33
辽宁	663.26	676.575	686.1	683.645	675	665.68	661.84	662.485	663.595	663.63
吉林	505.805	499.58	499.375	500.93	496	491.635	493.445	498.835	506.01	510.17
黑龙江	740.355	720.47	701.405	693.135	682.375	676.58	681.055	680.81	677.615	677.71
上海	76.595	68.48	62.135	52.565	48.93	49.65	46.535	39.805	33.72	33.38
江苏	1 292.225	1 182.57	1 096.565	1 019.825	955.77	913.27	886.34	868.07	840.76	821.69
浙江	901.27	849.795	806.775	759.92	710.48	677.195	659.95	640.49	622.095	616.76
安徽	1 896.03	1 827.62	1 780.805	1 753.96	1 690.325	1 616.235	1 579.425	1 543.95	1 507.43	1 493.01
福建	746.245	729.33	707.455	678.495	651.14	637.005	631.415	625.005	622.05	620.37
江西	977.395	966.115	956	944.39	917.63	892.315	876.755	858.9	850.46	849.51
山东	2 317.765	2 222.37	2 113.025	2 028.875	1 980.9	1 970.925	1 988.145	1 988.92	1 987.315	1 981.21
河南	3 357.105	3 278.11	3 181.325	3 083.575	2 974.68	2 873.56	2 795.725	2 726.33	2 676.87	2 655.29
湖北	1 120.84	1 108.21	1 103.745	1 093.795	1 066.74	1 021.715	980.745	932.935	892.885	885.63
湖南	2 008.635	1 986.78	1 963.895	1 936.62	1 906.06	1 884.345	1 872.62	1 864.59	1 862.88	1 863.91
广东	1 549.215	1 534.19	1 529.225	1 533.185	1 532.595	1 535.03	1 529.76	1 495.005	1 435.29	1 402.33
广西	1 549.015	1 528.575	1 509.595	1 503.745	1 504.675	1 519.755	1 540.765	1 551.92	1 551.565	1 546.23
海南	184.475	189.005	192.075	195.015	198.265	200.465	204.255	206.38	207.01	208.73
重庆	832.955	807.01	788.355	758.775	720.475	687.685	662.89	637.905	615.08	604.04
四川	2 458.625	2 390.495	2 342.335	2 290.615	2 232.005	2 190.845	2 164.655	2 139.54	2 108.585	2 086.16
贵州	1 338.01	1 305.295	1 278.29	1 257.585	1 225.35	1 202.84	1 204.57	1 197.675	1 176.795	1 165.32
云南	1 693.135	1 691.975	1 691.935	1 683.66	1 670.695	1 661.68	1 658.49	1 653.645	1 647.87	1 646.28
西藏	221.2	223.6	225.3	224	223	222	221	225	234	238
陕西	991.945	973.005	953.135	948.815	937.035	913.84	887.25	861.545	836.39	822.17
甘肃	749.485	761.98	762.29	756.19	746.2	734.48	730.235	728.86	720.12	715.42
青海	135.65	133.325	130.29	126.38	121.925	120.215	120.34	120.53	119.55	118.11
宁夏	148.17	144.9	142.31	138.59	137.13	135.37	130.305	126.34	124.515	123.94
新疆	328.425	335.135	341.73	346.625	351.77	356.365	362.285	371.105	389.215	402.4

附表 6　　省际农业用水量　　单位：亿立方米

	2003	2004	2005	2006	2007	2008	2009	2010	2011	2012
北京	12.43	12.97	12.67	12.05	11.73	11.35	11.38	10.83	10.2	9.31
天津	12.00	11.98	13.59	13.43	13.84	12.99	12.84	10.97	11.55	11.7
河北	141.15	142.94	140.49	143.77	143.91	143.23	151.59	152.57	150.22	147.07
山西	33.14	32.93	32.68	34.22	34.32	32.92	34.41	37.98	43.4	42.74
内蒙古	145.61	149.43	143.88	142.18	141.77	134.1	138.67	134.52	135.94	135.36
辽宁	85.30	85.71	87.16	91.54	91.67	90.89	91.12	89.82	89.74	91.49
吉林	64.37	66.44	66.38	70.35	67.53	69.29	71.15	73.84	81.64	84.74
黑龙江	172.33	186.25	192.08	208.26	214.75	218.15	237.4	249.6	272.26	294.9
上海	19.70	18.81	18.46	18.37	16.21	16.74	16.78	16.76	16.47	17.45
江苏	288.68	288.53	263.81	270.69	268.51	287.34	300.12	304.23	307.6	305.35
浙江	107.05	107.29	106.73	101.06	100.22	98.73	97.28	94.64	92.07	91.29
安徽	121.03	121.74	113.55	136.44	120.56	151.91	167.22	166.7	168.38	157.89
福建	104.03	104.2	101.54	97.96	100.94	99.3	100.83	97.19	98.62	92.78
江西	130.75	128.54	134.6	132.92	151.35	148.89	157.21	151.02	171.74	155.66
山东	154.10	154.29	156.32	169.4	159.71	157.61	156.4	154.76	148.92	154.23
河南	123.59	124.54	114.49	140.15	120.07	133.49	138.1	125.59	124.6	135.45
湖北	129.97	131.71	142.12	142.96	132.65	142.8	149.43	138.29	142.26	146.44
湖南	201.70	202.3	201.33	198.4	193.89	193.19	189.25	185.79	183.12	187.95
广东	240.90	240.3	230.65	226.92	224.84	227.74	228.71	227.47	224.16	227.58
广西	210.20	210.1	225.38	222.28	208.39	202.91	195.26	194.57	193.21	211.87
海南	39.52	37.85	35.14	36.74	35.84	35.63	34.03	33.88	33.84	34.69
重庆	21.40	20.32	21.39	18.12	18.75	18.93	19.02	19.84	23.62	25.18
四川	121.17	121.17	121.83	121.2	118.71	113.64	123.64	127.26	128.44	145.79
贵州	51.16	51.92	50.45	54.33	48.72	51.58	50.8	50.05	49.7	47.74
云南	108.72	109.65	108.41	105.57	105.95	105.06	103.46	95.32	96.08	103.75
西藏	26.08	25.65	30.27	31.77	33.43	33.94	27.45	31.72	27.37	27.08
陕西	48.77	49.72	52.22	56.8	55.51	57.7	57.21	55.47	56.22	58.19
甘肃	95.87	96.73	94.98	94.31	96.05	96.93	93.77	94.28	93.84	95.1
青海	22.00	21.83	21.06	21.79	20.47	22.37	21.61	23.19	23.48	22.48
宁夏	22.20	21.83	72.27	71.73	64.75	67.97	65.26	65.05	66.12	61.41
新疆	21.44	21.83	464.36	469.95	476.77	486.15	489.39	484.64	488.41	561.75

附表 7　　省际粮食播种面积　　单位：千公顷

	2003	2004	2005	2006	2007	2008	2009	2010	2011	2012
北京	55. 1	68	94. 9	109. 2	102. 1	226. 3	226. 3	223. 5	209. 4	193. 9
天津	118. 2	122. 1	137. 5	141. 9	147. 2	293. 5	306. 6	311. 8	310. 8	322. 9
河北	2 266. 5	2 377	2 598. 6	2 780. 6	2 841. 6	6 158. 1	6 216. 5	6 282. 2	6 286. 1	6 302. 4
山西	855. 8	984. 5	978	1 024. 5	1 007. 1	3 111. 3	3 146. 7	3 239. 2	3 287. 9	3 291. 5
内蒙古	1 186. 2	1 315. 5	1 662. 2	1 806. 8	1 810. 7	5 254. 5	5 424	5 498. 7	5 561. 5	5 589. 4
辽宁	1 431. 1	1 675. 5	1 745. 8	1 797	1 835	3 035. 9	3 124. 1	3 179. 3	3 169. 8	3 169. 8
吉林	2 206. 7	2 452. 3	2 581. 2	2 725. 8	2 453. 8	4 391. 2	4 427. 7	4 492. 2	4 545. 1	4 545. 1
黑龙江	2 408. 1	2 896	3 092	3 843. 5	3 462. 9	10 988. 9	11 391	11 454. 7	11 502. 9	11 502. 9
上海	98. 2	105. 5	105. 4	111. 3	109. 2	174. 5	193. 3	179. 2	186. 3	187. 6
江苏	2 397. 5	2 759. 8	2 834. 6	3 096	3 132. 2	5 267. 1	5 272	5 282. 4	5 319. 2	5 336. 6
浙江	742. 3	780. 3	814. 7	769. 5	728. 6	1 271. 6	1 290. 1	1 275. 8	1 254. 1	1 251. 6
安徽	2 066. 6	2 586. 6	2 605. 3	2 853. 7	2 901. 4	6 561. 1	6 605. 6	6 616. 4	6 621. 5	6 622
福建	565. 7	587. 3	715. 2	632. 9	635. 1	1 210. 3	1 231	1 232. 3	1 226. 8	1 201. 1
江西	1 397. 9	1 612. 1	1 757	1 896. 5	1 904	3 578. 1	3 604. 6	3 639. 1	3 650. 1	3 675. 9
山东	3 157. 7	3 270. 8	3 917. 4	4 093	4 148. 8	6 955. 6	7 030. 1	7 084. 8	7 145. 8	7 202. 3
河南	3 428	4 056	4 582	5 112. 3	5 245. 2	9 600	9 683. 6	9 740. 2	9 859. 9	9 985. 2
湖北	1 759. 3	1 938. 9	2 177. 4	2 099. 1	2 185. 4	3 906. 7	4 012. 5	4 068. 4	4 122. 1	4 180. 1
湖南	2 281. 7	2 493. 3	2 678. 6	2 654. 2	2 692. 2	4 588. 8	4 799. 1	4 809. 1	4 879. 6	4 908
广东	1 253. 2	1 209. 7	1 395	1 242. 4	1 284. 7	2 499. 9	2 538. 5	2 531. 9	2 530. 4	2 540. 2
广西	1 405. 2	1 340. 3	1 487. 3	1 427. 6	1 396. 6	2 973. 1	3 067. 5	3 061. 1	3 072. 8	3 069. 1
海南	153. 7	154. 8	153	161. 9	177. 5	421. 3	430. 4	437. 2	430. 6	438. 6
重庆	831. 5	866. 3	1 168. 2	808. 4	1 088	2 215. 4	2 229. 5	2 243. 9	2 259. 4	2 259. 6
四川	2 596. 9	2 684. 6	3 211. 1	2 859. 7	3 027	6 430. 9	6 419. 4	6 402	6 440. 5	6 468. 2
贵州	903. 5	936. 1	1 152. 1	1 038	1 100. 9	2 919. 6	2 984. 7	3 039. 5	3 055. 6	3 054. 3
云南	1 298. 7	1 318. 1	1 514. 9	1 457. 6	1 460. 7	4 095. 9	4 200. 1	4 274. 4	4 326. 9	4 399. 6
西藏	96. 4	92. 6	93. 4	92. 4	93. 9	170. 6	169. 4	170. 2	170. 2	170. 9
陕西	887. 9	956. 8	1 043	1 041. 9	1 067. 9	3 126	3 134	3 159. 7	3 134. 9	3 127. 5
甘肃	639. 3	635	836. 9	808. 1	824	2 683	2 740	2 799. 8	2 833. 7	2 839. 4
青海	58. 6	59. 5	93. 3	99. 7	106. 2	272	275. 7	274. 5	279. 4	280. 2
宁夏	247. 6	264. 1	299. 8	322. 4	323. 5	826. 2	826. 9	844. 1	852. 4	828. 3
新疆	761. 1	787. 1	876. 6	896. 4	867	1 585. 2	1 984. 7	2 028. 6	2 047. 5	2 131. 2

附表 8　　省际成灾和受灾面积总和　　单位：千公顷

	1980	2003	2004	2005	2006	2008	2009	2010	2011	2012
北京	188.7	84	38	87	113	56	17	3	74	118
天津	232.7	238	105	155	90	134	66	33	11	217
河北	4 698	4 945	2 554	1 544	3 627	1 986	3 461	1 527	1 911	2 082
山西	4 547.3	1 174	1 388	2 817	1 902	3 171	2 678	1 396	1 560	1 406
内蒙古	6 467.3	5 539	4 927	2 861	6 130	3 815	6 060	2 033	2 946	3 423
辽宁	2 762.7	2 195	2 007	1 558	1 904	838	2 739	756	623	638
吉林	3 251.3	2 673	3 517	1 665	1 898	824	3 234	896	838	851
黑龙江	4 962	10 819	4 877	2 975	5 577	3 712	8 368	1 432	2 220	3 258
上海	622.7	1	9	127	127	29	16		33	33
江苏	3 796.7	4 541	1 129	2 434	2 672	772	1 396	648	1 365	1 068
浙江	1 428.6	957	1 181	1 706	572	1 594	524	283	590	807
安徽	4 219.3	6 366	1 019	4 498	2 016	1 898	2 586	1 752	1 516	1 709
福建	1 097.4	1 606	891	1 375	1 378	313	568	605	181	246
江西	2 084	3 151	1 718	2 039	1 789	3 518	2 345	2 075	1 502	1 072
山东	5 549.4	3 882	2 890	2 493	2 985	906	3 394	2 582	2 533	2 395
河南	5 346	7 704	3 098	3 215	2 193	1 620	3 572	1 568	1 858	1 715
湖北	4 756	4 982	2 444	3 994	3 588	6 692	2 724	2 466	3 370	2 485
湖南	4 070	4 478	1 710	3 258	3 485	7 317	3 230	2 841	3 330	1 867
广东	1 981.4	1 692	1 594	1 256	1 978	2 394	826	724	620	613
广西	3 559.4	2 965	2 909	2 362	2 287	3 435	1 979	1 665	2 076	880
重庆		1 562	1 298	1 235	2 404	1 061	681	575	1 097	629
四川	4 586	5 569	3 430	3 478	7 101	3 110	3 131	2 324	3 346	1 971
贵州	1 188.6	1 639	989	1 078	1 501	2 810	1 926	1 681	3 934	763
云南	1 102	2 303	1 579	4 016	2 407	2 342	3 805	3 215	2 762	2 159
西藏	36	4	54	44	29	90	75	51	22	21
陕西	4 084	3 296	1 578	2 636	2 093	1 549	1 757	1 122	1 055	697
甘肃	1 946.7	1 808	3 300	2 187	3 561	2 175	2 544	1 304	1 979	1 506
青海	195.4	277	244	140	564	195	218	111	328	242
宁夏	407.4	424	842	818	885	950	422	145	589	363
新疆	635.3	1 284	1 178	869	1 314	3 498	1 893	1 307	926	1 745

附表 9　　　　省际洪涝干旱灾害面积　　　　单位：千公顷

	2004	2005	2006	2007	2008	2009	2010	2011	2012	2013
北京	20.2	20.2	20.2	20.2	8.1	3.3	0.6	41.7	57.6	9.8
天津	24.6	24.6	24.6	24.6	23.7	0.000 1	0.000 1	6.6	117.5	0.000 1
河北	904.7	904.7	904.7	904.7	683.7	1 663.8	880.5	1 083	805.9	311.3
山西	1 146.3	1 146.3	1 146.3	1 146.3	1 973.8	1 437	937.1	717.5	665.3	1 146.8
内蒙古	2 025.5	2 025.5	2 025.5	2 025.5	2 092	4 339.4	1 649.7	1 521.1	1 419.1	1 131.7
辽宁	731.6	731.6	731.6	731.6	494.5	2 104.1	725.1	382.3	323.3	360
吉林	838.2	838.2	838.2	838.2	517.7	2 477.3	722.6	310.2	574.2	427.1
黑龙江	2 544.2	2 544.2	2 544.2	2 544.2	1 756.4	6 442.1	1 232.3	937.4	2 242.9	2 654
上海	11.2	11.2	11.2	11.2	0.000 1	0.000 1	0.000 1	24.2	14.7	28
江苏	536.3	536.3	536.3	536.3	100.7	764.1	598.2	824.5	663.3	266.7
浙江	449.3	449.3	449.3	449.3	255.8	90.5	246.7	302.3	523.5	1 277.2
安徽	1 119.6	1 119.6	1 119.6	1 119.6	301.5	1 403.2	1 318	1 083.4	1 129.3	1 482.1
福建	156.2	156.2	156.2	156.2	62.1	55	315.1	114.4	141.5	249.1
江西	1 024.8	1 024.8	1 024.8	1 024.8	940	1 093.6	1 812.9	965.8	448.4	888
山东	1 524.5	1 524.5	1 524.5	1 524.5	377.4	1 935.8	2 130.2	1 989.1	1 607.5	1 107.2
河南	1 183.8	1 183.8	1 183.8	1 183.8	657.7	1 679.2	1 180.2	1 307.7	1 368.6	909.4
湖北	1 808	1 808	1 808	1 808	1 199.9	1 424.3	2 203.3	2 096.5	1 606.4	2 317.6
湖南	1 707.5	1 707.5	1 707.5	1 707.5	1 152.2	1 311.4	2 631.1	1 693.4	757.7	2 699.1
广东	564.1	564.1	564.1	564.1	486	353.8	586.1	442.4	387.7	1 128.4
广西	939.5	939.5	939.5	939.5	865.9	1 077.2	1 545.8	1 002.2	566.6	579
海南	196.5	196.5	196.5	196.5	173.1	15.2	295.9	487.5	47.6	159.4
重庆	432.1	432.1	432.1	432.1	241.9	463.3	496.8	591.9	390.9	407.7
四川	1 201.1	1 201.1	1 201.1	1 201.1	312.8	1 414.3	2 135.6	1 071.8	866.4	1 405.5
贵州	1 032.4	1 032.4	1 032.4	1 032.4	216.3	678.4	1 634.3	1 933.6	433.5	1 298.3
云南	1 441.1	1 441.1	1 441.1	1 441.1	595.6	1 191.4	3 124.8	1 338.1	1 463.2	933.5
西藏	18.7	18.7	18.7	18.7	5.2	37.6	44.7	5.3	6.5	12.6
陕西	658.5	658.5	658.5	658.5	612.1	860.7	812.4	629.9	436.9	599
甘肃	1 022	1 022	1 022	1 022	854.8	1 653.8	938.5	1 017.6	693.5	973.5
青海	88.4	88.4	88.4	88.4	76.2	46.8	68.4	212.4	69.3	57.2
宁夏	276.2	276.2	276.2	276.2	498.5	337.7	33	375.4	164.5	248.3
新疆	514.4	514.4	514.4	514.4	1 077.7	548.2	483.4	204.9	566.9	205

致　谢

两年时间，我在深圳大学中国经济特区研究中心理论经济学博士后流动站，亦工作亦学习，忙得不亦乐乎。深圳这片热土，在我还是懵懂年华时就有耳闻。《花季雨季》这本浪漫的小说，我是一口气读完的，如饮用香茶而回味悠长。博士毕业后，我当了一名普通高校老师，感觉工作已不如从前般自由自在，一直抱着继续学习深造的想法。

刚到深圳大学时，我被美丽的校园环境感动了，高校应如斯！心想要是做不出学问，真是愧对这良辰美景。幸而，有四名特区研究中心的良师益友朝夕相伴，为我浅薄的学问短期内精进做出突出贡献。他们分别是：特区研究中心主任陶一桃教授、特区研究中心副主任袁易明教授，以及我的两名合作导师——钟若愚教授和高兴民教授。同时，特区研究中心的其他老师、博管办的老师，为博士后安心工作及学习默默地在后台提供服务。在此一并表示感谢。

感谢我的合作导师如切如磋般的引导，我方能在水资源和资源效率方面做点功课，不然真要贻笑大方了。尤其是导师们将我从过去研究套路的藩篱中拔出来，让我这个做过几个项目、经营过一亩三分地的人真正学习了如何写论文。我不得不感叹老师们的起死回生之真功夫。

感谢深圳大学建设的高水平大学平台。我入站期间，正值深圳大学如火如荼迈向自立、自律、自强的高水平大学建设进程中。学校大力扶持青年学术骨干，我有幸见到知名的国内外专家，有幸能体会到如何让科研价值与市场接轨。甚至能感受到，深圳这片热土上，富有创造和激情的“深圳学派”，她们的智慧不只为中国的深圳更是为了欠发达地区都能如深圳般繁荣富强。

感谢深圳的国际化大环境，各种文化及创新瞬息万变、瞬息融合，她会让你不自觉地“苟日新，日日新，再日新”。

在此，我还得感谢养育我两年的长江大学，感谢将我引向学问道路的硕士生及博士生导师，感谢一直支持我的选择的父母。另外，感谢亲朋好友日常对我的嘘寒问暖。

最后，感谢本书的合著者范厚权先生，协助我完成不少工作；并感谢西南财经大学出版社的何春梅编辑，你们的尽心尽责，方有此书的尽早付梓。

“衣带渐宽终不悔，为伊消得人憔悴。”在人生及学问的道路上，我心中窃喜，因有这么多不离不弃的好朋友，因有你也有他和她！

张雄化

2016年暮春于深圳湾畔